# La Presse II

# La Presse II

## Contemporary Issues in French Newspapers

### Jacqueline Morton

*Wayne State University*

### Brian N. Morton

*University of Michigan*

**D. C. HEATH AND COMPANY**

*Lexington, Massachusetts   Toronto*

# Preface

## Purpose of the book

*La Presse II* was compiled to give students the opportunity to read authentic newspaper and magazine articles in French. As a cultural reader, it offers insights into current French thought and life, and reflects contemporary French views of events which characterize and pre-occupy our age. The articles from which it is derived are taken from *Le Monde, Le Figaro, L'Express, France-Soir,* and *Le Nouvel Observateur.* Just as the selections in *La Presse* represented a starting point for discussions of current events, those in *La Presse II* are geared to provoke debates on *sociological* and *ethical* problems. *La Presse II* may be used as a reader during the second year, or it may form the basis for an intermediate or advanced conversation course.

The need to induce students to use orally what they have read is obvious. The topics of *La Presse II* — finding a job, immigrant labor, the generation gap, the American influence in France, the impact of the twentieth century upon the old realities, and so on — have in practice proven to be especially productive in arousing student interest and in generating conversation and applied language practice. Furthermore, these topics are ones students are likely to encounter during their daily reading of English-language newspapers, thus affording added incentive for active class participation.

Authentic advertisements have been reproduced because they too mirror a facet of France today.

## Organization of the book

The articles, which are grouped around one main theme in each chapter, have been chosen for the liveliness of their style and their pertinence to contemporary preoccupations. They have been edited for length, and some of the structural difficulties have been simplified. Brief introductory essays preceding the chapters supply background of a general nature on the theme of the chapter.

The chapters at the beginning of the book are easier and shorter than those at the end. To enable students to read with relative ease, difficult vocabulary has been translated in the margin. *Faux-amis*, words which resemble English words but have a quite different meaning in French, are flagged by a dagger preceding their definition. In addition, a short section entitled *Pièges* appears after some of the articles. The *Pièges* have been provided to help students develop their reading skills, i.e., their word recognition and their grasp of syntax. A degree symbol preceding a word or phrase in the text identifies the structures discussed in the *Pièges*. Students are urged to look at the *Pièges* and to study the examples in the text *before* they begin to read the articles. Being aware of these "language traps," they will not be caught when encountering them in the articles. More important, they will be reading *in French*, that is, without resorting to translation.

Roman numerals indicate possible breaking-off points in the text. They appear only in the longer articles and serve to break up the material into more manageable units. At the end of each article or group of articles on the same subject, a series of questions, *Contrôle de compréhension*, test the student's ability to understand the text. These questions also serve as exercises in the use of new vocabulary. In addition, there are topics for discussion, *Sujets de discussion,* which the teacher may choose to assign for written work or oral presentation in class.

A vocabulary at the end of the book gives a more detailed translation of the words or expressions already appearing in the margin, as well as of the other words used in the text. To help students, even words which appear in the *Français Fondamental* (1er Degré) have been included.

We wish to thank Ms. Sally Maier of the University of Michigan for her careful reading of this text and her constructive suggestions. We also wish to thank Mr. David Turnley, a young American photographer, whose sensitive pictures of France and the French people embellish a number of these pages.

Finally, without the generous cooperation of the editors of *Le Monde, L'Express, Le Figaro, Le Nouvel Observateur, France-Soir* and the various advertising agencies this text could never have been published.

J.M.<br>B.M.

# Table des matières

TRENTE-TROISIÈME ANNÉE — N° 9847

**48 PAGES**

— MARDI 21 SEPTEMBRE 1976

## LA MISSION DE M. KISSINGER

## Des «progrès» sont réalisés sur la Rhodésie et la Namibie

LIRE PAGE 8

# Le Monde

Fondateur : Hubert Beuve-Méry  Directeur : Jacques Fauvet

**1,40 F**

Algérie, 1 DA ; Maroc, 1,50 dir. ; Tunisie, 100 m. ; Allemagne, 1 DM ; Autriche, 10 sch. ; Belgique, 12 fr. ; Canada, $ 0,65 ; Danemark, 3 kr. ; Espagne, 25 pes. ; Grande-Bretagne, 20 p. ; Grèce, 18 dr. ; Iran, 45 ris. ; Italie, 300 l. ; Liban, 125 p. ; Luxembourg, 12 fr. ; Norvège, 2,75 kr. ; Pays-Bas, 1 fl. ; Portugal, 12,50 esc. ; Suède, 3,25 kr. ; Suisse, 1 fr. ; U.S.A., 65 cts; Yougoslavie, 10 n. din.

Tarif des abonnements page 15

5, RUE DES ITALIENS
75427 PARIS - CEDEX 09
C.C.P. 4207-23 Paris
Télex Paris n° 650572
Tél. : 246-72-23

## Échec des sociaux-démocrates suédois

### Trop de pouvoirs pendant trop longtemps ?

### *La coalition «bourgeoise» a battu le parti en place depuis quarante-quatre ans*

Après quarante-quatre ans de régime social-démocrate, la Suède va être gouvernée par la coalition des trois partis « bourgeois » : les conservateurs, les

ont eu lieu le même jour. Pour la première fois, les immigrés résidant depuis trois ans au moins en Suède ont eu le droit d'y participer. Leurs résultats ne seront

## L'accord sur les élections européennes au suffrage universel est signé par les Neuf à Bruxelles

### *Mais la date du scrutin n'est pas fixée*

Le conseil des ministres de la Communauté européenne, auquel participe pour la première fois le nouveau ministre fran-

---

A  X X

SAM. 18-DIM. 19 SEPTEMBRE 1976
EDITION DE 5 HEURES — 1,20 F

ADMINISTRATION - PUBLICITE :
25, AVENUE MATIGNON
75380 PARIS - CEDEX 08 - TEL. 256-80-00
DIRECTION - REDACTION - IMPRES. :
37, RUE DU LOUVRE
75081 PARIS - CEDEX 02 - TEL. 887-52-00
COMMISSION PARITAIRE N° 57.984

Algérie, 0,85 din. ; Maroc, 1,30 dh ; Tunisie, 90 mil. ; Espagne, 25 p. ; Italie, 300 lires ; Autriche, 10 sch. ; Belgique, 10 FB ; Luxembourg, 10 FL ; Suisse, 0,90 FS ; Allemagne, 1 DM ; Grande-Bretagne, 20 p. ; Hollande, 1 fl. ; Canada, $ 0,65.

# LE FIGARO

• SANS LA LIBERTÉ DE BLAMER, IL N'EST PAS D'ELOGE FLATTEUR • BEAUMARCHAIS

### A l'heure où Kissinger arrive à Johannesburg

## Afrique australe : la Namibie réclame l'aide soviéto-cubaine

*Pris*

« Nous nous tournons vers nos amis de l'U.R.S.S. et de Cuba afin d'obtenir les armes dont nous avons besoin pour engager la guerre de libération de notre pays. »
Henry Kissinger, en arrivant hier dans la capitale de l'Afrique du Sud, connaît cette déclaration de Sam Nujoma, le leader de la

---

# *Mobilisation antigrippe : 12 villes*
# *6.000 enfants servent de cobayes*

*Page 5*

Paris
vendredi
13 février 1976

BTD

1 F 20

PARIS PRESSE

# France Soir

**bourse courses toute dernière**

### 0,60 F le litre : l'essence à la baisse aux États-Unis

La libre concurrence a du bon : le prix de l'essence ne cesse de baisser aux pompes américaines où le litre est actuellement vendu à moins de 0,60 F. Les grossistes sont inquiets de cette surenchère... à la baisse, car l'essence atteint presque son prix coûtant. Les automobilistes, eux, s'en réjouissent.

### En marge de la rencontre Giscard-Schmidt

## Les spéculateurs continuent leurs attaques contre le franc

**V**ALERY GISCARD D'ESTAING qui a accueilli en fin de matinée, le chancelier ouest - allemand H. Schmidt a déclaré que les consultations franco-allemandes qui s'ouvrent aujourd'hui au mas d'Artigny, près de Nice

l'avenir de la communauté européenne, dont doit délibérer le Conseil européen les 1er et 2 avril prochain. « L'Europe est vacante, a-t-il précisé. Elle ne prend pas part aux évènements et ce qui est le plus frappant c'est que personne n'a l'air de croire qu'elle puisse y prendre part. » Mais, à cause des évènements monétaires actuels,

cette rencontre des deux chefs d'Etat prend un tour presque dramatique : depuis huit jours, la France a beau démentir toutes les rumeurs de dévaluation de sa monnaie, et l'Allemagne celles de réévaluation du deutsche Mark, rien n'y fait.

*Suite page 3*

X

*Le Monde*, as its name suggests, deals particularly with international affairs. Serious in nature, it devotes much of its writing to political events, both domestic and international. Besides its own journalistic staff, its contributors frequently consist of specialists and professionals. It carries no photographs and little advertising, enjoying a daily sale of some 400,000 copies with almost 20% of this number sold overseas. There is a weekly selection available, called *Le Monde Selection hebdomadaire* !

*L'Express* is a weekly comparable to *Newsweek* or *Time* magazines. Entertaining in format and content, its director is the well known writer and politician, Jean-Jacques Servan-Schreiber. It is available in French in an International Edition.

*Le Figaro*, founded in 1826, is one of the oldest newspapers in France. It takes its name from Beaumarchais' famous fictional valet. Conservative in outlook, often appealing to the middle class, its editorial viewpoint is frequently pro-government. Its articles are written in an analytical and entertaining style, giving equal space to politics, literature, arts, sports and human interest stories. Daily sales exceed 450,000 copies.

*France-Soir* is the most popular evening newspaper in France with a daily sale of over one million copies. It specializes in stories of direct human interest, crime, divorce, accidents and daily sports. It carries a large number of photographs.

En lisant *Le Nouvel Observateur*, chaque semaine, vous découvrirez l'analyse en profondeur de chaque événement, à l'autre bout du monde comme dans le cadre de vie où vous évoluez.

*Le Nouvel Observateur* part avec nous, pour vous, à la recherche de certains signes «avant-coureurs», d'un conflit ou d'une trêve, en France, aux U.S.A., en U.R.S.S., à Chypre, au Proche-Orient, en Afrique du Sud, en Amérique Latine, partout où des graves problèmes humains provoquent des remous, déterminent des prises de positions, des affrontements.

*Le Nouvel Observateur* vous alerte à temps, il vous aide à réfléchir, à vous former une opinion personnelle sur des sujets de notre époque, dont il vous est difficile de *tout* savoir.

Sur chaque sujet, les journalistes du *Nouvel Observateur* prennent position, vous exposent leur avis personnel. Avec courage et en toute liberté.

# La Presse II

# i MM. les jurés

L'histoire de l'homme est en partie celle de l'élargissement de ses droits. Il y a eu une époque où le roi, l'église ou le juge réglait tout seul, arbitrairement et rapidement, les conflits de leurs sujets. Il y avait rarement d'appel contre jugements rendus, et surtout pas de publicité. D'ailleurs jusqu'au XVIIIe siècle, l'homme sujet de son roi, acceptait ses décisions, comme il acceptait son rôle subalterne dans le royaume. Mais avec la notion de citoyen et avec l'idée de la liberté de l'individu et de ses droits, avec la Révolution américaine suivie de près par la Révolution française, les procédures légales ont été bouleversées. En Amérique, les magistrats au lieu d'être nommés par le Roi ou le Gouverneur royal, étaient dans certains cas élus par les citoyens. En France, Napoléon a introduit le code qui existe toujours. La procédure est légèrement différente. D'abord le juge lui-même assiste aux délibérations du jury pour répondre à leurs questions, mais il ne vote pas. Ensuite, la rumeur publique, c'est-à-dire, l'ouï-dire,[1] est admise comme témoignage.

Aujourd'hui chaque homme ainsi que chaque femme a le droit d'être jugé par ses pairs. Ici ses obligations vis-à-vis de la société et la protection de ses droits sont examinées scrupuleusement. Pourtant ce procédé même, extrêmement complexe, révèle souvent les contradictions que les droits du citoyen ont produites. Ce qui n'a pas changé chez l'homme, c'est son sentiment inné de ce qui constitue ses droits. Dans les cas qui suivent, il n'est pas toujours facile de défendre les droits d'un individu sans porter atteinte aux droits des autres. Les faits vous sont présentés — à vous de juger!

## Le Père *nourricier* de Marc: «Il faudrait *l'habituer* lentement à ses vrais parents.»

foster • to get him used to

**FRANCE-SOIR**

Lyon — Il a neuf ans, des cheveux blonds sur les oreilles et sur la *nuque*, des *taches de rousseur* sur un nez *barbouillé* de noir et des yeux très bleus. Marc ressemble à tous les petits garçons heureux. Pourtant il est à l'origine d'un drame qui *déchire* deux familles.

nape of the neck • freckles • smeared

tears apart

Depuis son plus jeune âge, il vit à Rilleux (Rhône), chez M. et Mme Bellin-Robert, ses parents nourriciers. Et voici que, soudainement ses parents naturels *le réclament*. Marc, *tiraillé* entre sa vraie mère et celle

want him back • torn between

[1]Hearsay evidence.

qu'il appelle maman, ne comprend pas bien cette histoire d'adultes. Il sait seulement que quelque chose va changer dans sa vie.

Des cheveux noirs coupés °court *encadrent* un visage fatigué. Mme Bellin participe peu à la conversation. °En bonne *nourrice*, elle est surtout attentive aux bruits des enfants dans la maison et le jardin. Le petit Olivier, 10 mois, qu'on vient de *déposer* chez elle, pleure dans sa chaise *posée* sous un arbre. Elle °court vers lui et l'enfant *tend* les bras. On imagine ce qu'a été l'enfance de Marc. «Il avait *à peine* un mois lorsque je *l'ai pris en nourrice, se souvient* Mme Bellin. Un enfant difficile, souvent malade, que sa mère ne pouvait pas *garder*. Elle n'avait que 17 ans *à l'époque* et son ami l'avait abandonnée.»

| | |
|---|---|
| frame | |
| wet-nurse | |
| ǂleave | |
| ǂplaced • extends | |
| barely | |
| took him in • remembers | |
| ǂkeep | |
| at the time | |

## UNE ERREUR DE JEUNESSE

En principe, Marc ne devait rester que trois mois chez les Bellin avant d'être placé *ailleurs*. °En août 1965, au moment des vacances, les Bellin devront *écourter* leur *congé* pour le reprendre: il est malade. A partir de ce moment-là, ils vont °le *soigner*, °le *choyer*, °l'élever comme leur propre enfant. Chaque *anniversaire* est une fête et, peu à peu, on oublie que Marc a une autre maman. *D'autant plus qu'*elle a cessé de venir voir son fils à partir de juin 1966, lorsqu'elle a été *enceinte* pour la seconde fois.

elsewhere

shorten • vacation
take care of • coddle

ǂbirthday
even more so since

pregnant

— Il est certain que la mère de Marc a traversé des périodes difficiles, commente le juge des enfants, M. Balagayrie. Elle °l'a négligé pendant un *certain* temps. Mais pour une erreur de jeunesse avons-nous °le droit de °la condamner définitivement? Elle *s'est amendée* depuis.

ǂsome
has mended her ways

Entre-temps, en effet, Georgette Dargere a épousé en 1969 un mécanicien d'origine *tunisienne*, M. Aherfi. Ils vivent avec leurs trois enfants dans la *banlieue lyonnaise* à Vaulx-en-Velin, dans des *conditions matérielles* et morales tout à fait *convenables*. Son mari reconnaît Marc et, en 1970, *un premier jugement est rendu*: Marc ira vivre chez ses parents naturels. La *direction* de l'Action sanitaire et sociale[1] °en informe M. et Mme Bellin. Pour eux, c'est le drame. D'autant plus qu'en 1968, M. Bellin a essayé d'adopter l'enfant. Il était *jusque là* employé à la Sécurité Sociale Militaire,[2] mais les *services* furent transférés à Toulon et on lui offrit de quitter Lyon. Mais il n'était pas question de partir sans Marc. La *demande* d'adoption fut refusée. Il avait déjà trois enfants.

de la ville de Tunis
suburbs • de la ville de Lyon • ǂfinancial situation • acceptable
there is a first court decision
ǂmanagement

until then
ǂsection

ǂapplication

— *De toute façon*, Marc n'a jamais été abandonné par sa mère, explique le juge, et celle-ci *n'a jamais été déchue de ses droits*.

in any case
has never forfeited her rights

[1] Health and Social Welfare.
[2] Military Health Insurance.

## FRAGILE ET NERVEUX

Les Bellin vont donc rester dans leur *pavillon* de Rillieux pour garder   small home
Marc. Ils sont prêts à tout sacrifier pour l'amour de cet enfant. Lorsqu'il
est question de le remettre à M. et Mme Aherfi, ils produisent des
certificats médicaux qui prouvent que le petit garçon souffre de tout
changement, *si minime* °*soit-il, tant il est* fragile et nerveux. Le   no matter how small • so... is he
*sursis* durera jusqu'au16 mars 1974. Un nouveau jugement vient confir-   reprieve
mer le premier. Marc doit s'en aller. *D'ailleurs* ses parents °le voient   besides
régulièrement, comme °l'autorise leur droit de visite.

    — Au début, Marc ne voulait pas entendre parler de sa nouvelle
famille, dit le juge Balagayrie. Et puis, peu à peu, il semble s'être
habitué à eux.

    Les Bellin ne sont pas de cet *avis*. Marc *mettait*, paraît-il, *de la·*   opinion • was reluctant
*mauvaise volonté pour se soumettre* à la visite *mensuelle* et en avril   to submit • monthly
dernier il a refusé de retourner chez ses parents. Il °les avait entendus
parler d'un *éventuel* séjour en *colonie de vacances* avec ses demi-frères   ǂpossible • summer camp
et sœurs, et cette idée l'avait *bouleversé*.   distressed

    — Je ne *prétends* pas que M. et Mme Aherfi ne °soient pas de bons   ǂcontend
parents pour Marc, souligne M. Bellin. Ils recherchent son affection.
En février ils °lui ont offert un train électrique. Bien sûr nous aimerions
le garder, mais si c'est impossible, nous ne nous opposerons pas à la
*loi*. Je pense seulement qu'il ne devrait pas changer brusquement de   law
*foyer*, quitter une maison qu'il connaît depuis toujours pour aller vivre   home
avec des gens qui lui paraissent être des étrangers.

    — Nous cherchons une solution, dit le juge Balagayrie. Il existe de
bons parents, mais pas de bonne solution. Nous essayons de trouver
la moins mauvaise. Il y a beaucoup de petits Marc partout en France
et chaque cas est *douloureux*.   painful

## IL NE FAUT PAS ATTENDRE QU'IL °SOIT TROP ÂGÉ

*Quoi qu'il en* °*soit*, Marc devait rejoindre sa colonie de vacances le 1er   in any event
juillet. Les Bellin °en avaient été avisés. Mais lorsque l'*assistante*   social worker
*sociale* se présenta, lundi matin, une foule de voisins, d'amis et de
parents avait envahi le jardin pour *soutenir* les Bellin. Elle dut repartir   support
sans Marc qui, enfermé dans sa chambre, ne manifesta pas le moindre
désir de partir avec elle. Deux assistantes sont revenues dans l'après-
midi, mais M. Bellin °*les a éconduites* fermement, *arguant* que Marc   sent away • ǂclaiming
n'avait pas changé d'avis. *D'autre part*, de nombreux voisins ont signé   on the other hand
une pétition pour que Marc °*soit laissé* *aux bons soins* des Bellin qui   in the good care
doivent *s'entretenir*, demain mercredi, *avec* le juge des enfants.   speak to

    — Chacune des familles a ses raisons de se croire dans son droit, dit
celui-ci. Les Bellin vivent un drame bien compréhensible. Ils ont élevé

cet enfant comme °le leur pendant de longues années. Et ils trouvent inhumain qu'on °le leur *arrache* aujourd'hui. — take away

D'autre part, les Aherfi, qui se sont toujours montrés très conciliants et très *mesurés*, *éprouvent* eux aussi °le besoin de vivre avec leur enfant. — reasonable • feel
Il a maintenant neuf ans. Et il ne faut pas attendre qu'il °soit trop âgé pour s'adapter dans son nouveau foyer.

Le *parquet* recherche une solution rapide. — court

— Ce qui me semblerait le plus souhaitable, dit M. Bellin, c'est que les choses se fassent progressivement, tout naturellement. *Au lieu de déraciner* Marc, il faudrait l'habituer à ses vrais parents. °En l'envoyant — instead of uprooting
par exemple passer chez eux les week-ends et les vacances scolaires. Je °le répète, ma femme et moi ne voulons que son *bien*. — well-being

FREDERIQUE CESAIRE

## Contrôle de compréhension

1. Décrivez le petit Marc.
2. Au milieu de quel drame se trouve-t-il?
3. Comment la famille Bellin s'est-elle occupée de Marc durant son enfance?
4. Résumez la vie de la vraie mère jusqu'à présent.
5. Pourquoi la demande d'adoption de la famille Bellin avait-elle été refusée?
6. Quelle position prend la justice?
7. Comment les Bellin réagissent-ils à la décision du tribunal?
8. Expliquez pourquoi la crise s'est précipitée à l'approche des vacances scolaires?
9. Comment la justice résume-t-elle la position des deux parties?
10. Quelle solution propose M. Bellin?

## Pièges

EN.   Comment traduire **en**?

p. 2, l. 4:    **En** bonne nourrice...          *As (being)*
p. 2, l. 14:   **En** août 1965...              *In*
p. 2, l. 30:   La direction **en** informe les Bellin.   *of this*
p. 4, l. 10:   **En** l'envoyant...             *By*

Dans quelle catégorie tombe **en** à la page 3, l. 31?

S'agit-il d'un article ou d'un pronom? Pour vous aider à reconnaître les pronoms, exercez-vous à traduire les mots qui se trouvent aux pages suivantes: p. 2, ll. 16, 22, 23, 24; p. 3, ll. 8, 9, 15, 20, 36; p. 4, ll. 1, 2, 4, 12.

ETRE.   Remarquez les nombreux exemples du subjonctif du verbe **être** aux pages suivantes: p. 3, ll. 6, 18, 29, 30, 38; p. 4, l. 5.

COURT.   Remarquez l'emploi de ce mot comme *adverbe* et comme *verbe* (p. 2, ll. 3, 7).

## «*Je n'en peux plus* d'attendre», dit la mère de Marc

I cannot stand... any longer

**FRANCE-SOIR**

Vaulx-en-Velin — Un petit *immeuble* de quatre étages au fond d'une *cité* à Vaulx-en-Velin: °c'est là qu'habitent M. et Mme Aherfi, les parents du petit Marc, dans un appartement moderne et très propre.

°«Ça ne peut plus °*durer*», dit la mère de Marc, une jeune femme blonde, «il faut qu'on me le °*rende*! *Jusqu'ici*, je °n'ai rien dit, j'ai tout *supporté*, mais il faut qu'une décision définitive °soit rapidement prise. Je sais que j'ai la loi *pour moi*, mais °je n'en peux plus d'attendre.»

Attendre, les Aherfi °ne font que cela *depuis* quatre ans. *Depuis* le premier jugement qui leur a attribué la *garde* de l'enfant, leur enfant. Car M. Aherfi n'a pas pu épouser sa femme à la naissance de Marc. Sa *belle famille* n'était pas d'accord *à l'époque*.

«Les Bellin ont tout fait pour *retarder l'échéance*», dit Mme Aherfi. «Ils ont produit des certificats médicaux pour prouver que Marc avait les nerfs fragiles. On l'a fait suivre par un psychiatre, mais mon °fils n'est pas malade.»

### "*AMEUTER* L'OPINION PUBLIQUE"

Les mois ont passé et la décision de justice n'a pas été *appliquée*. Les Aherfi avaient un droit de visite mensuel. *Au début*, ils sont allés voir leur fils chez les Bellin. «Les visites *se passaient* mal, on ne pouvait pas lui parler», dit Mme Aherfi. «Ses parents nourriciers étaient toujours présents. Nous n'étions pas à *l'aise* et le petit ne l'était pas non plus. Nous avons renoncé.»

M. Aherfi, mécanicien, a 35 ans, il est mince, des °*fils* d'argent *strient* ses cheveux noirs.

«*Pendant* quatre ans, nous n'avons pas pu voir Marc. Personne °*n'était au courant de* cette situation. Alors, mon *patron* m'a envoyé

Glosses:
- building
- ǂhousing unit
- until now • ǂput up with
- on my side
- for • since
- custody
- in-laws • at the time
- ǂpostpone • date of compliance with court order
- arouse
- enforced
- at first
- ǂwent off
- ease
- streak
- for
- was aware of • ǂboss

travailler *un peu partout*.  Même *à l'étranger*.  Et souvent il m'était    **more or less everywhere • abroad**
impossible de me présenter chez les Bellin pour la visite à la date
prévue.  Ces quatre années ont été très °dures.  Une autre fois j'y suis
allé et je n'ai pas été reçu.  Marc, °paraît-il, était malade.  Est-ce qu'ils
ont pensé qu'ils pourraient le garder?»

Mme Aherfi a mis un petit *tablier* rouge.  C'est l'heure du dîner des    **apron**
enfants.  Dans la cuisine, Luc, 7 ans et demi, Stéphane, 6 ans et demi,
Rachel, 5 ans, et Xavier 16 mois, *babillent* gaiement.  Elle *reprend la*    **chatter • begins to speak again**
*parole*:

«J'aime mon fils.  Jusqu'ici j'ai refusé de faire la publicité autour de
cette affaire.  Je ne veux pas que Marc °soit traumatisé.  Je ne veux
pas qu'*on le montre du doigt*.  Vous savez, les Bellin n'attendaient    **people to point to him**
qu'une chose, que la police °intervienne pour forcer Marc à rejoindre
sa colonie de vacances.  *Cela il n'en était pas question*.  Mais si on °ne    **that was never considered**
me le rend pas très vite, *j'agirai*.  Moi aussi je pourrais ameuter l'opinion».    **will act**

«*Lorsqu*'il venait ici», poursuit-elle, «il jouait avec ses frères et sœurs.    **when**
Je suis sûre qu'il sera heureux chez nous.  Pourquoi M. et Mme Bellin
veulent-ils le garder?  Ils ont déjà trois enfants.»

Mme Aherfi revient dans le salon.  Xavier sur les *talons*.  «Je    **heels**
n'emmènerai pas Marc chez les Bellin lorsqu'on me l'aura rendu,»
dit-elle fermement.  «Il en souffrira pendant un mois ou deux, mais il a
assez de force de caractère pour le *supporter*.  Il oubliera.»    **‡endure**

Les deux *aînés*, qui devaient partir en colonie de vacances avec    **eldest**
Marc, sont finalement restés à Vaulx.  Ils espèrent aller en Espagne au
mois d'août, quand la famille sera enfin réunie.

«J'aurais tellement aimé que Marc °vienne m'embrasser pour la fête
des pères», *murmure* M. Aherfi.  «Un jour, *il y a peu de temps*, il est    **confides • a short time ago**
venu à la maison.  Nous sommes allés *faire des courses* et je lui ai    **to go shopping**
demandé de choisir un *jouet*.  Il a voulu une voiture.  *Ce jour-là*, il m'a    **toy • on that day**
appelé papa pour la première fois.»

FREDERIQUE CESAIRE

## Contrôle de compréhension

1. Décrivez les conditions de vie de la famille Aherfi.
2. Comment Mme Aherfi interprète-t-elle l'attitude de la famille
   Bellin?
3. Quel droit a M. Aherfi sur Marc?
4. Pourquoi les Aherfi ont-ils visité Marc si rarement?
5. Que veut dire Mme Aherfi quand elle dit qu'elle «agira»?

6. Mme Aherfi comprend-elle la situation des Bellin?
7. Comment Mme Aherfi voit-elle l'avenir une fois que son fils lui sera rendu?
8. Sur quelle scène M. Aherfi s'attendrit-il?

## Sujets de discussion

1. Le fait d'être parent naturel donne-t-il des droits sur un enfant? Lesquels?
2. Divisez la classe en deux camps, chacun plaidant la cause d'une des deux familles. Que quelqu'un parle pour Marc.

## Pièges

Le subjonctif.   Remarquez l'emploi du subjonctif aux pages suivantes: p. 5, ll. 16, 17; p. 6, ll. 11, 13, 26.

Le sujet.   Où est le sujet du verbe en italique?

C'est là qu'*habitent* M. et Mme Aherfi. (p. 5, l. 13)
«Ça ne peut plus durer», *dit* la mère de Marc. (p. 5, l. 15)
Marc, *paraît*-il, était malade. (p. 6, l. 4)

NE.   A quelle expression appartient **ne** dans les cas suivants?

Je n'ai rien dit... (p. 5, l. 16)
mais je n'en peux plus d'attendre... (p. 5, l. 18)
Les Aherfi ne font que cela... (p. 5, l. 19)
Personne n'était au courant... (p. 5, l. 37)
Mais si on ne me le rend pas très vite... (p. 6, l. 14)

Ne confondez pas les mots suivants:

**fils** = *n. m. sing.* (p. 5, l. 25)
**fils** = *n. m. pl.* (p. 5, l. 34)
**durer** = *v.* (p. 5, l. 15)
**dures** = *adj. pl.* (p. 6, l. 3)

# Le *Cas de conscience* d'un *prêtre* lyonnais

moral problem • priest

## Justice et morale

### LE FIGARO

Un prêtre de la Mission du Prado, à Lyon, vient d'être *inculpé* pour non-dénonciation de crime. Il est accusé d'avoir gardé le silence, même après le décès °du *coupable*. Ceci a empêché les *enquêteurs* de retrouver plus rapidement l'*endroit* où était caché le *corps* de la victime, considérée *jusqu'alors* comme disparue.

indicted

guilty party • investigators
place • body
until then

    Le criminel étant mort, le prêtre ne l'ayant pas entendu en confession mais ayant simplement *recueilli* une confidence, le secret n'aurait pas °*dû* être conservé: telle semble être la thèse du juge d'instruction.[1] Il considère que le prêtre en question *était soumis à* la loi commune et devait, comme °*tout citoyen*, aider à la marche de la justice.

heard

was subject to
citizen

    Cette affaire judiciaire attire l'attention une nouvelle fois sur un problème difficile: le conflit entre le secret professionnel et les conséquences *graves* que le *maintien* de ce secret peut *comporter*. Un prêtre sait, à la suite d'une confession, qu'un innocent est en prison; un médecin sait qu'un patient *est atteint d'*une grave maladie contagieuse, qu'il va se marier et contaminer sa femme. Un avocat est *prévenu* par son client qu'il a l'intention d'*abattre* l'*amant* de sa femme. Que faire? Dans certains cas, ne peut-on pas considérer le maintien du secret comme une non-assistance à personne en danger?

‡serious • keeping • entail

is stricken with

is warned • to kill • lover

    Le débat entre deux *exigences* contradictoires opposant le secret professionel à l'obligation de tout citoyen *donne* °toute sa valeur au cas de conscience qui *s'est imposé* au jeune prêtre lyonnais.

obligations
(sujet: *le débat*)
was thrust upon

DENIS PERIER-DAVILLE

# Un Jeune Prêtre inculpé °pour n'avoir pas *dénoncé* un crime dont l'auteur était mort

reported

### LE FIGARO

Lyon, 13 juillet — °Après avoir été *gardé à vue* durant 48 heures à l'*hôtel de police* de Lyon, un prêtre *savoyard*, l'abbé Jean-Claude Brunetti, 33 ans, a été présenté cet après-midi au juge d'instruction de

detained
‡police headquarters • *de la Savoie*

[1]Judge who decides if there is sufficient evidence for prosecution in a criminal case.

Villefranche-sur-Saône, qui l'a inculpé de non-dénonciation de crime.
L'ecclésiastique a été laissé en liberté.

Son inculpation est *liée* au *meurtre* d'une Lyonnaise de 19 ans,    tied • murder
Marie-Dominique Rogliardo, meurtre qui date du mois d'avril dernier.
La jeune fille avait été *étranglée*, puis jetée dans un *puits*. *Depuis lors*,    strangled • well • since then
la police a établi que l'auteur du crime était le *repris de justice* Pierre    habitual criminal
Suzat, lui-même abattu le 15 mai *alors qu*'il essayait de *forcer* un *barrage*    as • break through • police block
sur le quai Saint-Antoine, à Lyon.

L'abbé Brunetti, qui est un *ancien* visiteur de prison, connaissait bien    ‡former
Suzat et celui-ci lui °aurait avoué être le meurtrier de Mlle Rogliardo.
Quand Suzat a été tué, sa victime n'avait pas encore été retrouvée.
La justice reproche au prêtre d'avoir continué à cacher que le corps de la
jeune lyonnaise était dans un puits.

## Les Parents de Mlle Rogliardo veulent
## *intenter des poursuites* contre le prêtre    start proceedings

### LE FIGARO

Lyon, 18 juillet — Mme Denise Rogliardo, *belle-sœur* de Marie-    sister-in-law
Dominique Rogliardo, tuée le 5 avril par Pierre Suzat, lui-même abattu
par les policiers le 14 mai à Lyon, a déclaré que sa famille avait l'intention
d'*entamer* des poursuites contre l'abbé Jean-Claude Brunetti, déjà    to begin
inculpé de non-dénonciation de crime.

Mme Rogliardo a affirmé que Suzat «n'avait pu transporter le corps
seul». «Le prêtre», a-t-elle ajouté, «*a eu connaissance du* meurtre le    knew of
lendemain du crime et il a accompagné Suzat jusqu'à sa chambre
— sans y pénétrer — alors que le corps de Marie-Dominique s'y
trouvait encore.» Le cadavre de la jeune fille avait été retrouvé dans
un puits.

La police lyonnaise est d'accord que Suzat n'a pu porter seul le corps
de sa victime. Elle recherche *actuellement* deux individus qui sont    ‡presently
*susceptibles* d'avoir *assisté* au crime ou d'en avoir été informés.    ‡likely • ‡witnessed

*Quant aux* parents de Suzat, ils confirment que le soir du 5 avril,    as for the
l'abbé Brunetti est arrivé chez eux avec leur fils et Mlle Rogliardo.
«C'était la première fois que Pierre amenait cette jeune fille. Elle était
*ivre*, et l'abbé le lui a reproché. *Celui-ci* nous a quittés environ cinq    drunk • the latter
minutes avant que ne repartent Pierre et Marie-Dominique.»

Mme Suzat a ensuite précisé qu'elle avait été informée le lendemain
ou le surlendemain, par la famille Rogliardo, de la disparition de la jeune
fille. Alors, elle a interrogé son fils: «Je l'ai vu brusquement pâlir, puis
il m'a dit: ‹C'est trop tard, ce qui est fait est fait.›»

# VOIR... ENTENDRE...

## Antenne 2 : le livre et la caméra

Comme pour démontrer que loin de nuire à la lecture elle s'efforce parfois de l'encourager, la télévision sera présente au XVIe Festival international du livre (Nice, du 3 au 8 mai).

Seront notamment de la partie, l'émission de Bernard Pivot, « Apostrophes », diffusée ce soir (21 h 40) depuis le podium du palais des Expositions et « Un jour futur », de Michel Lancelot, demain à 14 h 5. L'émission quotidienne « Le livre du jour » suivra toute la semaine l'actualité du festival.

Enfin, c'est à Nice qu'à l'occasion de la journée de la femme, Antenne 2 présentera « F, comme femme », le nouveau magazine de Sylvie Genevoix et Michel Honorin.

(Antenne 2, ce soir, 21 h 40 ; demain, 14 h 5.)

## T.F. 1 : " La perruche et le poulet "

La comédie policière de Robert Thomas, « La Perruche et le Poulet » a été diffusée pour la première fois le 7 juin 1969. Sa reprise d'aujourd'hui ne se justifie ni en raison des trouvailles comiques ni même en raison de la saveur de ses dialogues.

L'auteur nous sert un plat réchauffé. La pièce nous permet cependant de revoir un duo célèbre du « Boulevard » : Raymond Souplex et Jane Sourza. Cette dernière est morte peu de temps après l'enregistrement de la comédie.

Quant à Raymond Souplex, il est décédé en 1972. Ils nous livrent ici des portraits assez fidèles d'eux-mêmes.

(TF 1, 20 h 35.)

---

# télévision française 1

**12 30  MIDI-PREMIERE.**
Variétés avec Danièle Gilbert.

**13  IT 1 JOURNAL.**
Présentation : Yves Mourousi.
13.30 Bourse et fin.

**14 5  TELEVISION SCOLAIRE.**
Informations pour l'orientation. - 14.25 Entrer dans la vie. - 16.45 Informations pour l'orientation.

**18 15  LE FIL DES JOURS.**
Les plantes d'appartement.

**18 45  JEUNES.**
« Chapi-Chapo » et « L'île aux enfants ».

**19 15  CINQUANTE MILLIONS DE CONSOMMATEURS.**
Une question, une réponse.

**19 20  ACTUALITES REGIONALES.**

**19 40  LA MINUTE DES FEMMES.**
Pour les rurales, il reste beaucoup à faire.

**19 45  FEUILLETON : « LE TEMPS DE VIVRE, LE TEMPS D'AIMER ».**
Trente-quatrième épisode : Isabelle et Gulmet ont décidé de se marier...

**20  IT 1 JOURNAL.**
Présentation : Roger Gicquel.

**20 35  AU THEATRE CE SOIR : « LA PERRUCHE ET LE POULET »,** comédie policière en trois actes de Robert Thomas.
Deux amis d'enfance, la « Perruche », une standardiste montmartroise, et le « Poulet », un inspecteur de police, se retrouvent après de nombreuses années, à l'occasion d'une enquête sur un meurtre particulièrement mystérieux...
Avec : Jane Sourza, Raymond Souplex, Marcel Charvey, Catherine Gay, Jacques Verlier et Noëlle Mussard.

**23 5  IT 1 JOURNAL.** Présentation : Claude Brovelli.

---

# antenne 2

**14 35  FLASH JOURNAL.**

**14 30  AUJOURD'HUI MADAME.**

**15 30  SERIE : MANNIX.**
UN CRIME QUI N'EN ETAIT PAS UN.

**16 10  HIER, AUJOURD'HUI, DEMAIN.**

**16 15  JEUX CROISES.**

**16 40  Aujourd'hui le théâtre : « Tutti frutti »,** par Francis Perrin. Il était une fois et le palmarès des enfants. 17.10 Le journal des journaux et des livres. - 17.30 Aujourd'hui, demain. - 18. Aujourd'hui, le cinéma. - 18.20 Il était une fois. - 18.30 Le Palmarès des enfants.

**18 40  FLASH JOURNAL ET LE LIVRE DU JOUR.**

**18 55  JEU : DES CHIFFRES ET DES LETTRES.**

**19 20  ACTUALITES REGIONALES.**

**19 45  FEUILLETON : LE PELERINAGE.**

**20  JOURNAL. Présentation : Jean Lanzi.**
Suivi de la présentation du film du Ciné-Club, « Le portrait de Dorian Gray », par Claude-Jean Philippe.

**20 35  VARIETES : BOUVARD EN LIBERTE AVEC SERGE LAMA.**

**21 40  LIVRES : APOSTROPHES.**
LE FESTIVAL DU LIVRE DE NICE.
Cete émission spéciale d'« Apostrophes » est consacrée, en direct du Festival du Livre de Nice et en public, à l'édition française.
Thème : « Si vous avez à vous plaindre ou à vous féliciter de la politique du livre, du Paris littéraire, des éditeurs, etc., eh bien, faites-le. »
Avec : Jacques Médecin, maire de Nice ; Paul Granet, secrétaire d'Etat auprès du premier ministre, chargé de la formation professionnelle et du livre ; Guy Hermier, chargé des problèmes du livre au parti communiste ; Claude Nielsen, vice-président du Syndicat des éditeurs français ; Robert Sabatier, Michel Tournier, Michel Butor, Louis Nucera, Raoul Mille et Andre Gouillou, à propos de « Le Book business ».

**22 50  FLASH JOURNAL.**

Les parents de Pierre Suzat *ont rendu hommage* au «rôle social» joué    paid tribute
par l'abbé Brunetti : «Il a tout essayé pour remettre notre fils sur le droit
chemin.»

## Le Silence de l'Abbé Brunetti protégeait
## peut-être les *complices* de Pierre Suzat    accomplices

### LE FIGARO

Saint-Etienne, 20 juillet — Un nouvel élément vient d'intervenir dans
l'affaire du meurtre de la jeune Marie-Dominique Rogliardo qui a
conduit à l'inculpation pour non-dénonciation de crime de l'abbé
Jean-Claude Brunetti.

Un membre de la *bande* du meurtrier Pierre Suzat, Jean-Bernard Brun,    gang
23 ans, a été *arrêté* hier par les gendarmes.    arrested

Brun, qui avait fait la connaissance de Suzat à la prison de Loos-les-
Lille, avait commis plusieurs *méfaits* en sa compagnie : *vols* de voitures    illegal acts • robberies
et de chèques, *escroqueries*, etc. Il est probable qu'il était avec Suzat    swindles
le jour où il fut tué *en* forçant un barrage de police.    while

La mère de Pierre Suzat a annoncé pour sa part que son fils avait
*passé* l'après-midi qui a précédé le meurtre de Marie-Dominique avec    ‡spent
le même Jean-Bernard et un autre complice qui est également *recher-*    ‡sought
*ché*. Mme Suzat a aussi affirmé que son fils, après avoir passé une *partie*    ‡part
de la soirée chez elle avec la jeune fille et le père Brunetti, lui avait déclaré qu'ils allaient retrouver les deux mêmes *personnages*.    individuals

L'hypothèse d'une querelle n'est pas exclue lorsque la jeune fille
s'est retrouvée seule avec les trois hommes. Les juges n'éliminent pas
non plus la possibilité d'une tentative de *viol*. Les amis de Suzat pour-    rape
raient en tout cas avoir aidé au transport du corps.

*En tout état de cause*, l'arrestation de Jean-Bernard Brun permettra    in any event
peut-être d'*éclairer* l'attitude de l'abbé Brunetti. Il n'est pas impossible    to shed light on
que le prêtre ait gardé le silence sur les révélations de Suzat pour ne pas
*mettre en cause* ses compagnons.    implicate

## L'Abbé Brunetti explique les raisons
## de son silence

### LE FIGARO

14 septembre — L'Abbé Brunetti a, hier, décidé d'expliquer les raisons
de sa conduite tout en continuant *à taire* ses informations sur le crime    to keep silent about
lui-même.

Il *entend*, en effet, respecter scrupuleusement le secret de la confession: `intends`

«En ne dénonçant pas Pierre Suzat», affirme-t-il, «j'ai accompli un acte de *foi*. Je me sentais lié envers lui par l'amour que l'on doit à tout être récupérable ou non récupérable, car tout °être est digne °d'être aimé.» `faith`

«Pierre», a-t-il ajouté, «n'avait jusqu'alors commis que des *délits*. Ce n'était pas un criminel. S'il a tué Marie-Dominique c'est par accident. Il n'y a pas de criminels, mais seulement des *égarés* qui tuent, pressés par les circonstances.» `misdemeanors` `lost souls`

Admettant °bien que la police et la justice poursuivent leur mission, l'abbé Brunetti estime que la sienne se situe à un niveau °bien différent: «Publier une confidence serait la trahir», a-t-il dit.

## Contrôle de compréhension

1. De quoi le prêtre est-il accusé?
2. Quelle est la position du juge d'instruction?
3. Donnez quelques exemples du conflit entre le secret professionnel et le devoir de tout citoyen.
4. Racontez le crime qu'on accuse le prêtre de ne pas avoir dénoncé.
5. Pourquoi la famille de la victime veut-elle aussi intenter des poursuites contre le prêtre?
6. Quels nouveaux éléments sont ajoutés par la famille du jeune criminel?
7. Que savons-nous de la personnalité du prêtre?
8. Comment le jeune Jean-Bernard Brun est-il mêlé au crime?
9. Comment ses déclarations peuvent-elles influencer le cas de l'abbé Brunetti?
10. Comment l'abbé explique-t-il son silence?

## Sujets de discussion

1. Reprenant les différents exemples (p. 8) du conflit entre le secret professionnel et les conséquences graves que le maintien de ce secret peut comporter, discutez chaque cas.
2. Commentez la déclaration du prêtre que «tout être est digne d'être aimé». Voyez-vous des exceptions?
3. Etes-vous d'accord avec l'abbé lorsqu'il dit qu'«il n'y a pas de criminels, mais seulement des égarés qui tuent»?

4.  Selon vous, le secret professionnel devrait-il exister? Si oui, dans quelles professions? Quels abus envisagez-vous?

## Pièges

TOUT.  Comment traduire **tout**

|  |  |  |
|---|---|---|
| p. 8, l. 13 : | comme tout citoyen... | *any* |
| p. 8, l. 24 : | l'obligation de tout citoyen... | *every* |
| p. 8, l. 24 : | ...donne toute sa valeur... | *entire* |

Le temps des verbes.  Il ne faut pas toujours traduire :

(1) *un verbe à l'infinitif par un infinitif*.  Par exemple, après les prépositions **pour** et **après**, le verbe est traduit par un participe présent (*-ing*).  Remarquez les exemples suivants (p. 8, ll. 27, 30) :

| pour n'avoir pas... | *for not having* |
|---|---|
| Après avoir été gardé... | *After having been detained* |

(2) *un verbe au conditionnel par un conditionnel*.  Le conditionnel indique souvent que le fait rapporté n'est pas prouvé, qu'il est incertain.  Il doit être traduit par une paraphrase telle que *it is said that...*, *it is suspected that...*, *it is alleged that*.  Cet emploi du conditionnel est très courant dans le style journalistique et se trouve souvent dans les articles.  Remarquez l'exemple suivant (p. 9, l. 10) :

| Suzat lui aurait avoué... | *It is alleged that Suzat confessed to him* |
|---|---|

Ne confondez pas les mots suivants :

p. 8, l. 6 :   du = contraction **de**+**le**

p. 8, l. 11 :   dû = *p. p.* **devoir**

ETRE.  Remarquez que **être** n'est pas toujours un verbe.  Parfois, c'est un nom masculin singulier voulant dire *being* dans le sens de *human being* (**un être humain**).  A la page 12, **être** est employé dans les deux sens.

BIEN.  Ce mot ne veut pas toujours dire *well*.  Son sens varie selon le contexte.

| p. 12 : | admettant bien | *willingly* |
|---|---|---|
| | bien différent : | *very* |

Soyez sur vos gardes quand vous le rencontrez!

# Faut-il légaliser l'euthanasie?

**Pour la première fois des _savants_ posent ouvertement le terrible problème que les médecins refusent de discuter**                     scientists

**L'EXPRESS**

## I

«Monsieur le Président, on _a laissé mourir_ notre enfant, il y a sept mois,          let die
dans un hôpital parisien. Nous ne savons pas comment. Nous avons
_saisi la Justice_; on ne nous répond pas. Aidez-nous.» Tel est l'appel          laid the matter before the court
adressé au Président de la République, le 28 juillet, par Jacques et
Janine Florentin, tous les deux âgés de 35 ans.

Emmanuel était né le 12 décembre 1965, _aveugle_, mongolien, et          blind
atteint d'une seconde °malformation génétique irréversible. Pendant
huit ans, ses parents l'avaient nourri à la _sonde_. Une machine, installée          tube
à domicile, _aspirait_ régulièrement les mucosités qui remplissaient sa          sucked out
_trachée_. En décembre 1973, une grave °complication bronchique avait          trachea
imposé une _intervention chirurgicale_ d'urgence. Et l'opération réussit.          surgery
Mais que _se passa-t-il_, dans la nuit du 31 décembre, alors que ses          happened
parents se préparaient à le ramener à la maison?

«On nous a montré le corps d'Emmanuel», dit M. Florentin. «Il était
_cyanosé_. Ces signes d'asphyxie montraient qu'il y avait eu arrêt de          turned blue
l'assistance respiratoire. A nos questions répétées, des réponses vagues
et embarrassées. Je suis _convaincu_ que l'on a laissé mourir notre          convinced
enfant. Aux yeux des médecins de cet hôpital, qui n'avaient pas suivi
nos huit années de combat, n'était-il pas trop lourdement handicapé
par la nature? Pour nous, même dans son état, il comptait. Nous
voulions qu'Emmanuel vive. Nous l'aimions. Quelques heures avant sa
mort, il nous avait souri.»

Ce même dimanche, tandis que M. Florentin postait sa lettre pour
l'Elysée,[1] Mme Marguerite Scauflaire, 33 ans, habitant Saint-Vallier,
a tué son fils. Puis elle a essayé de se suicider. Le petit Olivier, 10 ans,
blond et doux, aveugle de naissance, était _un débile profond_. Comme          severely retarded
Emmanuel Florentin. Et ses _troubles mentaux_ ne cessaient de          mental disorders
s'accentuer. «Que serait-il devenu?» a dit Mme Scauflaire. «J'ai mis
fin à ses souffrances. Je l'aimais.»

Si _dissemblables_, les deux drames _posent les limites_ extrêmes du          dissimilar • draw the lines
débat actuel à propos de l'euthanasie. Il n'est pas nouveau. Mais,

[1] Résidence du Président de la République à Paris.

jusqu'à présent, sa réalité était *quelque peu escamotée*. Personne n'ignorait l'existence des «meurtres» d'un *proche* incurable, par *désarroi* ou par pitié. Et la Justice montrait de la compréhension.

En Allemagne, on a condamné Mme Else B. à deux ans *de prison avec sursis*, le 6 juin: élevant déjà un enfant aveugle, elle avait empoisonné son bébé qui perdait aussi la *vue*. Aux *Pays-Bas*, peine de prison avec sursis, le 7 février 1973, contre Mme Postna Van Boven, docteur en médecine, qui avait *abrégé* les jours de sa mère, 78 ans, souffrant d'un cancer au *sein*. En France, en octobre 1971, un an de prison avec sursis pour R. René Fourré: il avait tué son fils, Pascal, un débile profond.

Ailleurs, des magistrats *cléments* allaient souvent jusqu'à l'acquittement. Ils admettaient implicitement que cette pratique, humanitaire, individuelle, ne mettait pas vraiment la société en péril.

## II

Le 17 juin dernier, quarante personnalités, de réputation mondiale ont déclaré que la société *se devait*, au contraire, de prendre une position claire. En faveur de l'euthanasie. Trois prix Nobel *appuyaient* ces médecins, ces savants, ces *enseignants* et ces religieux: le Prof. Linus Pauling, de l'université Stanford, en Californie; sir George Thomson, de la Royal Society, à Londres; et le Prof. Jacques Monod, de l'Institut Pasteur.

«Le maintien en vie des incurables qui souffrent est cruel et barbare», proclamaient-ils dans la revue américaine *The Humanist*. Les «Quarante» approuvaient le principe du «testament vivant»: chaque malade condamné doit *réclamer*, s'il le souhaite, le droit de mourir dans la dignité. Dans ce cas, l'euthanasie peut *s'effectuer* de deux manières. Par abandon des *soins*, d'abord, afin d'abréger la vie; l'euthanasie est alors appelée «passive». *Ou bien* par injection de drogues à dose fatale; et l'euthanasie devient «active».

Largement *diffusée* dans le monde, la *nouvelle a atterré*. Ou libéré.

Aux Etats-Unis, la très puissante °Association médicale américaine a violemment réagi: «Toute suppression volontaire de la vie d'un être humain, l'assassinat par charité, est contraire aux normes médicales américaines.»

Mais le père Richard McCormick, professeur à l'université de Georgetown et *maître* de théologie catholique, *s'est rangé dans le camp* des Quarante: «On devrait laisser mourir les nouveau-nés trop lourdement handicapés», écrit-il dans la revue jésuite américaine. «Tous ceux dont on sait qu'ils ne posséderont jamais un potentiel de communication suffisant pour *entretenir* des relations humaines.»

---

*Margin glosses:*

rather concealed
close relative • despair
suspended sentence
sight • Netherlands
shortened
breast
understanding

owed it to itself
supported
teachers

demand
‡be carried out
treatment
or

publicized • news astonished

professor • took the side of

carry on

Le Dr. Robert A. Cooke, professeur de médecine à l'université du Wisconsin, révélait en même temps: «Chaque année, aux Etats-Unis, 2.000 nouveau-nés difformes meurent déjà *ainsi*, sans qu'on le sache officiellement. Par refus ou arrêt de tout traitement. Pourquoi donc *tarder* à légaliser l'euthanasie?»

Depuis 35 ans, les Américains sont divisés. Le camp des partisans de l'euthanasie se renforce. Selon un *sondage* effectué en 1973, 53 pour cent des Américains le soutiennent. Pour eux, l'euthanasie, le droit de mourir «en *douceur*», doit figurer parmi les droits de l'homme.

### CE *COURANT* PEUT-IL TRAVERSER L'ATLANTIQUE?

En France, «passive» ou «active», l'euthanasie demeure légalement *interdite*. Et condamnée par l'Eglise. Le 19 juillet, le cardinal Alexandre Renard, *archevêque* de Lyon, attaquait avec véhémence le manifeste des Quarante: «Des savants souhaitaient qu'on pratique l'euthanasie pour les *grands* malades, les vieillards incurables qui *l*'auraient demandé en possession de leurs *moyens*. Pourquoi pas les enfants gravement handicapés? Et ensuite *les bien portants* qui voudraient en finir de vivre? Quand on *porte atteinte* au respect des lois de la vie, on ne voit pas où s'arrêter! Il y a une sorte d'*entraînement* irréversible.»

Le prélat confirmait ainsi la position officielle de Rome, où, en janvier 1973, Radio-Vatican proclamait: «La science est humaine quand elle défend la vie de l'homme et non pas quand elle *l'éteint*.»

La cité vaticane attaqua aussi le père McCormick: «Un jésuite *n'engage que lui*, pas l'Eglise universelle.»

Pour les 70.000 médecins français, tous liés par le *serment* d'Hippocrate, il ne doit pas y avoir de choix. «*Tant qu*'il est vivant, enfant *chétif* ou vieillard décrépit, individu *resplendissant de santé* ou malade au dernier degré, chaque être humain a droit à la solidarité totale», vient d'affirmer le Prof. Georges Mathé, célèbre cancérologue.

Mais ce choix existe pourtant. Notamment dans les *services de réanimation* où, *faute d*'équipements, les médecins ont à décider entre l'être humain «récupérable» et celui qui a moins de chance de *survivre*.

D'autres autorités médicales, des vétérans de la bataille contre la maladie et la souffrance, tel que le Prof. Paul Milliez, justifient leur opposition à l'euthanasie par les progrès constants de la science médicale. Condamné aujourd'hui, un malade pourrait être sauvé demain. Ainsi, l'*apparition* des antibiotiques a fait des miracles. La streptomycine *guérit* la méningite. Il y a trente ans, après des souffrances insupportables, on en mourait.

Le 1er janvier, l'arrêt d'une machine à respirer *a brisé* tous les *espoirs* des parents Florentin. Le 28 juillet, Mme Scauflaire, elle, a décidé que

| | |
|---|---|
| in this manner | |
| delay in | |
| survey | |
| peace | |
| trend | |
| prohibited | |
| archbishop | |
| very • (*l'euthanasie*) | |
| mental faculties | |
| those in good health | |
| casts a blow | |
| trend | |
| takes it away | |
| speaks only for himself | |
| oath | |
| as long as | |
| weak • brimming over with health | |
| intensive care units | |
| for lack of | |
| to survive | |
| appearance | |
| cures | |
| shattered • hopes | |

le *calvaire* de son fils avait assez duré.  Dans les deux cas, comment    ordeal
jugera la Justice?

PIERRE ACCOCE *et*
JEAN-V. MANEVY

## Contrôle de compréhension

### I

1. Pourquoi les Florentin écrivent-ils au Président de la République?
2. Comment peut-on caractériser la vie du petit Emmanuel?
3. De quoi les Florentin accusent-ils les médecins?
4. Quels sentiments les parents avaient-ils pour leur fils?
5. En quoi le petit Olivier était-il comparable à Emmanuel?
6. Comment l'amour que Mme Scauflaire avait pour son fils a-t-il influencé son acte?
7. Quel problème posent ces deux cas?
8. Quelle a été l'attitude de la justice à l'égard de cas semblables? Donnez des exemples.

### II

9. Quelles sont les professions représentées parmi les signataires du manifeste publié dans *The Humanist*?
10. Expliquez les principes du «testament vivant».
11. Quelle position a prise l'Association médicale américaine?
12. Qu'y a-t-il d'intéressant dans la position prise par le père McCormick?
13. Quel argument utilise le Dr. Cooke pour appuyer le manifeste?
14. Qui mène l'opposition à l'euthanasie en France et quels sont leurs arguments?
15. Dans quelle mesure la réalité quotidienne force-t-elle les médecins à faire un choix?
16. Quel est un autre argument utilisé par les médecins pour condamner l'euthanasie?

## Sujets de discussion

1. Expliquez la thèse que «le droit de mourir ‹en douceur› doit figurer parmi les droits de l'homme».

2. Etes-vous d'accord que l'euthanasie est une «pratique, humanitaire, individuelle», qui ne met pas vraiment la société en péril?
3. Reprenez les arguments du cardinal Renard, archevêque de Lyon,
et voyez dans quelle mesure ceux-ci pourraient être développés
pour inclure des théories racistes, telles que celles des nazis?
4. Commentez la proclamation de Rome: «La science est humaine
quand elle défend la vie de l'homme et non pas quand elle
l'éteint.» Est-ce que «défendre» veut également dire «maintenir
artificiellement»?
5. Comment prévenir les abus, si jamais l'euthanasie venait à être
légalisée?

## Pièges

Comment traduire un nom qualifié par plusieurs adjectifs?

Il suffit de trouver le NOM; en anglais celui-ci se place toujours à la fin
de la liste d'adjectifs.

Voici quelques exemples tirés du texte:

p. 14, l. 12: une seconde **malformation** génétique irréversible
1 4 3 2

p. 14, l. 15: une grave **complication** bronchique
1 3 2

p. 15, l. 32: la très puissante **Association** médicale américaine
1 2 5 4 3

Les numéros ci-dessus correspondent à l'ordre des mots en anglais.
Vous voyez que le nom a toujours le numéro le plus élevé.

# Les *Ufologues* chassent l'OVNI[1]

UFO specialists

**OVNI: nom *savant* des *soucoupes volantes*. Ces temps-ci on en parle beaucoup à la radio et à la télévision. Notre reporter essaie ici de rétablir les *faits*.**

technical • flying saucers

facts

L'EXPRESS

I

Après des mois de réflexion et de *gros titres* dans les journaux, on a enfin su, la semaine dernière, quel était le mystérieux objet volant que les *chercheurs* du C.N.R.S.[2] avaient photographié, à bord du Concorde,[3] le 30 juin 1973, au-dessus du Tchad, pendant qu'ils observaient l'éclipse du soleil.

big headlines

scientists

Ce n'était pas une soucoupe volante, mais un *nuage* lumineux provoqué par la désintégration, en haute atmosphère, d'un météore *appartenant* à l'*essaim* Beta taurides.

cloud

belonging • group

Il y a °plus de vingt ans que cela dure. Par une belle nuit claire, des gens aperçoivent une *tache* ou un point lumineux qui *se déplace* dans le ciel. Parfois très bas sur l'horizon. On sait que ce n'est pas un *astre* ou une *étoile filante* à cause de la grosseur, de la couleur et du mouvement capricieux et *imprévisible*. Des pilotes racontent qu'un étrange objet brillant est venu les *narguer*. Les radars détectent des échos bizarres. Et tout le monde affirme aussitôt qu'on a vu une soucoupe volante. Dans les jours qui suivent, quelques habitants de la région *jurent* qu'ils l'ont vu *atterrir*. Que des êtres qui n'avaient pas une apparence humaine en sont sortis, pour repartir aussitôt quand *ils* ont essayé de les approcher.

spot • moves
heavenly body
shooting star
unpredictable
to taunt

swear • land
(*les habitants*)

Dans °plus de 90 pour cent des cas, les astronomes peuvent facilement *éclaircir* le mystère. Ils peuvent démontrer qu'il s'agissait, *soit* d'un débris de satellite artificiel, *soit* d'un *ballon-sonde*. Quelquefois c'est la planète Vénus qui brille °plus que la lune. Ou bien c'est de la *foudre en boule*. Ou même la réflexion de *phares* d'automobile sur les nuages.

explain • either...
or • meteorological balloon
thunderbolt
headlights

Il reste quelques cas, entre 5 et 10 pour cent selon les estimations, qui demeurent inexpliqués. Et qui sont, apparemment, inexplicables dans l'*état* présent des *connaissances*.

level • knowledge

---

[1]OVNI (Objet Volant Non Identifié) *UFO (Unidentified Flying Object)*.
[2]C.N.R.S. (Centre National de la Recherche Scientifique) *Center for Scientific Research under the Ministry of Education*.
[3]Avion supersonique de construction franco-britannique.

## UNE NOUVELLE SECTE

Voilà pour les faits. Mais il faut aussi compter avec les *croyances*.   beliefs
A demi clandestine, implantée dans tous les pays, fanatique, une nouvelle
secte est née, celle des Ufologues. De UFO, «Unidentified Flying
Object», en anglais. Les ufologues traquent les OVNIS : Objets Volants
Non Identifiés, en français.

Il ne faut surtout pas croire que les Ovnis sont des phénomènes
naturels. «Ils apparaissent, lorsqu'on les voit de près, comme des
‹engins› structurés, et ils semblent guidés par une Intelligence», écrit   machines
M. Pierre Guérin, *maître de recherches* au C.N.R.S., spécialisé dans   researcher
l'observation des planètes et, d'autre part, ufologue militant. L'hypothèse
°la plus probable, pour lui — et pour la plupart des ufologues, c'est
une certitude — est que ces ‹engins› sont de petits *vaisseaux* pilotés   spaceships
par des créatures extra-terrestres.

C'est ici que les difficultés commencent. Tous les savants sont à peu
près d'accord pour admettre que la Terre n'a pas le monopole de la vie
et de l'intelligence, qu'*elles* doivent exister ailleurs dans l'univers. Mais   (*la vie et l'intelligence*)
certainement pas à l'intérieur de notre système solaire. *Or* les lois de la   moreover
physique prouvent qu'il est *rigoureusement* impossible d'*atteindre* même   utterly • to reach
les étoiles °les plus proches avec un vaisseau de la *taille* des Ovnis.   size

«La science n'est pas *achevée*», répondent les ufologues. «Une   ended
civilisation °plus avancée que la nôtre peut avoir découvert des lois
physiques dont nous n'imaginons pas l'existence. Il est donc logique
que le *comportement* des Ovnis, qui obéissent à ces lois, nous semble   behavior
*s'apparenter* à la magie.»   to resemble

Mais, depuis vingt ans, au moins, qu'*ils* nous visitent, qu'attendent   (*les OVNIS*)
donc ces créatures d'un autre monde pour se manifester publiquement ?
Car les Ovnis sont timides. Ils *se posent* généralement dans des zones   land
rurales, peu *peuplées*. Ils se manifestent dans les régions désertiques.   populated
Presque toujours la nuit. Un *témoin* américain raconte qu'il a été   witness
longuement escorté par un de ces ‹engins› pendant qu'il *roulait* sur une   was driving
route déserte. L'Ovni l'a quitté au moment où il traversait un village
pour le retrouver à la sortie.

«Ces êtres sont trop en avance sur nous dans l'évolution pour que
nous puissions *deviner* leurs motifs», répondent les ufologues. «Est-ce   guess
que le savant qui étudie les grands *singes* commence par *se présenter*   monkeys • introducing himself
au chef de la tribu ?»

## LES *ANGES* DE DIEU   angels

Le raisonnement des ufologues ressemble à celui des théologiens :
«Comment pouvez-vous prétendre expliquer Dieu, puisque, par définition, son intelligence est infiniment supérieure à la vôtre, Ses *desseins*   ways

impénétrables?» Et, très logiquement, ils concluent: «Il faut avoir la foi.» M. Guérin parle de «certitude intime».

*Fondée* sur quoi? Tous les ufologues tiennent plus ou moins le même langage. «Au début, j'étais, comme vous, *convaincu* que ces histoires n'étaient que *des balivernes.* Seulement, moi, je *me suis donné la peine d'*aller voir personnellement les témoins. Je les ai écoutés. J'ai interrogé leurs voisins. J'ai lu les rapports des gendarmes. Tout ce que les commissions d'*enquête* scientifiques n'ont jamais fait. Et je *me suis rendu compte* qu'on *avait affaire à* des gens normaux, équilibrés. On ne pouvait mettre en doute ni leur honnêteté, ni leur bonne foi. J'ai dû *me rendre à* l'évidence.»

based
convinced
nonsense • took the trouble to

inquiry • realized
was dealing with

give way to

## II

Des *siècles* de rationalisme nous ont habitués à séparer les gens en deux catégories: D'un côté, des déséquilibrés, des malades mentaux, qu'on ne peut prendre au sérieux, parce qu'ils ont des «visions». Et, de l'autre, les gens *dits* normaux, qui rapportent exactement ce qu'ils ont vu, qui ne déforment jamais la réalité, à moins qu'ils ne *mentent* volontairement.

centuries

so-called
lie

Par malheur, toute l'histoire du *témoignage* humain contredit cette distinction simpliste. A toutes les époques, des hommes sérieux, honnêtes, ont cru, de bonne foi, voir ce qu'ils souhaitaient voir. Quand le prophète Ezéchiel voyait les anges de Dieu, ils ressemblaient aux sculptures des temples assyriens. Les ufologues ont retrouvé dans la presse des témoignages d'une *vague* d'Ovnis sur les Etats-Unis en 1897. A cette époque, ils avaient l'air de dirigeables. Aujourd'hui, ils *tiennent de* l'avion, de la *fusée* et de la caravane de camping.

testimony

wave
resemble
rocket

Les seuls témoins dignes de foi, tous les policiers le savent, sont ceux dont les déclarations sont corroborées par les *constatations* matérielles. On fait grand cas de traces laissées sur le sol par les atterrissages d'Ovnis. *Herbes froissées,* ou *desséchées,* branches cassées. Les Ovnis *répandent* une odeur forte, terrifient les animaux. Comme le Diable. Ils arrêtent les montres, *font caler* les moteurs de voiture, *brouillent* les *émissions* de télévision. Comme les médiums.

evidence

rumpled grass • dried out
give off
stall
jam • programs

«Vous ne pouvez pas *mettre en cause* la parole de témoins qui racontent tous les mêmes choses sans avoir pu matériellement se consulter», protestent les ufologues. Mais les témoins n'ont pas besoin de se consulter. D'avance, ils admettent l'existence de créatures extra-terrestres.

doubt

Les Ovnis arrivent par vagues, reconnaît M. Guérin. Ils sont apparus en 1947, au début de la guerre froide. Ils sont revenus en 1951, à l'époque de la guerre de Corée. Ils *fourmillent* aux Etats-Unis, pendant

swarmed

l'année 1965, où la tension raciale atteignait son point culminant. Ils reviennent en bataillons serrés depuis que la crise du pétrole a plongé l'Occident dans l'angoisse.

Pendant près de deux siècles, des témoins dignes de foi, des juges scrupuleux ont envoyé au *bûcher* des centaines de *sorciers*, simplement parce que tout le monde, à l'époque, admettait l'existence du diable.     stake • sorcerers

De tout temps les hommes ont eu des visions, de tout temps ils ont projeté leurs croyances dans l'imaginaire. En partant d'une observation réelle qu'ils déforment ou en inventant tout? Rien, dans l'état présent de nos connaissances en psychologie, ne permet de *trancher*. Comme rien, dans l'état actuel des faits, ne permet de donner un avis scientifiquement motivé sur ce qui se cache derrière tous les cas d'apparitions d'Ovnis.     to decide

Il faut avoir l'honnêteté de le reconnaître. Il est de simple bon sens d'admettre que la science est loin de *rendre compte de* tout. Qu'une part de mystère demeure et demeurera peut-être toujours. Mais on ne contribue certainement pas à la réduire en se laissant, comme les ufologues, fasciner par le mystère.     explain

Gerard Bonnot

## Contrôle de compréhension

### I

1. Quel récent événement a relancé la controverse des Ovnis?
2. Comment les Ovnis se manifestent-ils depuis un quart de siècle?
3. Pourquoi n'y a-t-il jamais eu de contact direct entre les humains et les occupants des soucoupes volantes?
4. Quelles sont quelques explications scientifiques de ces phéno-mènes?
5. Qui sont les Ufologues? à quoi croient-ils?
6. Pourquoi la taille des soucoupes volantes est-elle au centre de la controverse?
7. Qu'est-ce qui caractérise le moment que choisissent les Ovnis pour se montrer?
8. Pourquoi les Ufologues sont-ils comparés à des théologiens?
9. Comment les Ufologues essaient-ils de donner des bases scien-tifiques à leur croyance?

### II

10. Quels sont les deux groupes dans lesquels on a tendance à diviser l'humanité?

11. Pourquoi les Ovnis changent-ils d'aspect selon l'époque?
12. Quelles sont les preuves matérielles de l'existence des Ovnis?
13. Comment pourraient-elles être refutées?
14. Quel rapport y a-t-il entre l'apparition des Ovnis et l'époque où ils apparaissent?
15. Dans quel sens les Ovnis font-ils partie d'une longue tradition?

## Sujets de discussion

1. Etes-vous Ufologue?
2. Donnez des exemples qui appuieraient la déclaration suivante: «De tout temps, les hommes ont eu des visions, de tout temps ils ont projeté leurs croyances dans l'imaginaire.»
3. Croyez-vous qu'il y ait des forces surnaturelles en jeu dans le monde ou s'agit-il simplement de phénomènes naturels que nous n'avons pas encore réussi à expliquer scientifiquement? La perception extra-sensorielle, par exemple?

## Pièges

RAPPEL du comparatif et du superlatif. Comment traduire **plus**?

S'il est un adverbe de quantité, l'équivalent anglais est *more than*:

> Il y a **plus de** vingt ans que cela dure. (p. 19, l. 15)
> Dans **plus de** 90 pour cent des cas... (p. 19, l. 26)

S'il est un comparatif, on le reconnaîtra au **que** qui le suit de près, et il voudra dire *more than*:

> la planète Vénus qui brille **plus que** la lune... (p. 19, l. 29)
> Une civilisation **plus** avancée **que** la nôtre... (p. 20, l. 22)

S'il est un superlatif, le **plus** sera précédé d'un article défini; il voudra dire *the most*:

> L'hypothèse **la plus** probable... (p. 20, l. 12)
> Les étoiles **les plus** proches... (p. 20, l. 20)

# ii Les Français se détendent

*Le départ pour les vacances*

Aujourd'hui, si les Français avaient à proclamer leur déclaration d'indépendance, l'essentiel en serait le droit à la vie, le droit à la liberté et le
droit aux longues vacances.

Le droit aux congés payés pour les ouvriers français remonte au mois
de juin, 1936. Après une grève qui a mobilisé plus d'un million
d'hommes, avec l'arrivée au pouvoir des socialistes et du «Front
Populaire», la classe ouvrière s'est vu concéder le droit à la semaine de
quarante heures et le droit aux congés payés. En août, 1936, munis
d'un billet à tarif réduit, les premiers bénéficiaires des congés payés
partaient à bord des «trains de plaisir» et mettaient le pied sur les

*Confortable* — *Facile* — *Economique* — *Agréable* — *Rapide*

# L'aéroport Charles de Gaulle : pour vous simplifier la vie.

**Depuis le 1er Novembre, la plupart des vols Air France atterrissent à l'aéroport Charles de Gaulle.** Et cette étonnante réalisation vaut bien qu'on y fasse escale. Car son architecture insolite n'a pas été conçue uniquement pour le plaisir des yeux. Et tout a été prévu pour votre confort et votre commodité.

En effet, en transférant la majorité de son activité à Charles de Gaulle, Air France n'a pas ménagé ses efforts. Trois des sept satellites sont exclusivement réservés aux passagers d'Air France. Des tapis roulants vous glissent en douceur des satellites de départ et d'arrivée jusqu'au terminal principal; ainsi vous passez presque instantanément de l'enregistrement à la salle d'embarquement.

L'accès aux taxis et aux autobus est direct après votre passage aux postes de douane et de police. Et partout dans l'aérogare, des équipes d'accueil Air France sont là pour répondre à toutes vos questions et faciliter vos déplacements.

Et de l'aéroport Charles de Gaulle, vous êtes non seulement près de Paris et de l'aérogare de la Porte Maillot, face au nouveau Méridien, notre hôtel 4 étoiles qui offre 1023 chambres, mais aux portes des quartiers d'affaires et touristiques de la rive droite.

Air France à l'aéroport Charles de Gaulle. A ne pas manquer.

# AIR FRANCE
### Nous vous comprenons

plages réservées jusque-là aux bourgeois. On cite l'exemple d'un vieil ouvrier qui a écrit au nouveau chef du gouvernement, Léon Blum, «Merci, grâce à vous, j'ai vu la mer avant de mourir.» C'est alors que le véritable camping de masse est né. Depuis 1945, les syndicats ouvriers français ont obtenu quatre semaines de vacances et même des jours supplémentaires attribués selon l'ancienneté. Deux millions et demi de fonctionnaires bénéficient souvent de six semaines. Juillet et août sont les mois de haute saison.

Dans la bourgeoisie française, on a coutume de louer une villa à la plage pour deux ou quatre semaines, ou de descendre à l'hôtel. Les riches vont soit à leur villa privée ou bien descendent dans les grands hôtels, ou bien encore partent pour l'étranger, pour la Grèce, la Tunisie, etc.

Dès le printemps, la radio et la télévision nationales se livrent le plus sérieusement du monde à de longs débats sur les joies, les dangers et le coût des vacances dans un village de montagne ou sur une baie de la Méditerranée. Le soir, à la télévision, on étudie les avantages et les inconvénients de toutes sortes de tentes, petites, grandes, individuelles et familiales, ainsi que de tous leurs accessoires. On montre aussi, par exemple, le plaisir de tirer son énorme caravane avec sa petite auto, le tout dangereusement chargé. Par ailleurs, le gouvernement français veut donner l'impression qu'il s'intéresse activement aux «bonnes vacances» de tout le monde.

De nos jours, avec le marché commun, étant donné une prospérité croissante, l'idée de prendre ses vacances à l'étranger est devenue fréquente. D'ailleurs, les distances en Europe sont petites comparées à celles de l'Amérique. Les trains sont nombreux et rapides. L'express couvre la distance Paris—Bruxelles, de 293 kilomètres, en deux heures vingt minutes. Il est donc facile d'aller à l'étranger. Chaque été des milliers de jeunes vont en Allemagne et en Angleterre où ils vivent avec une famille et où ils essayent d'apprendre la langue du pays. Quoi qu'il en soit, ils évitent les vacances en famille!

En général, les Français se considèrent individualistes, et pourtant ils se plaisent sur les plages surpeuplées. Ils se voient aventuriers, mais retournent au même endroit, année après année.

## Les *Usines* à voyages

factories

**550.000 Jeunes partent en vacances à l'étranger chaque année. Pas toujours sans risque . . .**

**L'EXPRESS**

Comme chaque été, c'est la grande migration : ils sont environ 550.000 jeunes âgés de 7 à 20 ans *à franchir* les frontières britannique, allemande, ou même américaine, sous la protection des moniteurs d'une des nombreuses organisations qui «vendent» des séjours linguistiques. Par groupes de vingt ou trente, ils vont pratiquer l'anglais ou l'allemand «sur le terrain».

to cross

   Les parents pensent avoir trouvé dans ces quelques semaines à l'étranger la *panacée* qui *améliorera* les *notes* de langues de leurs enfants sur les *bulletins trimestriels*.

solution • will improve • ‡grades
report cards

*550.000 jeunes partent en vacances à l'étranger*

Les jeunes, quand ils n'*entreprennent* pas ce voyage comme un *pensum*, °y voient l'occasion de *goûter* une liberté nouvelle loin de leurs familles.

> undertake
> homework • taste

Quant aux organisations, elles se disputent un marché *fructueux*, qui ne cesse de s'élargir.

> profitable

Pour des prix variant de 700 à 2.000 Francs environ, elles rivalisent en offrant les séjours les plus *alléchants*. Des séjours plus ou moins *calqués* sur le même modèle: «Quatre semaines en Angleterre. Cours intensifs *quotidiens*. Activités sportives. Excursions et visites guidées. *Logement* dans des familles *soigneusement* sélectionnées.»

> tempting
> copied
> daily
> lodgings • carefully

## LE GOÛT DE LA DROGUE

Assaillis de publicité, les parents ne savent plus comment choisir. Généralement, ils *s'en remettent au hasard*, ou au prix, pensant qu'un séjour plus cher sera mieux organisé.

> let themselves be guided by fate

De plus en plus sollicitées, certaines organisations de séjours deviennent de véritables «usines à voyages»: l'une d'elles va jusqu'à prendre en charge 8.000 enfants chaque année. Toutes ne réussissent pas à tenir leur «contrat».

«*Dès* l'arrivée de nos enfants *outre-Manche*, on nous a fait payer un supplément pour les activités sportives», expliquent des parents. A la rentrée scolaire,[1] certains d'eux *constatent* que leur fils ou leur fille obtiennent toujours d'*aussi* mauvaises notes en langues.

> as of • across the Channel
> discover
> just as

Parfois, en effet, les cours annoncés comme «intensifs» n'ont lieu qu'*une fois sur deux*. La présence des enfants n'y est pas contrôlée. Ailleurs, la *famille d'accueil* reçoit d'autres jeunes Français. Et l'adolescent est tenté de converser en français avec son compatriote plutôt qu'avec ses hôtes étrangers dans leur langue.

> every other time
> host family

Il arrive aussi que les familles-hôtesses, chargées, en principe, d'*entourer* l'enfant, se contentent de *faire office* d'hôtel-restaurant. Les adolescents, *livrés* à eux-mêmes, se retrouvent dans des «pubs», entre Français, et ont peu l'occasion de pratiquer la langue qu'ils sont venus apprendre.

> to take care of • act as
> left

Mais les négligences de certaines organisations peuvent avoir des conséquences beaucoup plus graves: lorsque, par exemple, les familles étrangères ne présentent pas les garanties morales souhaitées par les parents français. Dans une famille anglaise, une jeune Française de 17 ans bénéficiait d'une liberté que ne lui auraient jamais accordée ses parents. Aux Etats-Unis, chez un couple d'une trentaine d'années qui l'*accueillait* pour l'été, un adolescent prit goût à la drogue: ses hôtes se

> received

[1] *Resumption of classes after summer holiday.*

roulaient régulièrement des cigarettes de hachisch. «Pour éviter de tels *déboires*, les parents ne doivent jamais *se fier* aux brochures publicitaires des organisations», explique M. Pierre Debuche, directeur de Loisirs Jeunes, association chargée de sélectionner des loisirs pour les jeunes. «Ils doivent trouver d'autres garanties.»

disappointments • trust

Ainsi, l'âge d'une organisation — certaines existent depuis plus de 40 ans — montre qu'elle *a fait ses preuves*; *de même que* les *agréments* accordés par les différents ministères: Commissariat général au tourisme, Education, Jeunesse et Sports.[1]

proven itself • as well as • ≠sanctions

«Surtout», continue M. Debuche, «les parents doivent *se renseigner* sur l'*encadrement* des enfants — moniteurs *expérimentés* ou simples *accompagnateurs* recrutés au hasard. Ils doivent savoir comment a été choisie la famille d'accueil de leur enfant: par *petite annonce*, par un correspondant local ou par les *responsables* français eux-mêmes. Ils devraient demander son adresse d'avance.»

make inquiries
supervision • ≠experienced
guides
want-ads
organizers

Pourtant, les organisations, même les plus sérieuses, ne peuvent pas toujours répondre à l'*attente* des parents. D'abord, le principe de la plupart des séjours où les jeunes Français sont regroupés l'après-midi pour des activités *empêche* l'«immersion totale» en milieu étranger, et les adolescents ont *autant* l'occasion de parler français *qu'*anglais, en particulier sur la côte du sud de l'Angleterre, généralement envahie par les touristes français.

expectations

prevents (*sujet: le principe*)
as much... as

Ensuite, comme l'explique une responsable de la *Fédération des parents d'élèves* «certains parents envoient leurs enfants à l'étranger comme dans une boîte à bachot».[2] Si un enfant n'a pas envie de s'intégrer dans un milieu étranger, la meilleure organisation du monde ne pourra °l'y obliger: «J'avais décidé d'envoyer mon fils en Allemagne», raconte un père de famille. «Il ne voulait pas °y aller. Je l'avais inscrit dans une organisation qui lui permettait aussi de *faire de la voile*. Pendant un mois il a fait beaucoup de sport. Mais il n'a pas parlé un mot d'allemand.»

PTA

to go sailing

Le meilleur *gage de réussite* d'un séjour à l'étranger dépend donc du désir de l'adolescent de découvrir un pays, mais il dépend surtout des parents eux-mêmes, qui auront su développer le sens de la responsabilité de leurs enfants.

chances of success

JACQUELINE DE LINARES

[1]Organismes gouvernementaux chargés de l'organisation du tourisme de la jeunesse.
[2]*Summer school* (boîte) *where young people take intensive courses, ''cram,'' in preparation for the baccalaureate examination* (bachot).

# Contrôle de compréhension

1. Dans quels pays vont les jeunes Français?
2. Dans quel but les parents les envoient-ils à l'étranger?
3. Les jeunes partent-ils avec les mêmes intentions?
4. Quel est le modèle type de ces séjours?
5. Comment les parents choisissent-ils l'organisation?
6. Quels reproches les parents font-ils aux organisations par la suite?
7. Quels reproches les parents font-ils aux familles d'accueil? Donnez des exemples.
8. Quels sont les conseils donnés par un directeur pour aider les parents dans la sélection d'une organisation?
9. Pourquoi dit-on que «les organisations, même les plus sérieuses, ne peuvent pas toujours répondre à l'attente des parents»?
10. Quel est le meilleur gage de réussite d'un séjour linguistique à l'étranger pour ces jeunes gens?

# Sujets de discussion

1. Cet article révèle plusieurs caractéristiques des rapports qui existent entre les parents et les adolescents en France. Comparez les rapports parents-adolescents en France et aux Etats-Unis.
2. Si vous aviez le choix d'aller dans un pays étranger pour étudier une langue pendant les vacances, où iriez-vous? Expliquez pourquoi vous préféreriez aller seul ou avec une organisation.

# Pièges

Y. Soyez sur vos gardes quand vous rencontrez ce mot. Son sens est aussi variable que **en**.

| | | |
|---|---|---|
| p. 29, l. 2 : | ...ils **y** voient... | (**y** = dans ce voyage) | *in it* |
| p. 30, l. 27 : | ...l'**y** obliger... | (**y** = à s'intégrer) | *to do it* |
| p. 30, l. 28 : | ...**y** aller... | | *there* |

# Icare aux sports d'hiver

**L'homme-oiseau existe: il fait du *vol libre*.**      free flight
**Un *cerf-volant* triangulaire de quinze kilos, un bon moniteur et**      kite
***le tour est* (presque) *joué***      the trick is... done

### LE NOUVEL OBSERVATEUR

Derrière, les grands immeubles *enneigés* des Menuires (Savoie). Devant,    snow-covered
une jolie *pente*, bien *raide* et, tout au fond, la vallée de Saint-Martin    slope • steep
de Belleville. Autour, des spectateurs, des *badauds*... curiosité morbide,    strollers
je me dis. Le ciel est bleu, la terre est blanche, la *voile* est bleue et    sail
blanche. Elle *frétille* gaiement au-dessus de moi. Dans quelques    flutters
secondes, elle se gonflera de désir et je *plongerai* dans le plus ancien    shall plunge
des rêves humains: *voler*.    flying

     Mon cerf-volant triangulaire ne pèse que quinze kilos pour six
mètres d'*envergure*. Une *toile de voilier* et quelques tubes métalliques.    spread • sailcloth
*J'ai du mal à* croire qu'il n'a pas été inventé à l'âge des cavernes mais    find it difficult to
par un ingénieur de la N.A.S.A. qui cherchait à faire rentrer des capsules
spatiales dans l'atmosphère.

     Aujourd'hui, on vole vraiment et les pionniers-martyrs sont sans
doute inévitables. On vient de m'annoncer qu'en 1974, an I du vol
libre, douze hommes-oiseaux se sont tués dans le *massif* alpin. Cette    mountain range
fraîche nouvelle refroidit un peu mon enthousiasme d'*envoyé* spécial    envoy
dans les airs. Trop tard, un moniteur crie derrière moi: «Allez.» J'ai des
skis aux pieds et, en tête, quelques vagues indications. Il est 14 h. 33,
ce samedi 15 mars. Jambes, poings et cœur serrés, je *me lance* dans    thrust myself
l'inconnu avec la même *angoisse* que celle du joueur de poker attendant    anguish
qu'on *retourne* les cartes. Et voilà que je ne me souviens plus de la    turn over
règle du jeu. Qu'est-ce qu'il avait dit, *déjà*, le *type* en bleu? «Quand    again • ‡guy
vous aurez pris de la vitesse, poussez doucement la barre de 30 à 40
centimètres devant vous...» Je pousse, *ça y est*, la terre *se dérobe*, je    that's it • slips away
*décolle*, je vole, je suis Pégase, je suis oiseau, je suis... tombé. Un joli    take off
plongeon, quelques mètres sur le sol.

     Mais l'appréhension est tombée, c'est le premier vol qui coûte. «Il y a
un *vent de travers*, il faut que vous corrigiez le déséquilibre en déplaçant    crosswind
le *poids* du corps et en orientant la barre.» Un cable spécial, un «fil-    weight
neige» me remonte, *appareil* sur le dos. Deuxième *essai*: ce n'est encore    apparatus • try
qu'une sorte de grand *saut*. J'atterris presque sur la tête du photographe    leap
mais j'arrive finalement sur les deux skis. Ça vient. Au quatrième, ce

# FIGARO PRATIQUE

# météo

## Assez beau, mais plus frais dans la moitié Est

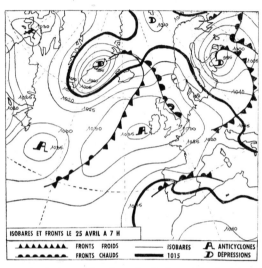

ISOBARES ET FRONTS LE 25 AVRIL A 7 H

FRONTS FROIDS — ISOBARES — A ANTICYCLONES
FRONTS CHAUDS — 1015 — D DÉPRESSIONS

**RENSEIGNEMENTS ASTRONOMIQUES** pour le 26 avril (exprimés en heure légale française, base d'observation Paris). Soleil : lever, 5 h 42 ; pass. au méridien, 12 h 49 ; coucher, 19 h 56 : durée du jour, 14 h 14. Lune (16° jour) : lever, 21 h 14 ; pass. au méridien, 0 h 54 ; coucher, 5 h 43. Jour julien à 13 heure : 2442529.

**HAUTEURS D'EAU DANS LE BASSIN DE LA SEINE.** — Bray-sur-Seine, 2,45 : Montereau, 1.78; Melun, 2,70 ; Austerlitz, 1,81 ; La Tournelle, 1,74 ; Chatou, amont, 22,85, aval, 21,65 ; Bougival, aval, 21,30 ; Andrésy, aval, 18,68 ; Mantes, 4,69 ; Méricourt, amont, 16,68, aval, 14,05 ; Joigny, 1,10 ; Sens, 1,38 ; Damery, 1,05 ; Meaux, 2,50 ; Chalifert, 1,30 ; Venette, 3,06.

LE TEMPS EN FRANCE AUJOURD'HUI à 13 HEURES

VENTS
○ ciel clair — ● couvert ✳ neige — ↗ faibles
◐ peu nuageux ▦ pluies ▨ verglas — ↗ modérés
◑ variable — ▾ bruines ◿ orages — ↗ forts
◒ très nuageux ▿ averses = brumeux — ↗ tempête

Les hautes pressions du proche Atlantique et des îles Britanniques se décaleront très lentement vers le Sud-Ouest. Elles dirigeront sur leur face orientale un flux d'air frais venant des régions scandinaves. Ce flux de nord envahira progressivement l'Allemagne et l'est de la France en s'accompagnant d'un rafraîchissement et d'un temps plus instable.

## En France aujourd'hui

Matinée fraîche en toutes régions avec des brumes et des brouillards, surtout dans le Centre, l'Ouest et le Sud-Ouest où leur dissipation sera localement tardive.

Sur les régions allant de la frontière belge au Jura et au nord des Alpes, on observera des passages nuageux pouvant donner quelques averses.

Sur les régions voisines de la Manche, on notera quelques bancs de nuages bas. Ailleurs, après dissipation des brumes, il fera beau et le soleil brillera.

Les vents de nord seront modérés et irréguliers à assez forts en mer du Nord. En Méditerranée, ils souffleront de secteur est.

Les températures seront en baisse sur le nord-est et l'est du pays.

DEMAIN. — Même type de temps brumeux et frais le matin puis assez beau avec de belles périodes ensoleillées. Les nuages deviendront toutefois plus abondants dans les régions voisines de la Manche.

**PRESSION ATMOSPHERIQUE** à Paris le 25 avril, à 10 heures : 771,6 millimètres de mercure, soit 1.028,7 millibars.

## Températures

● Première colonne : temps à 13 heures, le 24 avril. (S. : soleil ; N : nuageux ; C : couvert ; P : pluie ; A : averse ; O : orage ; B : brouillard ; * : neige).
● Deuxième colonne : température à 7 heures, le 25 avril.
● Troisième colonne : température à 13 heures, le 25 avril.

|  | | |  | | |  | | |
|---|---|---|---|---|---|---|---|---|
| Ajaccio | N 10 | 19 | Pau | C 11 | 12 | Eilath | S 25 | 32 |
| Biarritz | C 12 | 14 | Perpignan | S 13 | 22 | Genève | S 11 | 18 |
| Bordeaux | S 11 | 20 | Rennes | S 10 | 18 | Helsinki | P 4 | 5 |
| Brest | S 10 | 13 | Rouen | N 7 | 12 | Istanbul | N 11 | 17 |
| Cherbourg | B 8 | 8 | Saint-Etienne | S 6 | 18 | Las Palmas | N 10 | 19 |
| Clermont-Fer. | S 10 | 21 | Strasbourg | S 8 | 20 | Le Caire | S 20 | 29 |
| Dijon | S 11 | 21 | Toulouse | N 8 | 16 | Lisbonne | N 11 | 17 |
| Dinard | N 10 | 12 | Tours | S 10 | 18 | Londres | S 9 | 17 |
| Embrun | N 7 | 19 | | | | Madère | N 15 | 16 |
| Grenoble | S 8 | 19 | Alger | P 15 | 17 | Madrid | P 10 | 13 |
| La Rochelle | S 12 | 21 | Athènes | N 15 | 20 | Milan | S 10 | 22 |
| Lille | N 6 | 12 | Barcelone | S 11 | 20 | Moscou | N 12 | 16 |
| Limoges | N 9 | 17 | Berlin | C 6 | 12 | Oslo | N 4 | 14 |
| Lorient | S 11 | 18 | Beyrouth | S 20 | 21 | Palma de Mal. | C 7 | 20 |
| Lyon | S 11 | 21 | Bonn | N 6 | 12 | Rhodes | P 15 | 14 |
| Marseille | C 11 | 21 | Bruxelles | S 6 | 12 | Rome | S 10 | 21 |
| Nancy | S 7 | 19 | Casablanca | A 12 | 16 | Séville | S 15 | 21 |
| Nantes | S 11 | 18 | Copenhague | S 4 | 10 | Stockholm | S 5 | 9 |
| Nice | S 15 | 21 | Dakar | S 18 | 29 | Téhéran | N 14 | 17 |
| Paris | N 8 | 14 | Djerba | S 13 | 20 | Tunis | S 12 | 19 |

sera le bonheur. J'ai pensé à tout: pousser la barre, ne pas m'appuyer dessus, manœuvrer latéralement pour corriger les effets du vent. Le «*manche à balai*» m'obéit parfaitement. Je comprends que c'est gagné aux cris admiratifs *poussés* par une colonie de dames britanniques (ou américaines). La terre est en bas pendant quelques secondes *abolies*, c'est le vol qui suspend le temps. Une joie m'inonde. A un mètre du sol, je pousse *à nouveau* la barre, l'*aile s'arrondit* merveilleusement. A l'instant où je touche terre, je sais que je suis *mordu*, que rien ne m'empêchera de «*remettre ça*».

*control bar (lit. broomstick)*
*uttered*

*abolished*
*again • wing rounds out*
*addicted*
*"do it again"*

Pourtant *les récidivistes* sont encore rares. L'école des Menuires, une des cinq ou six fonctionnant régulièrement en France, a vu passer depuis son ouverture, en janvier 1974, 600 élèves. Six seulement — un pour cent ont persévéré jusqu'au grand saut, jugé généralement très périlleux. Les responsables des Menuires sont eux-mêmes devenus ultra-prudents dans l'enseignement du vol libre. Parmi les quatre Français qui se sont tués l'an dernier figure celui qui était alors le directeur sportif de la *station*, Christian Dalban. Ce grand garçon de 29 ans, très *entraîné*, s'est *fracassé* contre une *paroi* rocheuse.

*those who persevere*

*‡resort*
*well trained • crushed • wall*

Et comme Delacour en juillet dernier. Les conditions atmosphériques étaient mauvaises, il n'aurait pas dû… disent ses camarades. Mais il y avait le public — il y a toujours un public pour ce sport nouveau, spectaculaire et risqué —, il y avait même la télévision. Delacour n'allait pas *reculer*…

*back out*

Accidents toujours spectaculaires mais souvent dus à d'énormes imprudences qui ne mettent pas en question la «*fiabilité*» des appareils. En fait, pour savoir si le vol libre est anormalement dangereux — plus par exemple que l'*alpinisme*, l'automobile de compétition, ou l'aéroplane —, il faudra attendre 2 ou 3 ans.

*reliability*

*mountain-climbing*

«Nous pouvons espérer», dit le président de la Fédération française de vol libre, «que le ministère de l'Intérieur n'assimilera plus le vol libre au *funambulisme* de *foire*. Il s'agit d'un sport authentique, qui ne pollue pas, qui n'est pas cher et qui est joli à voir.»

*acrobatics • fairground*

PATRICK SERY

## Contrôle de compréhension

1. Décrivez ce que le journaliste voit autour de lui.
2. De quel équipement a-t-on besoin pour devenir un homme-oiseau?
3. Comment se manifeste l'anxiété du journaliste?
4. Comment se termine son premier essai?

5. Quelles instructions a-t-il reçues du moniteur?
6. Décrivez les émotions du journaliste lorsqu'il aura finalement réussi à voler. Avez-vous jamais eu des émotions semblables?
7. Pourquoi les moniteurs sont-ils prudents lorsqu'ils enseignent ce nouveau sport?
8. A quoi le journaliste attribue-t-il les accidents qui ont eu lieu?
9. Pourquoi ce sport plaît-il au monde actuel?

## Elles sont de nouveau *dans le vent*: Les *Montgolfières*

"in fashion"

hot-air balloons

### LE FIGARO

Elles s'appellent «la Fière Mongole», «Capitaine Mathieu», «Hercule» ou «Belle de Boscop». Rouges, oranges ou bleues, leurs couleurs vives *égaient* les murs sévères de l'abbaye de Fontenay, près de Montbard.     brighten up

    Vers la fin du XVIIIe siècle, les *moines* cistérciens de ce monastère *taillaient* et *cousaient* les enveloppes des premiers ballons des frères Montgolfier. Hier, à l'invitation de la Régie française des tabacs,[1] 25 montgolfières modernes étaient rassemblées pour disputer en *terre bourguignonne* — ou plutôt au-dessus — la première *Coupe* franco-britannique de vol aérostatique.

monks

cut • sewed

(*région de la Bourgogne*)

cup

    Silencieux, non polluant et moins cher que l'avion, ce sport se développe très rapidement en France.

    *Munis* de *bouteilles de gaz*, d'un altimètre, d'une *boussole* et d'une carte — et d'un *briquet* pour allumer la flamme. Ils peuvent contrôler leur altitude, mais non leur direction. Après deux ou trois heures de vol, ils atterrissent *mollement* dans une *cour de ferme*, un champ ou… un *étang*, provoquant à chaque fois un grand courant de sympathie et un certain *étonnement* parmi les curieux qui leur viennent en aide.

equipped with • bottles of gas • compass • lighter

softly • farmyard

pond

astonishment

    Car les ballons à air chaud ne laissent personne indifférent. Leur fragilité n'est qu'apparente et l'on ne résiste pas longtemps à l'envie de prendre son *baptême de l'air*.

first flight

    A 150 mètres du sol, la *nacelle* glisse dans le silence le plus total. On éprouve une merveilleuse impression de *légèreté* et de liberté: la forêt *dévoile* ses secrets, les villes même paraissent *riantes*. On est très vite convaincu: l'époque des «merveilleux fous volants dans leurs drôles de machines» est *révolue*.

car (of balloon)

lightness

unfolds • laughing

completed

    La montgolfière *revit* pour les contemplatifs et les poètes.     relives

[1]*French Government Tobacco monopoly.*

\*     \*     \*

Malgré ses 81 ans, Charles Dollfuss, pionnier de l'aérostation (597 ascensions depuis 1911), se réjouit de cette «*remontée*» inattendue:     rise

— On me pose de plus en plus de questions sur le sujet. Des gens de tous âges, venus de tous les horizons sociaux. Mais c'est un sport difficile à pratiquer.

Puriste et passionné (tout dans son appartement parisien évoque le ballon: de l'*épingle de cravate* à l'*horloge* en passant par les *cendriers*,     tie pin • clock • ashtrays
les *gravures* et les *dessous de plat*), Charles Dollfuss reproche à la     engravings • table mats
*sustentation* actuelle par air chaud d'être trop bruyante: lui qui a volé     lifting force
«à la flamme de *paille*», comme les frères Montgolfier, est *agacé* par le     straw • irritated
*sifflement* des bouteilles de propane qui réchauffent la sphère... Chaque     whistling
ascension lui procure, néanmoins, comme au premier jour, sa part de
joies et d'émotions:

— D'appréhension aussi. Car ce n'est pas de tout repos. C'est un sport très dangereux si l'on ne prend pas les précautions nécessaires, notamment à l'atterrissage: aujourd'hui la moindre *étable à cochons*     pigsty
est équipée d'une ligne électrique. Mais l'aérostation est le dernier refuge de l'aventure, car on flotte *au gré du* vent, sans savoir où l'on va...     at the mercy of

HENRI MONGABURE et
JEAN-PIERRE MOGUI

## Contrôle de compréhension

1. Décrivez le décor dans lequel a eu lieu la course des montgolfières?
2. Pourquoi a-t-on choisi cet endroit et pas un autre?
3. De quel équipement a-t-on besoin?
4. Quel est l'élément du hasard qui intervient?
5. Comparez les sensations ressenties par l'homme qui contemple la terre suspendu dans son ballon à celles de l'homme-oiseau.
6. Pourquoi M. Dollfuss peut-il être considéré comme un fanatique de ce sport?
7. Quels sont les éléments modernes qui distinguent les ascensions qu'il fait actuellement à celles qu'il faisait il y a une soixantaine d'années?

## Sujets de discussion

1. Nous considérons la boxe, l'alpinisme, le football, le ski, etc. comme des sports. Dans quelle mesure la pratique du vol libre et du vol en

# Le 3ᵉ âge? ça n'existe pas!

... c'est plus une question d'état d'esprit que d'état civil.

Pour vous permettre d'en juger, voici le portrait-type d'un habitant des Ensembles Résidentiels à Services Complets du Groupe SPUR :

—Habitué à d'importantes responsabilités, il sait gérer sa vie personnelle comme il a toujours su gérer ses affaires.

—Il veut être *servi. Efficacement.* Sans que cela puisse devenir une contrainte.

—Il ne laisse à personne le soin de décider ni de son *confort*, ni de ses *loisirs.*

—Son bon plaisir l'amène à se déplacer souvent. Pour lui, pas de résidence qui puisse entraver ses départs et qui ne soit pas *toujours prête* à l'accueillir à son retour.

—Parce qu'il est actif, il sait tout le prix du *calme* et du *silence.*

—Parce qu'il peut maintenant goûter le repos du corps et de l'esprit, il admet être sensible aux arbres, aux fleurs, à l'harmonie simple d'un parc boisé.

Sans doute, ce portrait ne peut-il s'appliquer qu'à quelques milliers de personnes comme vous, pour qui le Groupe SPUR a créé, dès 1966 en France, une formule qui vous permettra de conserver, à des conditions exceptionnelles, le style de vie auquel vous êtes habitué.

Propriétaire de votre appartement (studio ou 2 pièces), vous serez de plus copropriétaire des terrains et de toutes les installations : salons de bridge et de télévision, salles à manger, chambres pour vos invités, etc.

Dégagés de tous soucis domestiques, vous serez servis par un personnel attentif : cuisiniers, femmes de chambre, blanchisseuses.

Et bien sûr, une assistance médicale disponible 24 heures sur 24. Soins sur place sans limitation de durée.

Appartements habitables immédiatement à :

**RIVIERA 2**
Saint-Cézaire (Alpes Marit.) près de Grasse 36.98.91

Renseignements et vente :
Réception sur place, tous les jours de 10 h à 18 h sauf dimanche toute la journée et lundi matin (sur rendez-vous) ou Groupe SPUR-9, av. Niel 75017 Paris 380.26.64/29.53

Bon à découper et à envoyer à :
Groupe SPUR · 9, avenue Niel · 75017 · Paris.

Veuillez me faire parvenir, sans aucun engagement de ma part, votre documentation concernant :

**RIVIERA 2**
Saint-Cézaire (Alpes Marit.) près de Grasse

Nom et prénom _____

Adresse et téléphone _____

PARIS

RIVIERA 2
CANNES

**GROUPE SPUR** *Depuis 1966, spécialiste des Ensembles Résidentiels à Services Complets. Plus de 1200 appartements de ce type réalisés dans toute la France.*

montgolfière correspond-elle à l'image que vous vous faites d'un sport?

2. Lequel de ces deux sports — le vol libre et le vol en montgolfière —, vous attire le plus et pourquoi?
3. Croyez-vous que le vol libre ait un avenir?
4. Comment expliquez-vous l'aspiration de voler que l'homme a eue à travers les âges?
5. Analysez le rôle du spectateur dans les exploits sportifs.

# Le Bonheur dans le camping

### LE NOUVEL OBSERVATEUR

*Pinède, mer, soleil,* les ingrédients fondamentaux sont là. Il y a même des espaces libres, quand la pente est trop raide pour y *implanter* une *tente.* Pas de route nationale entre le camp et la *plage.* C'est bien tenu, propre et décemment fréquenté. Cent mètres carrés par *emplacement.* Le Château est un camping quatre étoiles,[1] un camping «de luxe». Les *sanitaires* sont *corrects,* il y a vraiment de l'eau, chaude et froide, dans les *douches.* Un bar, des boutiques, un restaurant. Tout ce qu'il faut. Et les *habitués* du Château ont, *à juste titre,* le sentiment d'être des privilégiés parmi les quelque dix mille campeurs qui fréquentent les camps de «campigne» du Lavandou et de Bormes.[2]

*pine forest • sea • sun*
*set up*
*tent • beach*
*spot*

*sanitary facilities • adequate*
*showers*
*regulars • rightly*

#### JUMELLES ET TRANSISTORS

Le premier jour, *répertorié* et *fiché,* j'ai cherché mon emplacement dans le labyrinthe des parcelles. A côté, une vraie famille s'implantait: le père-chef régnait sur une formidable logistique. «René, les journaux en double, sous le tapis, j'ai dit! Claudine, la cuisine plus à gauche! Bougez bon Dieu!»

C'était l'heure de la sieste. Trop chaud, chez moi. J'ai exploré le quartier. Toute une *cellule* de vie, palpitante, tout un style dans chaque périmètre. Les *variantes* infinies d'un idéal de confort identique. Des trésors d'ingéniosité: les petits escaliers, les hamacs, les systèmes hydrauliques suspendus, les *fours à Butagaz,* les *glacières,* les *séchoirs téléscopiques,* les *auvents à franges,* les fenêtres à faux petits *carreaux* de nylon.

*binoculars*
*classified • registered*

*cell*
*variations*

*bottled gas ovens • iceboxes • collapsible clothes lines • fringed awnings • window panes*

[1]Les étoiles sont un symbole utilisé dans les guides touristiques pour indiquer le niveau de confort, quatre étant le niveau maximum.
[2]Deux villages sur la Méditerranée.

Dès que tout est en place, conforme au plan, on s'assoit sur les fauteuils *étincellants*, autour du Formica, devant chez soi, jumelles et transistors sortis, et voilà. On vit. On a gagné! Et petit à petit, les premiers chocs résorbés, je me suis aperçu qu'il y avait du bonheur dans chaque microcosme préfabriqué.

**L'HEURE DE LA *BELOTE***

Dans un bon camping comme celui-là, on ne conteste pas. On est trop heureux.

Monsieur A... à l'heure de l'*apéritif*. *Commerçant* à Besançon. Il inaugure sa *caravane* que je n'ai pas le droit de visiter. Gentils *quand même*, lui et sa femme bien *nette*, à cheveux gris. Trente ans de camp, les enfants mariés sont dans un autre camping avec leur tente à eux. «Bon, ici, on est libre, on fait ce qu'on veut. Les *cordes* du voisin ne viennent pas *s'emmêler* aux miennes... Il y a le panorama. Et la belote, le soir.»

Monsieur B..., ingénieur, Hollandais. En juin, au Château, il y a 80 pour cent d'étrangers. Allemands et Hollandais surtout, Britanniques derrière. Tout le monde *fait bon ménage*, malgré les barrières linguistiques. «Bien sûr, il y a du monde. Mais la mer, le pain français! Dans d'autres campings, les tentes sont à deux mètres l'une de l'autre. Ici, cinq mètres. C'est bien... Non, les voitures ne me *gênent* pas.»

Des Parisiens, les C... Deux enfants. Lui, maître-assistant dans une *grande école*. Leur tente est un vrai appartement. «Chaque année, on retrouve les Suisses de la tente d'à côté. Ils nous ont rendu visite à Paris. Les gens se donnent rendez-vous.» Pour un mois de vacances au Château, les C... dépensent trois mille francs,[1] tout compris.

Pour D..., *assureur* à Lille, pas de problème économique. Il a un bateau, une Mercedes 220. «Souvent», dit Mme D..., «on va *s'ancrer* devant une plage privée. Un *tour* en ville le soir. Moi, j'aime la foule, des gens autour de moi, les *boîtes*. Je préférerais Saint-Trop,[2] mais mon mari n'aime pas. Je reste ici jusqu'en septembre, mon beau-frère vient aussi, et des amis. Mais non, je n'aimerais pas du tout un coin tranquille, comme vous dites!»

Monsieur E..., lui non plus, n'aime pas la solitude. Sixième année de Château. Ingénieur. Sa femme, super-organisée. «Il faut ça...» La grande jeune fille, si sage. «Oh oui, ça change, le camping!» Le fils, un peu *dadais*, si sage, lui aussi. C'est fou ce que la jeunesse est sage,

sparkling

(*jeu de cartes*)

cocktail • merchant
trailer • anyhow
neat

ropes
tangle themselves

gets along well

bother

professional graduate school

insurance agent
lay anchor
stroll
nightclubs

oafish

[1]Environ $620.
[2]Saint-Tropez est un ancien petit port sur la Méditerranée qui connaît un grand succès, surtout parmi les jeunes, depuis qu'il a été lancé par Brigitte Bardot dans les années 60.

dans ce camping pour campeur. «Nous», dit le père installé devant ses rideaux à fleurs, «on n'aime pas l'hôtel. La liberté, c'est l'essentiel. Une plage superbe. Et la nature! Regardez!»

Je *suis* des yeux son geste large et, *effaré*, je regarde la nature: Un chaos de voitures, de caravanes, de *linge*, de toile et de gens. Même la mer est pleine de machines. M. E... s'étonne de mon étonnement. «Les voitures? Ce n'est pas laid. On s'est donné tant de peine pour les faire belles...»

**(*suivre*) • dismayed**
**laundry**

La vie du camping est réglée comme du papier à musique. La liberté d'être conforme. Vers sept heures, réveil, il fait chaud dans les tentes. Déjeuner familial. Queue pour la glace et pour l'*épicerie*. Bloc sani-taire: *vidage* des *seaux* de *pipi* nocturne, communion du *caca* et du *blaireau*. Plage. Déjeuner, *vaisselle* au bloc sanitaire, sieste lente devant la tente, plage. *Pétanque*, ou éventuellement *pastis* et glaces en ville. Recuisine, et couche tôt. La nuit calme.

**grocery**
**emptying • pots • urine • feces**
**shaving brush • dishes**
**game of bocce • aperitif**

## NUDISME INTERDIT

Attention, quand vous allez *nager*. On n'est pas sûr de retrouver une place au soleil. Prière de *s'allonger* perpendiculairement à la mer, sinon on casse l'*imbrication*. «Les enfants, gardez votre place près de l'eau.» On vous *enjambe*, on vous plante des parasols entre les *cuisses*. Le *sable* vole mais retombe vite. Il est gras, heureusement. Je me relève avec un *mégot* de «Stuyvesant» planté dans le *nombril* et, sur la cuisse, un vieux *Tricostéril*. «Patrick, mets ton ‹ticheurte›, je ne veux pas te voir comme ça!» A basse altitude, un avion publicitaire couvre le bruit des *hors-bord*. A côté de ça, une *piscine* couverte à l'heure de la *natation* scolaire ressemble à une cathédrale. Dans ce bruit, une dame lit tranquillement le dernier Simenon.[1] «Barbara, viens ici! Va la chercher, Michelle, déjà qu'elle a pris un coup de *pelle* sur la tête, l'autre jour, ça suffit.» Entre sa femme et la belle-mère, le papa a l'air *excédé*. On parle. Non. On est heureux. Les plus belles vacances.

**swimming**
**stretch out**
**pattern**
**step over • thighs**
**sand**
**cigarette butt • navel**
**band-aid**

**outboard motorboats • pool**
**swimming**

**shovel**

**exasperated**

JEAN-FRANCIS HELD

## Contrôle de compréhension

1. Décrivez le site du camping.
2. Lors de sa promenade, quels sont les éléments de confort moderne que retrouve le journaliste?

[1]Georges Simenon   Auteur de romans policiers et créateur du détective Maigret.

3. Expliquez le choix du pronom «on» («on s'assoit», «on vit», etc.).
4. Quelle est l'attitude du journaliste à l'égard de la vie qui l'entoure et comment la révèle-t-il au lecteur? (pp. 39–40)
5. Quelles sont les différentes classes de la société et les différentes professions qui se retrouvent dans ce camping?
6. A quoi chaque campeur attribue-t-il son bonheur?
7. Quel est l'effet produit par la paraphrase: « ...ce camping pour campeur»?
8. Quel incident prouve que l'homme ne voit que ce qu'il veut voir?
9. Quelle est la routine quotidienne des campeurs?
10. Quelle atmosphère règne à travers tout l'article et comment le journaliste l'a-t-il créée?

## Sujets de discussion

1. Dans quelle mesure ce genre de camping est-il un compromis de l'homme moderne pour satisfaire son désir de retourner à la nature?
2. Comparez le camping aux U.S.A. à celui en France.

# Au Club, quand on a payé, on est sûr d'avoir tout payé.

Au Club, nous aimons les vacances décontractées. Nous détestons les mauvaises surprises, le quart d'heure de ski à 100 F ou bien le "fromage ou dessert".

Notre forfait comprend tout : le voyage, la table d'abondance, le vin à discrétion, les sports à gogo, les concerts, les conférences, les spectacles et aussi le night-club.

Sans bourse délier, vous pouvez aussi vous initier au yoga, à la danse classique ou au bridge. Si les paréos n'ont pas de poches, c'est parce qu'au Club, on n'a pas besoin d'argent.

**Renseignez-vous sur les prix très privilégiés de Mai-Juin au Club.**

# Club Méditerranée.

Licence 425   Synergie K & E

# iii  Mais il faut aussi travailler...

Chaque année au mois de juin, des milliers de jeunes Français terminent l'école et commencent à chercher du travail. Munis de leur Certificat d'aptitude professionnelle[1] ou de leur Baccalauréat de technicien de l'industrie,[2] ils ont pourtant des débuts souvent décevants. Les employeurs sont rarement impressionnés par les diplômes; ils demandent de l'expérience, mais par définition l'étudiant qui quitte l'école n'en a pas ou en a très rarement. Alors commencent les interminables jours d'attente à l'agence de l'emploi après qu'on a rempli des

[1] Pour être vendeur ou simple employé de bureau.
[2] Apprenti dans l'électricité, etc.

— *Avec le bac technique, j'ai trouvé du travail, mais non sans difficulté.*

45

# LES ENTREPRISES VOUS PROPOSENT

questionnaires sans fin. L'anxiété est la même, que la recherche prenne place dans le Minnesota ou à Marseille.

Pour ceux qui terminent leurs études universitaires munis d'un diplôme supérieur, la situation n'est guère meilleure. Il n'y a pratiquement plus de débouchés dans l'enseignement et, par conséquent, les diplômes impressionnants d'histoire, de sociologie et de psychologie ne mènent à rien dans la plupart des cas.

En ville, les possibilités semblent être plus grandes dans le commerce ou dans l'industrie. Pourtant cette richesse n'est qu'apparente, car l'espoir d'obtenir un poste important est rarement réalisé faute d'expérience pratique. En province, par contre, les jeunes ont plus de succès: ils cherchent à rentrer dans l'administration, c'est-à-dire le service des postes, les chemins de fer, la sécurité sociale et autres services d'état. Le travail n'est pas toujours intéressant, mais l'emploi est garanti.

Malgré la publicité et les encouragements du gouvernement français, la décentralisation de l'industrie ne progresse que très lentement. D'ailleurs, les organisations syndicales s'opposent à la décentralisation, car c'est dans la concentration industrielle des grandes villes qu'elles trouvent leur force, l'ouvrier à la campagne étant beaucoup moins politisé. En plus, même aujourd'hui, le Français s'identifie avec sa région et refuse obstinément de se déplacer.

Finalement, l'agriculture française reste souvent traditionnelle et n'est pas une industrie comme aux Etats-Unis. Moins mécanisée, elle emploie plus de personnes à des travaux moins payés que dans l'industrie. Le résultat, en France comme aux Etats-Unis, en est l'exode du village vers la grande ville.

## Jeunes: *la course au boulot*

the job race

**Cinq cent quarante mille jeunes arrivent sur le marché de l'emploi. Mais essayez *de vous faire engager* avec un B.E.P.C.[1] en poche!**

to get yourself hired

**LE NOUVEL OBSERVATEUR**

Agence nationale pour l'Emploi,[2] rue de Belleville. Dix heures du matin, un jour de fin de semaine, fin septembre... Ils sont une quarantaine,

[1]B.E.P.C. (Brevet d'Etudes du Premier Cycle) *Certificate received at the end of mandatory schooling (16 years of age)*.
[2]Agence Nationale pour l'Emploi *Government-run employment agency with offices throughout France*.

*— Ce n'est pas facile de raconter ses espoirs, ses échecs à un inconnu.*

sagement assis sur leurs chaises alignées comme dans une salle de classe. Ils ne se parlent pas, se regardent à peine, furtivement, du coin de l'œil, mal à l'aise.

De temps en temps, à l'*appel* d'un numéro, il y en a un ou une qui     calling
se lève, traverse cet immeuble, d'*allure* moderne, et s'assied sur une     appearance
autre chaise face à un bureau. Et là, il ou elle parle. Timidement d'abord:
ce n'est pas facile de raconter ses espoirs, ses *échecs* à un inconnu,     failures
même lorsque l'on sait qu'il est payé pour vous écouter... «Voilà... j'ai
un C.A.P.[1] d'*aide-comptable*. Un bac technique[2] aussi. Et je cherche     bookkeeper
du travail. Un travail de bureau, *n'importe quoi*. Non, je n'ai jamais     anything
travaillé. Je sors du lycée. Mais je suis plutôt *pressée*... D'ailleurs je     in a hurry
cherche *de mon côté*. Je suis convoquée pour *passer des tests* demain     on my own • ‡take some tests
à la *Société générale*. Je n'y compte pas trop. On m'a dit qu'il y avait     (*une banque*)
deux places pour toute la région parisienne... Vous pensez que si je ne
trouve pas de travail tout de suite, je peux aller faire les *vendanges*?...     grape harvest

[1]C.A.P. (Certificat d'Aptitude Professionnelle)   *Certificate received after successful completion of 3 years at C.E.T. (See footnote on p. 49.)*
[2]Bac (baccalauréat) technique   *Vocational baccalaureate for industrial technicians, paramedics, commerce and agriculture.*

Oui, *l'intérim*, ça *me plairait bien*. Il paraît que le salaire est *plus intéressant*. Combien croyez-vous que je peux demander pour débuter ? Quatorze cents francs ! C'est tout ?»

temporary jobs • would be all right • higher

Catherine L..., 19 ans, *secoue* ses longs cheveux blonds *avec inquiétude* : «Là, il y a une annonce qui m'intéresserait. Mais ils demandent une excellente *présentation*. Vous croyez que ça *pourrait aller* ?» Finalement, ça «n'ira pas». Non pas pour la présentation. Mais il fallait aussi avoir une bonne connaissance de *la pratique de la vente*, de la *tenue d'un magasin*. Surtout pas de *débutant*. Le tout pour un *mirifique* salaire entre 1.400 et 2.000 F par mois. Catherine partira finalement avec, en poche, l'adresse d'une banque — mais il y a déjà 12 candidatures pour un *unique* poste d'aide-comptable.

shakes • worried

‡appearance • could work

sales experience
store management • beginner
fabulous

‡single

La suivante, c'est Corinne. Elle vient de sortir du C.E.T.[1] avec un C.A.P. de *coiffeuse*. Un mois de travail dans un salon pour découvrir qu'elle est allergique aux shampooings et aux produits de beauté. «Elle est *mignonne*», insiste le *prospecteur placier* au téléphone. «Elle *fera bien* dans votre magasin.» Pour Corinne c'est gagné. Elle commencera demain. *Vendeuse* dans un magasin de *prêt-à-porter* avec un salaire de 1.400 F par mois.

hairdresser

cute • placement officer
will look good
salesgirl • ready-to-wear

Il y a le *soudeur* débutant qui revient pour la troisième fois : «J'ai fait un essai hier. Du beau travail. Mais le *patron*, ça ne lui a pas *plu*.» Il repartira avec une autre adresse. Il y a la jeune fille qui a eu la naïveté de croire que fin de scolarité obligatoire correspondait avec début de la vie active. Essayez de vous faire engager, à 16 ans, avec un B.E.P.C. en poche. Impossible. Administrations, banques vous accueillent, mais plus tard. Il faut avoir 17 ans et demi ou 18 ans. Et si l'on n'a pas la patience ou les *moyens* d'attendre, *autant* mettre son diplôme dans sa poche, et se faire engager comme *manœuvre*. C'est ce que Josette a accepté finalement. Elle est ressortie avec la perspective de *trier* des cartons de médicaments. Pour cela, pas de limite d'âge.

welder
‡boss • (*p. p. plaire*)

means • might as well
unskilled worker
to sort

Evelyne, elle, sait ce que c'est que le travail. Six mois dans une *bijouterie* ont fini de la *dégoûter* du secteur pour toujours. «J'ai donné mon *congé* vendredi. *J'en avais* vraiment *marre*. Je passais mon temps *à faire le ménage* alors que j'avais été engagée comme vendeuse.» Pour essayer de s'en sortir, elle a signé un contrat pour un cours de *comptabilité* par correspondance. Le piège : 3.000 F pour 80 cours, *acompte non récupérable*, etc. «Il fallait te renseigner. Il existe des *stages de formation* professionnelle des adultes. Des stages *gratuits*», lui dit l'employé de l'agence. Mais Evelyne croit à son cours par cor-

jewelry store • disgust
leave • was sick and tired
cleaning up

accounting
nonrefundable deposit
training programs • free

[1] C.E.T. (Collège d'Enseignement Technique) *Vocational secondary school.*

## OFFRES D'EMPLOIS

### JEUNE DIRECTION DYNAMIQUE

recherche pour création de 2 nouvelles agences

### 12 JNES FEMMES

désireuses de se créer une situation stable dans une jeune société en pleine expansion.

NOUS AVONS BESOIN :
— Très bonne présentation.
— Dynamisme et ambition.
— Caractère sympathique.
— Courage et ténacité.

NOUS VOUS OFFRONS :
— De gagner largement votre vie dès le départ.
— Un poste passionnant.
— Situation sûre et d'avenir.
— Une ambiance stimulante.

Un accueil franc et cordial vous sera réservé mercredi 16 et jeudi 17, de 10 à 19 heures
EDITIONS LAETITIA
Christian Deshaies,
1, r. Edmond-Guillout, Paris-15e
Mo Pasteur.

**NE PAS TELEPHONER**

---

Sté spécialisée dans les annonces et pavés publicit. recherche

### HMES ou FMES

Ayant une bonne présentat., le goût des contacts humains. Il faut être jeune, disponible, dynam., imaginat. et pouvoir s'intégrer très rapidement dans une équipe de vente. Les candidats devront être libér. des O.M. Présentez-vous tous les jours, sf samedi, 14/18 h, 76, av. Jean-Jaurès, Montrouge. Mme Kircher, ou tél. 9/12 heures, 656-70-82.

---

### GRANDE BANQUE INTERNATIONALE

PARIS-8e

rech. pour assister les cadres de son départ. Contrôle

### SECRETAIRE COMPTABLE

C.A.P. aide-comptable, capable assurer courrier simple. Quelques notions d'anglais. Expér. bancaire appréc ée.

Adr. c.v., photo et desiderata à
**Direction du Personnel**
**M.H.B.N.**
20, r. de la Ville-l'Evêque, 8e.

---

Si vous êtes :
— Bachelier.
— De sexe masculin.
— Agé au min. de 35 ans.

Et si vous avez le goût du travail administratif.

Notre importante Compagnie d'Assurance, située près de la gare Saint-Lazare vous propose une
POSTE STABLE
comportant :
— 14 mois de salaire.
— Restaurant d'entreprise.
— 40 heures hebdo.
— Nbx avantages sociaux.

Se présenter : 54, rue de la Victoire, Paris-9e
de 8 h. 30 à 11 h. et de 14 h. à 16 heures.

---

TISSUS RODIN
36, Champs-Elysées, 8e
Mo Franklin-Roosevelt
offre situation stable à

### CAISSIERE

très qualifiée, expérience magasin détail. Bon salaire. Chèques restaurant. Vacances possibles. Ecr. av. référ. complètes ou se présenter sur rendez-vous. Tél. 359-58-82, poste 30.

---

Fabricant anglais outillage à fileter récemment installé à Paris recherche

### REPRESENTANT EXCLUSIF

pour étendre le programme de vente sur le marché français

Le candidat devra avoir expérience des outillages à fileter, mais grande attention sera donnée à candidat ayant bonne connaissance problème outillage coupant.

— Il devra posséder quelques années d'expérience, principalement de vente directe aux utilisateurs.

— Excellente opportunité pour personne aimant responsabilités et contacts humains.

— Connaissances de l'anglais appréciées mais non indispensables.

Curriculum vitae avec photo récente et prétentions à Société
**GOLIATH**, 13, rue Alibert, 75010 Paris.

---

Groupe d'Edition et de Publicité recherche
**2 DACTYLOS**
Capacité professionnelle élevée. Ns voulons des personnes évoluées, intelligentes et ambitieuses. Elles peuvent, si capables, s'élever rapidement dans la hiérarchie de nos Sociétés. Esprit d'équipe indispensable. Age indifférent. Salaire d'engagement : 2.500 X 13. 5 jrs/sem. Avantages socx. Augmentations tr. rapides si capables. Paresseuses incapables et lymphatiques s'abstenir. Ecrire av. C.V. et photo aux Editions V.M. 3, pl. Malesherbes, 17e.

---

### Emplois divers

Importante Société engage immédiatement

### 30 JEUNES FEMMES

dynamiques et indépendantes

— Ayant une excellente présentation, de l'allure, de la classe.
— Pouvant consacrer 6 hres par jour à leur travail.
— Désirant gravir les échelons promotionnels au sein d'une équipe jeune et dynamique.
— Formation gratuite assurée par nos soins,

AU METIER

### D'HOTESSE DE VENTE

— Dès le 1er mois, elles auront la possibilité d'atteindre des salaires très élevés (3 à 4 fois plus qu'un emploi de bureau).

SE PRESENTER
Mlle PREVOST
mercredi 16 et jeudi 17/4, de 10 à 12 H et de 14 à 18 h, 6, rue de Bellefond, PARIS-9e
Mo POISSONNIERE

**NE PAS TELEPHONER**

---

Agence Voyages OPERA recherche d'urgence

### STANDARDISTE

bilingue
Lib. de ste. Avant. socx.
Tél. pr R.V. : OPE. 17-21.

respondance.  En attendant, elle sera sans doute *caissière* dans un          cashier
grand magasin.  Enfin... si tout va bien.

En apparence, pourtant, les *rouages de la machine* fonctionnent bien.          machinery
Rares étaient ceux qui repartaient en fin de matinée de l'agence de
l'emploi de la rue de Belleville sans la petite fiche qui porte la référence
d'un ou de plusieurs employeurs éventuels.

GERARD PETITJEAN

## Contrôle de compréhension

1. Pourquoi ces jeunes gens sont-ils mal à l'aise?
2. Comment expliquez-vous l'aspect humiliant de la recherche d'un emploi?
3. Quels sont les deux facteurs communs qui désavantagent les deux premières candidates?
4. A quoi attribuez-vous la réussite de Corinne?
5. Croyez-vous que les cours par correspondance augmenteront la chance de certains de trouver du travail?  Justifiez votre réponse.
6. Résumez la formation des différents candidats et indiquez le genre de travail qu'ils cherchent.

## Sujets de discussion

1. Dans quelle mesure, selon vous, l'école est-elle responsable d'enseigner un métier aux jeunes?  Son rôle serait-il plutôt de leur donner des bases culturelles?
2. La société devrait-elle être contrainte d'absorber ces jeunes travailleurs?  Si oui, quelles mesures devrait-elle prendre pour que cela soit réalisable?
3. Quels parallèles voyez-vous entre ces jeunes Français en quête d'un premier emploi et les expériences que vous avez eues vous-même, ou dont vous avez entendu parler par vos amis?  La situation est-elle la même aux Etats-Unis?

## «Je suis *facteur* auxiliaire à Paris»

postman

### LE MONDE

Je suis facteur auxiliaire à Paris depuis le mois de juin. J'*ai été reçu au* — passed
dernier *concours* de facteur. Mais plutôt que de me nommer *stagiaire* — competitive exam • trainee
pendant un an, et ensuite *titulaire*, je suis utilisé comme auxiliaire, — permanent
c'est-à-dire au plus bas salaire.

Quand j'ai reçu ma *convocation* pour me présenter à Paris, j'étais — notice
*à la fois* heureux et malheureux. Mais il fallait partir. Je suis parti. — at the same time

A mon arrivée, j'ai été logé dans un *foyer* pendant un mois. Ensuite — hostel
j'ai dû chercher une chambre. J'en ai trouvé une dans la banlieue

— *Je suis facteur auxiliaire à Paris...*

proche. *Au dire* de mes camarades, elle n'est pas trop cher, 350 F par mois. De transport, j'ai environ 80 F. Je gagnais (avant les toutes récentes augmentations) 1.350 F par mois.

 According to

Le travail est dur. Tous les matins je prends mon service à 6 h. 15; je dois me lever à 4 h. 45. De 6 h. 15 à 7 h. 30 je trie des *imprimés*, je prépare le départ *en tournée*. Le départ a lieu à 7 h. 30. Jusqu'à 8 h. 45 je distribue. A cette heure, je rentre et je trie de nouveau et *classe* jusqu'à 10 h. 10. Deuxième départ et rentrée vers 11 h. 40. *Reprise* à 14 h. 15. de nouveau tri et classement jusqu'à 15 h. 40. Rentrée de distribution vers 17 heures.

 printed matter
 for rounds
 classify
 back to work

Au départ de la distribution, j'ai plutôt l'air d'une «*brêle*» que d'un homme, je *croule* sous le poids de mon sac.

 "burro"
 totter

J'ai une heure de voyage pour me rendre au travail, à l'aller et autant au retour. Il est à peu près 18 h. 30 quand je rentre. Il me reste à faire les courses et à m'occuper de l'*entretien* de ma chambre et de mes vêtements. Ma journée se termine vers 21 heures. Le lendemain, je recommence à 4 h. 45. Quand je dispose d'un après-midi, je le *consacre* à la récupération. Le dimanche, en début de mois, comme j'ai un peu d'argent, je vais au cinéma.

 upkeep
 devote

De juin à fin octobre, j'ai toujours vécu de la même façon. Ce n'est ni gai ni triste. C'est très *fade*. Peut-être plus à 18 ans qu'après.

 dull

> *Témoignage d'un jeune facteur*
> *auxiliaire qui demande à*
> *conserver l'anonymat.*

## Contrôle de compréhension

1. Comment devient-on facteur en France?
2. Quelle est la hiérarchie dans cette profession?
3. Expliquez la remarque du jeune facteur qui est «à la fois heureux et malheureux».
4. A ses débuts, combien d'argent avait-il pour vivre, une fois son loyer et ses frais de transport payés?
5. Combien d'heures travaille-t-il?
6. En quoi consiste son travail?
7. Combien d'heures voyage-t-il?
8. A part son travail, quelles autres occupations a-t-il?
9. Comment résumez-vous cette vie?

## Sujets de discussion

1. Retrouveriez-vous une situation comparable à celle du jeune facteur aux Etats-Unis?
2. Comparez le sort du jeune facteur à celui des jeunes que nous avons rencontrés et qui n'ont pas d'emploi.
3. Quel avenir prévoyez-vous pour ce jeune facteur? Faites des prévisions pour les vingt années à suivre.

## Nantes: des filles de 18–20 ans entre le suicide et le mariage

**L'EXPRESS**

«Le *magnétophone* me dit: *fil* B 14 sur *broche* B 17. Je connecte avec un *pistolet* à air *comprimé* et je passe à ma voisine, qui continue. De 7 h. 30 à 16 h. 30, voilà mon travail au Matériel téléphonique à Nantes», dit Marie-Catherine. «Moi, c'est plus varié», *ironise* Danièle, employée à l'Institut national de la statistique. «Avant, je classais les *dossiers* des *ressortissants turcs*; maintenant, je m'occupe des Marocains.» Josy ajoute: «A l'Electricité de France, je mets des titres sur les dossiers *comptables*, et je les porte *à qui de droit. Passionnant*!» Et toutes les trois en chœur: «Pourquoi continuer? Parce qu'on n'a pas le choix.»

tape recorder • wire • spindle

gun • compressed

mocks

files

Turkish nationals

accounting • to whom it may concern •

⧧fascinating

L'œil *vif*, le *fou rire* facile, blue-jean bien ajusté et *chemisier à la mode*, elles ont 18 ou 20 ans. Derrière elles, une enfance pas toujours tendre. Aujourd'hui, un travail sans intérêt ni avenir. Demain? Elles ne savent même pas se l'imaginer.

lively • laughter • fashionable shirt

«Neuf filles sur dix, ici, ont un travail qui les *déprime*. Et aucune possibilité d'en sortir», commente Mlle François Parent, directrice du Foyer de jeunes travailleuses Chanteclair, un joli bâtiment blanc, neuf et gai, posé à la sortie de Nantes sur une *pelouse* où *ronronnent* les *tondeuses à gazon*.

depresses

lawn • purr

lawnmowers

«J'aurais voulu être *infirmière*», dit Elisabeth, «mais seuls ceux qui ont de l'argent peuvent se payer des cours.» Danièle aurait aimé être professeur de gymnastique, et Solange interprète. Mais elles n'ont même pas eu le temps de *se faire un métier*. La plupart *ont buté* dès 16 ans sur l'obligation de gagner leur vie.

nurse

learn a trade • stumbled

«La terreur, c'est le *chômage*», explique Mlle Parent. «Dans toute la région Ouest, il n'y a pratiquement pas d'emplois pour les femmes. Et à Nantes, très peu.»

unemployment

*— J'aurais voulu être infirmière, mais seuls ceux qui ont de l'argent peuvent se payer des cours.*

Josyane a commencé la *chasse* à l'emploi en juillet, avec son C.A.P. de *sténodactylo* tout neuf. «J'allais me présenter. Pour obtenir trois réponses *au choix*: c'est déjà pris; on vous écrira; nous ne prenons pas de débutante.» Josyane, aujourd'hui, fait des *paquets* chez un *grossiste*. Le chômage les amène à accepter n'importe quoi. A n'importe quel prix. Et dans n'importe quelles conditions.

    Ce *régime-là* laisse des traces. Physiques: quand le médecin arrive au Foyer, il demande aussitôt: «Où travaille-t-elle?» A l'*énoncé* de l'employeur, il ajoute quelques jours de congé de maladie. Psychologiques: restée trois ans apprentie à 200 F par mois, *cloîtrée* dans sa chambre pour cacher qu'elle n'avait qu'un *pull* et une jupe, Annie ne s'en est jamais *remise*. Son salaire a quintuplé, mais elle reste incapable de se *mêler* aux autres.

    Parfois, c'est le drame: le suicide. Il y a cinq ou six tentatives par an, pas toujours *ratées*. Elles ont lieu le plus souvent durant une longue

hunt
typist
take your pick
packages • wholesaler

situation
naming

cloistered
pull-over
recovered
mix

unsuccessful

période de chômage, ou pendant les vacances. C'est-à-dire dans la solitude.

Cet ennemi-là, les filles n'ont trouvé qu'un moyen de le *vaincre*, le     defeat
plus traditionnel: dans leur chambre ensoleillée, la photo de Yannick,
Henri ou Jean-Pierre *trône* en bonne place. Dans l'*armoire*, souvent,     occupies • wardrobe
la robe de fiancée attend.

MICHELE GEORGES

## Contrôle de compréhension

1. Qu'est-ce qui caractérise le travail de ces trois nantaises?
2. Que pourraient-elles faire d'autre?
3. Dans quel sens sont-elles des jeunes filles typiques?
4. Ces jeunes filles avaient-elles eu d'autres aspirations? Si oui, pourquoi ne les ont-elles pas suivies?
5. De quoi ces jeunes filles ont-elles le plus peur?
6. Leur situation est-elle différente de celle des jeunes filles que nous avons rencontrées à l'Agence de l'Emploi rue Belleville?
7. Comment le médecin montre-t-il la sympathie qu'il a pour ces jeunes filles?
8. Quelles traces physiques et psychologiques ce genre de vie laisse-t-il?
9. A part l'ennui, de quoi ces jeunes filles souffrent-elles le plus?
10. Quelle solution à leur situation envisagent-elles?

## Sujets de discussion

1. Quel rapport y a-t-il entre la situation dans laquelle se trouvent ces jeunes filles et la ville où elles habitent? Auraient-elles les mêmes problèmes à Paris?
2. Quel rôle joue le mariage dans cette société? Y a-t-il des régions en Amérique où le mariage joue le même rôle?

# «Je ne voudrais pas que mon fils °soit un agriculteur»

## LE NOUVEL OBSERVATEUR

...Pourtant, la *fermière* que notre journaliste a rencontrée cette semaine est une jeune femme heureuse. Renée a quitté Lille[1] il y a quatre ans pour suivre à la campagne son mari agriculteur. Elle a tout appris: *traire* les *vaches, épandre* le *fumier, ramasser* le *maïs*, nourrir les *veaux*. Malgré la fatigue, elle ne pourrait plus, dit-elle, vivre ailleurs.

*farmer's wife*

milk • cows • spread • manure • pick •
corn • calves

\* \* \*

«Je m'appelle Renée. J'ai 24 ans. Aujourd'hui, vous me voyez avec mon vieux pull rouge, un vieux jean de mon mari et des bottes de *caoutchouc* noir couvertes de *boue* et de fumier. C'est que je viens de m'occuper des vaches, alors pas moyen de s'habiller autrement... Mais regardez cette photo, je suis bien plus jolie: c'est le jour de mon mariage, il y a quatre ans. J'avais une robe princesse, j'étais *coiffée frisée*. Depuis, j'ai pas eu souvent l'occasion de remettre une belle robe ! Mais quoi, il faut savoir ce qu'on veut. Et moi, celui que je voulais, c'était Paul.

rubber • mud

curly hairdo

«Je l'ai toujours voulu. Cela semble drôle *par ici*. Parce que je suis une fille de la ville. Mes parents habitaient Lille, où mon père était *entrepreneur de maçonnerie*. Comme il aimait la *pêche*, on venait ici, dans la région d'Abbeville, pour le dimanche et les vacances. Il pêchait dans la *Somme* qui coule là en bas, au pied du champ... Paul, je l'ai rencontré un dimanche. A mon premier *bal*. J'avais 14 ans. Depuis, je n'en ai plus regardé un autre. Tout ce que je souhaitais c'était l'épouser. Lui aussi, il m'aimait.

in these parts

mason • fishing

(*une rivière*)

dance

«Mais il était fermier, fils de fermier. Il voulait devenir *boucher* mais le père avait dit non, et personne à la ferme ne discutait les ordres du père. Alors, moi, j'apprenais à Lille la *coiffure*, et le samedi et le dimanche, avec Paul, je *m'exerçais* à traire les vaches. Est-ce que j'aimais ça? Je ne sais pas. J'aimais Paul. Et je ne me rendais pas compte de ce que serait la vie à la ferme.

butcher

hairdressing
practiced

«Le problème, pour moi, quand je suis arrivée ici toute jeune mariée, a été de m'habituer à la ferme, aux habitudes de la ferme, au travail de la ferme. Quand on vient une fois en passant, c'est pittoresque, une ferme. Quand on y vit, il faut s'habituer au *carrelage* froid, aux *courants d'air*, aux rats qui courent dans le *plafond*, à l'inconfort. Et le travail, mon

tiles • drafts
ceiling

[1]Ville industrielle du nord de la France.

# Plus une vache est heureuse,
# mieux son lait est équilibré.

Pour faire un camembert généreux, il faut un lait riche. Pour avoir un lait riche, il faut des vaches heureuses.

Tout est là.

C'est pourquoi les fermiers et les conseillers Bridel ont mis au point une méthode à la fois moderne... et humaine pour élever les vaches. Elles ne sont plus emprisonnées dans d'immenses étables où elles s'ennuient et où elles donnent un lait pauvre et triste.

Les cent quarante quatre mille vaches Bridel vivent en petits troupeaux, dehors, en liberté.

Il y a en moyenne une personne pour s'occuper de douze vaches. Ce qui est le nombre optimum pour pouvoir traire chaque vache sans hâte, pour les soigner, les laver, pour bien s'occuper d'elles.

Les résultats sont étonnants. Les vaches donnent plus de lait, un lait d'une grande qualité. C'est cette matière première très riche qui permet à Bridel de fabriquer, suivant des méthodes modernes, un camembert généreux.

## Camembert Bridel. Vous l'aimez
## parce que nous aimons nos vaches.

Dieu, quel travail! Au début, souvent j'en ai pleuré de fatigue, de désespoir. On n'a pas assez de terres — 21 *hectares*, c'est peu — pour pouvoir se payer une *moissonneuse-batteuse*. Alors on fait venir la machine qui se paie *à l'heure*, la plus simple, mais il faut monter derrière elle les *ballots* de *blé*, à la *fourche*. Le soir, on est tous *rompus*. Moi, j'ai tellement mal dans le dos que je vais généralement au lit sans avoir envie de manger un *morceau*. Le lendemain, on recommence à 6 heures du matin jusqu'à 10 heures du soir. Impossible de s'arrêter un peu : la machine coûte cher et il faut profiter pendant qu'il fait beau.

*2.47 acres*
*harvester*
*by the hour*
*bales • wheat • pitchfork • worn out*

*crumb*

«J'ai appris tout : à traire les vaches, à nourrir les veaux, à *charger* les machines, à conduire le tracteur, à ramasser le maïs. Et à recommencer la même chose tous les jours, car, dans une ferme, on n'arrête jamais.

*load*

«En 1972, nous avons quitté la maison de la famille de Paul. Nous avons acheté un hectare à côté de la ferme — à quelques mètres, en fait —, où nous avons construit notre propre maison, avec un crédit sur 20 ans. Elle n'est pas grande, elle est toute simple, carrée, mais il y a de grandes fenêtres, du soleil, et un minimum de confort. Les *papiers peints* ne sont pas encore posés et les *peintures* pas faites dans la *salle de séjour*, vous voyez. Mais j'ai un réfrigérateur, l'eau chaude, une *cuisinière*, un grand *congélateur* qui est toujours plein. Quand on rentre des champs ou de la *laiterie*, les mains et les pieds glacés, on arrive dans une maison chaude, pas dans un hangar à courants d'air. Vous ne pouvez pas savoir comme ça change la vie...

*wall paper • painting of walls*
*living room*
*stove • freezer*
*dairy*

«Mon plus grand rêve : une *salle de traite*. Ça vous paraît drôle qu'on puisse rêver d'une salle de traite ? Parce que vous ne savez pas ce que c'est, les vaches. La traite. Je commence la première à 6 h. et demie du matin, après un petit café. J'arrive dans le hangar, elle sont toutes là, mes 30 belles vaches. Une à une, je les attache pour qu'elles ne bougent pas trop. Puis je vais chercher mes *bidons* de lait et mes trois appareils à traire. Je *branche* les vaches en leur parlant pour les calmer, pour qu'elles ne *décrochent* pas l'appareil. Après chaque vache, je *vide* l'appareil dans un bidon à *couvercle* pour ne pas risquer de perdre le lait au cas où la vache *renverserait* tout. Si on calcule... *Se pencher*, se relever. Se pencher pour brancher l'appareil, se relever. Se pencher pour le *retirer*, se relever. Se pencher pour vider le lait dans le bidon, se relever. Se pencher pour vider et rincer l'appareil, se relever... Multiplié par 30 vaches, sans compter les 20 veaux, à laver, à faire boire, à nourrir... Pas étonnant qu'on ait mal au dos dès 10 heures du matin.

*milking room*

*pails*
*connect*
*unhook*
*empty • cover*
*overturn • to bend*

*remove*

«A 10 h. et demie, quand j'ai tout lavé, rincé, quand j'ai porté un par un (20 kilos chacun) mes huit bidons de lait que je vais vider de

*— Ma vie, maintenant, s'est comme concentrée, elle est
tout entière contenue dans cette ferme.*

l'autre côté de la cour, dans le *refroidisseur* de la laiterie, alors là je      cooling unit
m'arrête un peu pour un petit déjeuner. Enfin, un grand déjeuner: du
pâté de *lièvre*, des *rillettes*, du fromage, du café au lait. Pensez qu'on      hare • potted mince
est debout tous les deux depuis 6 heures et qu'on a travaillé déjà sans
arrêt pendant plus de quatre heures. Ensuite, c'est le ménage, la maison,
les *légumes* dans le jardin, le déjeuner à préparer, les vaches encore —      vegetables
il faut remplir leurs *auges*. Paul rentre des champs vers une heure. On      troughs
mange et (depuis un mois) je prends l'après-midi une heure pour
m'arrêter, parce que je suis enceinte et que le médecin m'a dit de ne
pas trop me fatiguer. Pas trop… enfin, facile à dire! Dès 4 heures, je
recommence à battre le lait au *fouet*, pour nourrir les veaux. A 5 heures,      whisk
je rentre les vaches de la pâture et je recommence: les attacher, les
traire. Remettre de la paille. Et puis surtout se pencher, se relever,
porter, laver, rincer. On finit vers huit heures. Et cela tous les jours,
dimanches et fêtes compris. Jamais un arrêt.

«Nous n'avons pas de télévision, pas de *tourne-disque*, nous n'allons      record player
jamais au cinéma: le soir, on est trop fatigué. La vie qu'on mène en

ville *ne me manque pas*.  Je l'ai presque oubliée.  Lille, le bureau, les magasins, les cinémas, les publicités, tout cela est si loin!  Comme dans un autre monde.

«Ma vie, maintenant, s'est comme concentrée, elle est tout entière contenue dans cette ferme.  Pourtant, être petit agriculteur est un métier de misère: jamais d'argent devant °soi.  Je dois *faire vivre* la maison avec 1.500 F par mois, moins que ce que je gagnais à Lille.  Et je ne voudrais pas que mon fils, celui que j'attends, soit un agriculteur: on travaille trop dur, pour rien.  Mais moi, maintenant, je ne pourrais plus vivre ailleurs.  On ne se donne pas tant de peine pour une terre ou pour des bêtes sans se prendre d'affection pour elles.  J'aime mes vaches.»

JOSETTE ALIA

I do not miss

support

## Contrôle de compréhension

1.  Expliquez pourquoi l'article commence par «pourtant».
2.  Quel grand changement y a-t-il eu dans la vie de Renée depuis quatre ans?
3.  Qu'a-t-elle dû apprendre depuis lors?
4.  Comment peut-on expliquer qu'elle ne regrette pas sa vie d'autrefois?
5.  Quel genre d'enfance a-t-elle eu?
6.  Quel métier est-ce que Paul avait voulu exercer?  Et Renée?
7.  Pourquoi sont-ils devenus fermiers?
8.  La vie à la ferme est-elle telle que Renée se l'était représentée?
9.  Quelles sont les différentes responsabilités de Renée à la ferme?
10.  Décrivez la maison qu'ils se sont construite.
11.  Que considère-t-elle un minimum de confort?
12.  Expliquez pourquoi son plus grand rêve est une salle de traite.
13.  Pourquoi fait-elle la sieste?
14.  Que lui reste-t-il à faire après la sieste?
15.  A quels moments de la journée revoit-elle son mari?
16.  Pourquoi n'a-t-elle jamais l'occasion de se reposer?
17.  Quel est «l'autre monde» dont elle parle?
18.  Pourquoi Renée dit-elle qu'être un petit agriculteur est un métier de misère?
19.  Pourquoi Renée ne pourrait-elle plus vivre ailleurs?

## Sujets de discussion

1. Après avoir lu cette entrevue, écrite sous forme de monologue, le lecteur a l'impression de connaître Renée. Que pouvez-vous dire d'elle : son caractère, sa personnalité, etc.
2. Comparez la vie de Renée à celle des jeunes que nous avons rencontrés dans ce chapitre. Lesquels, croyez-vous, auraient échangé leur vie contre celle que Renée mène à la ferme?
3. Quel rôle joue le manque de temps libre dans le bonheur de l'homme?
4. Quels sont les aspects positifs du travail d'un agriculteur?
5. Beaucoup de jeunes américains rêvent de vivre dans une ferme. Pourquoi ce genre de vie les attire-t-elle? Décrivez le genre de vie qui vous attendrait si vous alliez vivre dans une ferme aux Etats-Unis.

## Pièges

Ne confondez pas les mots suivants :

> **soit** = subjonctif du verbe **être** (p. 57, l. 1)
> **soi** = *one*, *oneself* (p. 61, l. 6)

# iv Les Travailleurs immigrés

L'histoire des immigrés a toujours été triste dans tous les pays à presque toutes les époques mais, pour la plupart, les enfants des immigrés commençaient leur vie avec certaines possibilités d'identification et l'espérance d'un peu plus de réussite. Ainsi, leurs chances de bonheur étaient beaucoup plus grandes que celles de leurs parents, qui pourtant étaient finalement acceptés par les Français.

De nos jours, les travailleurs immigrés ont à faire face à des conditions bien pires qu'à l'époque d'avant guerre. En France, comme dans toute l'Europe, on laisse entrer les étrangers pour faire le travail dont personne ne veut. Il s'agit, par exemple, de ramasser les ordures, de creuser des tranchées au marteau-piqueur ou de faire la vaisselle dans les restaurants. On leur accorde un permis de travail valide six mois, un an ou deux ans.

*Travailleur algérien:*
*Un homme qui vit sans femme, loin de sa famille.*

Dès qu'on n'a plus besoin de leurs services, on les renvoie chez eux. Presque tous les travailleurs immigrés sont Arabes ou Africains. Séparés de leur famille, ils sont par ailleurs l'objet de racisme et d'une hostilité ouverte. Ils vivent ensemble: six, douze ou vingt personnes partagent une seule pièce dans des conditions que ne tolèrerait pas un Français. D'habitude, ils passent huit à neuf mois en France et rentrent chez eux pour deux ou trois mois sans avoir la certitude de pouvoir retourner. Aux Etats-Unis, leur équivalent serait les Mexicains qui travaillent dans les fermes du sud de la Californie et du Nouveau Mexique. Les syndicats craignent leur concurrence puisque les hommes acceptent de travailler pour moins que les Français. Or s'ils acceptent de travailler pour des salaires inférieurs, c'est parce qu'ils y sont obligés.

Il est facile de dire qu'ils devraient avoir les mêmes droits que les ouvriers français, et personne ne le dispute. Est-ce qu'on a le droit de leur imposer les travaux dangereux et pénibles? En principe, dans une économie ouverte, dite capitaliste, personne ne les oblige de venir travailler en France; ils sont volontaires mais ils viennent en France par nécessité. Le marché du travail est libre, mais comme ils ne savent pas le français et n'ont pas de métier, ils terminent inévitablement comme balayeurs de rue ou comme plongeurs. Quelqu'un, dit-on, doit faire le travail désagréable. Ce «quelqu'un» c'est l'homme le moins qualifié, c'est-à-dire, le travailleur immigré, en France comme ailleurs.

## Eboué l'*éboueur*

garbage collector

**LE MONDE**

Il s'appelle Eboué Joseph. Il est sénégalais... Six ans d'école primaire à Dakar avec les «masœur»,[1] trois ans d'*orphelinat*, deux ans d'un vague apprentissage, quelques années encore sur le port, comme *débardeur*, puis le mariage, les enfants, la misère et, un jour, l'envie de prendre le bateau blanc qui part pour la France.

orphanage
longshoreman

Travailleur immigré comme tant d'autres, Eboué Joseph est devenu, par la force des *choses*, «agent du service de *nettoiement* de la Ville de Paris». A Dakar, pour sa famille, c'est un peu comme s'il était agent secret au service d'une *puissance* étrangère...

circumstances • cleaning

power

«Au début», explique-t-il, «j'étais fier d'accomplir ce travail. On

[1]Contraction de «Ma Sœur». Référence aux bonnes sœurs qui enseignent dans les écoles tenues par les missionnaires en Afrique.

*Travailleur africain arrivant à Paris:*
*«Tu verras, Paris c'est la fête.»*

m'avait dit: ‹Tu verras, Paris c'est *la fête*! Il y a toujours du bruit, du    good times
mouvement. Tu seras bien payé et tu te sentiras utile.› J'ai commencé
dès le lendemain de mon arrivée il y a un an, et depuis je n'ai pas cessé:
*métro*, boulot, *dodo*...»[1]    subway • sleep

   L'éboueur Eboué Joseph éclate de rire et raconte son métier: les
*aubes* froides de la capitale, les *tombereaux* gris de *poussière* qui    dawns • garbage trucks • dust
commencent leur tournée à 6 heures du matin.

   Un *travail d'équipe* avec deux autres immigrés, le chauffeur — d'une    team work
compagnie privée — et le second «*chargeur*», pour plusieurs centaines    loader

---

[1]Métro, boulot, dodo   *Modern popular saying referring to drudgery of present-day life.*

de *poubelles* de 10 à 30 kilos à collecter dans une matinée. Chaque jour un voyage avec le *camion-benne*, debout sur le *marche-pied* — «le reste du temps on court derrière», — équivaut à 9 ou 10 kilomètres de *parcours*. Un seul chargement représente une tonne et demie d'*ordures ménagères*, les *rebuts* de huit millions de personnes.

Depuis un an, Eboué Joseph participe donc à cette tâche *rebutante*, *rude* et *insalubre*, de plus en plus *délaissée* par les Français et qu'accomplissent 1.200 «agents titulaires» et, surtout, 3.500 «éboueurs

garbage cans
tipping truck • running board

circuit • household garbage
wastes
repulsive
difficult • unhealthy • abandonned

*Les militaires appelés pour nettoyer Paris pendant la grève:*
*Ils sont incapables — heureusement pour eux! —*
*de faire de bons éboueurs.*

saisonniers», un euphémisme qui désigne en fait les travailleurs immigrés, employés au contrat de courte durée, renouvelable mais pas
toujours renouvelé.

«Mais maintenant», confesse Joseph, «*j'en ai marre* d'être exploité,    I'm sick and tired
mal logé, mal payé.»

En effet, il doit se contenter d'une gratification *mensuelle* à peine    monthly
supérieure au SMIC :[1] de 1.500 F à 1.600 F.

«Le pire», explique encore Eboué Joseph, «c'est le *balayage*. A 9    sweeping
heures, la collecte des poubelles est terminée. On rentre se changer, on
boit un café chaud, puis on repart balayer les rues jusqu'à midi, midi un
quart. Après le *casse-croûte*, on repart à 13 h. 30 pour un nouveau    snack
balayage de rue ou de marché. La journée se termine vers 17 heures et
c'est ainsi pendant trois jours. Puis, les trois autres jours, de 6 heures
à 12 h. 15. Après quoi viennent deux jours de *repos*. Mais le dimanche,    rest
les éboueurs travaillent jusqu'à midi. Quand on a un balai, on ne se
sent plus un homme.»

Pourtant, Eboué Joseph n'est pas *amer*. Il n'éprouve pas comme les    bitter
O.S.[2] cette impression de vide dont *se plaignent* beaucoup de *travailleurs*    complain • laborers
*de force*. Son caractère naturel le porte à l'optimisme: «Et puis, il y a
les *copains*.» Mais il réclame, simplement, «un peu plus de justice».    friends

«Avec la *grève*», conclut l'éboueur sénégalais, «j'ai découvert brusque-    strike
ment que nous étions indispensables à la vie de Paris. Regardez les
militaires: ils sont incapables — heureusement pour eux! — de faire
de bons éboueurs. Alors, simplement, nous demandons un peu plus
de considération.»

J.B.

## Contrôle de compréhension

1. Quel est le pays d'origine d'Eboué?
2. Décrivez sa vie avant son arrivée en France.
3. Qu'est-ce qu'un «agent du service de nettoiement de la Ville de
   Paris»?
4. Quelle idée la famille d'Eboué se fait-elle de son travail?
5. Qui, selon vous, est le «on» à la page 64, l. 34?
6. A quel aspect de la vie moderne l'expression «métro, boulot,
   dodo» fait-elle allusion?
7. De qui consiste l'équipe dont il fait partie?

[1]SMIC (Salaire Minimum Interprofessionel de Croissance)   *Minimum wage.*
[2]O.S. (Ouvrier Spécialisé)   *A misnomer, since the term refers to unskilled workers.*

Travailleuses - travailleurs - jeunes - ménagères - retraités

# FAIRE BARRAGE
au chômage, à la vie chère, à l'austérité

## c'est possible !

A L'APPEL DU

# PARTI COMMUNISTE FRANÇAIS
## agissez, renforcez l'union !

POUR • L'EMPLOI, LES REVENDICATIONS
• LE PROGRAMME COMMUN

# MANIFESTEZ
## LE MARDI 11 MARS

RASSEMBLEMENT à 17 h 30

### Place Carnot - NEVERS

IMP. AVENIR - NEVERS - R.C. 57 B 75

*La Fédération de la Nièvre du Parti Communiste Français*

8. Quels sont les différents mouvements qu'il accomplit dans le courant d'une matinée?
9. Quelle est la distinction entre les «agents titulaires» et les «éboueurs saisonniers»?
10. Justifiez la réalisation qu'il a faite d'être exploité.
11. Que fait-il après la collecte des poubelles?
12. A-t-il le même emploi du temps tous les jours? Quelles sont les différences?
13. Quel est le travail qu'il déteste le plus?
14. Qu'a-t-il réalisé à la suite de la grève?

## Sujets de discussion

1. Commentez la remarque: «Quand on a un balai, on ne se sent plus un homme.»
2. A présent qu'Eboué connaît la vie à Paris, croyez-vous qu'en rétrospective il approuve le choix qu'il a fait de quitter son pays natal? Justifiez votre réponse.
3. Que devraient faire les pays d'accueil pour améliorer le sort de ces travailleurs immigrés?

## Les Travailleurs immigrés à l'école

**LE MONDE**

Sur plus d'un million d'adultes étrangers *analphabètes* résidant en France, 80.000 au maximum suivent des cours d'*alphabétisation*, *alors que* le nombre des «*demandeurs*» de *formation* dépasse sans doute cinq cent mille.

illiterate
teaching of reading and writing
although • requests • training

\*   \*   \*

Dans le quinzième arrondissement,[1] un *local paroissial* qui sert de centre d'aide aux étrangers, surtout pour des cours d'alphabétisation le soir. Mme S..., *institutrice retraitée*, commence la classe en rappelant les dernières expressions apprises. «On ne se voit que deux fois par semaine», dit-elle, «et ils n'ont pas le temps de *revoir* °chez eux ce qu'on fait ici.» Leur nombre ne dépasse pas la douzaine; tous sont Nord-Africains. Mme S... les connaît tous: elle s'intéresse à leurs conditions de vie et à leurs difficultés. «Ma méthode», nous dit-elle,

parish hall

retired schoolteacher

review

[1]Quartier de Paris.

«c'est un peu eux qui me la dictent: il est exclu d'utiliser un plan établi d'avance. Disons que je les fais beaucoup parler.»

Les immigrés africains ont souvent des difficultés phonétiques, ainsi l'apprentissage de la langue française par la parole est essentiel; il rejoint la tradition orale de leur pays.

°Tout en écrivant au tableau, Mme S... prononce distinctement les syllabes. Elle écrit: «Moussa est salarié.» Chaque élève répète après elle la phrase. Ensuite, une discussion s'engage sur le salaire et le travail, d'abord en un *mélange* d'arabe et de français. La maîtresse pose des questions. Les mots arabes disparaissent. Les élèves font des phrases en français: «Mon patron ne travaille pas», dit Ahmed; «Non», répond Driss, «mon patron travaille dans la tête.» «Il gagne beaucoup de salaire et ne travaille pas beaucoup», ajoute Chaïb. La maîtresse les corrige, les fait répéter et anime les conversations. — mixture

«Je viens parce que je suis *disponible*», dit Mme S...; «j'ai du temps libre. Je viens pour me rendre utile, pour créer des *échanges* entre nous. Je pense que c'est un moyen pour mieux nous connaître.» Les immigrés la considèrent comme une mère: «Je sais. J'en suis consciente; un jour l'un d'eux m'a dit: ‹Ma mère ne met pas de rouge à lèvres!›» Tous vont ensemble, après le cours, au café le plus proche, où l'on continue les discussions. Parfois, les «élèves» organisent avec la maîtresse une *sortie*-cinéma. Mais Mme S... ne les rencontre pas individuellement. — available · contacts · outing

Dans cet autre centre, on utilise aussi une méthode intéressante, mais difficile à généraliser: chaque immigré a son propre *moniteur*, généralement un étudiant ou une étudiante. Ainsi s'établissent des rapports *affectifs* entre eux, mais ils ne dépassent pas le *cadre* des heures de cours. Un immigré, qui fréquente ce centre depuis un an, nous dit: «Pour moi, c'est un plaisir de venir ici: ils sont très gentils; Michèle s'occupe de moi; nous parlons, mais cela dure peu: c'est triste la fin...» «C'est vrai», reconnaît Chantal, «en sortant des cours, on ne se connaît plus.» — instructor · emotional • framework

«Moi, je veux °bien les inviter à la maison», dit Alain, «mais mes parents ne sont pas encore préparés à recevoir des immigrés; ils ont des préjugés...»

Pour un grand nombre de moniteurs, il s'agit de «*rendre service*» à des personnes qui ne savent pas lire et écrire. Mais apprendre à un étranger à lire et à écrire, est-ce une pratique *neutre* et innocente? Les moniteurs, dans leur grande majorité, ne connaissent ni la langue ni la culture des immigrés. S'interrogent-ils vraiment, par exemple, sur ce que représente, pour un Africain transplanté récemment, un passage *aussi* brutal d'une langue à l'autre? «Des Français, sincères mais peu — to do a favor · neutral · so conscients des véritables problèmes de l'immigration», nous dit un jeune immigré qui donne lui-même des cours en arabe et en français à d'autres immigrés, «*s'acquittent de leur dette* — disons de leur mauvaise conscience — en venant faire des *heures supplémentaires* dans les foyers de travailleurs.»  pay their debt<br>overtime

Les difficultés des rapports affectifs, rarement discutés *avec franchise*, s'ajoutent aux rapports de classes, aux barrières culturelles.  openly

En effet, la majorité des moniteurs sont des femmes. Frustré *à longueur de journée* de vrais contacts humains, le travailleur immigré projette sa réserve d'affectivité sur la maîtresse qui lui parle, lui sourit et lui apprend quelque chose d'utile. Mais la maîtresse, elle, souhaite *s'en tenir à* son rôle d'enseignante. «Comment lui expliquer», nous dit Maria, «que je ne peux pas avoir d'autres relations avec lui qu'*amicales*, et cela sans le blesser, sans qu'il croie que je suis raciste? Mais peut-on parler d'amitié avec un homme qui vit sans femme, loin de sa famille?»  all day long<br><br><br><br>to limit herself to<br><br>friendly

Une autre avait invité ses élèves à manger un couscous[1] chez elle: «Deux jours après», dit-elle, «l'un d'eux est revenu °chez moi pour que je sorte avec lui; j'ai dû refuser, car il y a eu *malentendu* sur le sens de nos *rapports*: peut-être, °chez lui, une femme qui invite des hommes °chez elle doit aussi s'attendre à l'*échange amoureux...*» «J'ai eu de *petits* mots», dit Paule, qui donne des cours à des Africains dans un foyer du 20e arrondissement, «j'ai discuté avec Dialo, je lui ai expliqué, et je crois qu'il a compris.» Mais d'autres ont moins bien réussi et ont changé de centre, ou même, découragées, ont abandonné l'alphabétisation.  misunderstanding<br>relationship<br>emotional involvement<br>few

Tᴀʜᴀʀ ʙᴇɴ Jᴇʟʟᴏᴜɴ<br>Psʏᴄʜᴏ-sᴏᴄɪᴏʟᴏɢᴜᴇ

## Contrôle de compréhension

1. Quelle possibilité est offerte aux adultes étrangers analphabètes?
2. Donnez un exemple du lieu et de l'heure à laquelle ces cours se rencontrent.
3. Comparez la méthode d'enseignement de l'institutrice à celle utilisée dans vos cours de langue.
4. Pourquoi insiste-t-on sur l'aspect oral de la langue?

---

[1] Plat arabe. Semoule que les Arabes mangent soit seule, soit avec de la viande de mouton ou du poulet, accompagnée d'une sauce piquante.

5. Quelle est la méthode d'enseignement utilisée dans l'autre centre dont on parle?

6. Quel sens attribuez-vous à ces trois déclarations: «Mme S... ne les rencontre pas individuellement», «ils [les rapports affectifs] ne dépassent pas le cadre des heures de cours», et «en sortant des cours, on ne se connaît plus»?

7. Que veut dire l'auteur de l'article quand il pose la question: «Mais apprendre à un étranger à lire et à écrire, est-ce une pratique neutre et innocente?» Que veut-il dire par «neutre et innocente»?

8. De quoi l'auteur de l'article et le jeune immigré interviewé accusent-ils la majorité des moniteurs?

9. Quel problème pose le fait que les élèves sont des hommes et que la plupart des moniteurs sont des femmes?

10. Racontez l'incident rapporté par une des monitrices.

11. Dans quelle mesure ce malentendu risque-t-il d'être le résultat de l'ignorance de la monitrice?

12. Pourquoi, selon l'auteur, beaucoup de moniteurs abandonnent-ils les cours?

## Sujets de discussion

1. Dans quelle mesure peut-on utiliser la même méthode pour enseigner aux enfants à lire et à écrire et pour alphabétiser les adultes?

2. Dans quelle mesure est-il important que les instituteurs se familiarisent avec la culture de leurs étudiants?

3. Commentez l'accusation du jeune immigré que les moniteurs «s'acquittent de leur dette — de leur mauvaise conscience» en enseignant quelques heures.

4. Quelles sont les traces de racisme que vous trouvez dans cet article?

## Pièges

EN.  Ce mot change la traduction du **tout** qui le précède.  Remarquez l'exemple suivant (p. 70, l. 6):

**Tout** en écrivant au tableau     *While writing on the blackboard*

BIEN.  Cet adverbe affaiblit le verbe qui le précède.  Par exemple, **aimer** = to love; **aimer bien** = to be fond of.  Comparez les phrases suivantes:

> Je **veux** y aller.  Moi, je **veux** bien... (p. 70, l. 33)
> *I want to go there.*  *I would be willing...*

CHEZ.  Exercez-vous à traduire les expressions suivantes:

> p. 69, l. 30:  chez eux
> p. 71, l. 18:  chez moi
> p. 71, l. 21:  chez elle

Traduisez **chez lui** (p. 71, l. 20). ATTENTION: le sens n'est pas le même que dans les exemples ci-dessus.

## *Flagrant délit* d'injustice

overwhelming evidence

### Comment, chaque jour, au palais de Justice de Paris, on juge les Algériens

#### LE NOUVEL OBSERVATEUR

Tout bon Français qui a confiance en la justice de son pays devrait *assister* un jour à une *séance* de «flags» au Palais de Justice de Paris. ⁑attend • session
Les «flags», ce sont les *flagrants délits*.  Cette procédure *se déroule* caught in the act • takes place
chaque jour entre 13 et 16 heures, dans les chambres correctionnelles
du rez-de-chaussée.  La justice y passe.  Si vite qu'on ne *s'ennuie* jamais. gets bored
Je *m'y rends* un jour comme les autres: le lundi 12 août, accompagné go
d'un *avocat du barreau*, Me[1] Georges Pinet.  Les deux chambres de member of the bar
«flags», la seizième et la dix-septième, ont, comme toujours, un *éclairage* lighting
de *veillée funèbre*.  Sur les bancs du fond, quelques dizaines de wake
personnes: des mères, des épouses, des fiancées, des amis, des curieux,
des *badaux*. on-lookers
Treize heures, *sonnerie*.  Une trentaine d'hommes, enchaînés deux a bell
par deux, sortent de la «*souricière*», escortés de gardes, et se divisent trap (lit., mousetrap)
promptement entre les deux chambres.  A la seizième chambre, ils sont
donc un peu plus d'une douzaine à s'asseoir dans le *box*. *Cliquetis* de prisoner's box • clinking
*menottes* qu'on enlève.  Une bonne moitié des accusés sont de type handcuffs
nord-africain, il y a peut-être un Yougoslave ou un Portugais.

---

[1]Abbréviation de Maître, titre par lequel on s'adresse à un avocat.

«"J'AI PAS DE CAMARADES"»

Première *affaire*:  — case
— Vous vous appelez?
— Mohammed, monsieur le Président.
— Mohammed! Mohammed comment? Il y en a *des tas* de  — a lot
Mohammed... Bon, vous êtes né le 4 mars 1943 à Alger; vous avez
déjà été condamné en octobre 1972 à 10 mois de *prison avec sursis*.  — suspended prison sentence
On vous reproche d'avoir frauduleusement *soustrait* un *porte-monnaie*  — removed • wallet
à une personne non identifiée et d'être revenu en France, malgré un
*arrêté* d'explusion pris contre vous en mars 1973. Et, l'autre jour, le  — warrant
gardien Levallois vous *interpellait*...  — challenged
— Oui, monsieur le Président.
— Ah, bon! Vous reconnaissez? C'est avec un faux document que
vous vous êtes fait loger à l'hôtel...
— Hé, j'avais pas de papiers...
— Mais pourquoi êtes-vous revenu d'Algérie?
— Hé, j'avais laissé mon *bien*, monsieur le Président.  — possessions
— Votre bien? Ah, oui, vos *affaires*... Et vous préférez reprendre  — belongings
votre bien et aller en prison. Il fallait demander à des camarades de
vous les renvoyer...
— J'ai pas de camarades, monsieur le Président.
— *Allons*, allons...  — now
— Si j'avais des camarades, j'aurais pas *volé*, monsieur le Président.  — stolen
Me Etienne Tarride, un jeune *rouquin*, au *bagou astucieux*, plaide  — redhead • clever gift of gab
l'indulgence. Il a eu connaissance du dossier de son «client» dix
minutes avant que celui-ci *comparaisse*. Il fait de son mieux. «Merci  — appeared before the court
pour votre *plaidoirie*, Maître», dit assez sèchement le juge. «Dans le  — summation
métier», commente Me Georges Pinet, «on sait ce que ça veut dire.
Au moins 6 mois.» Le juge principal consulte ses deux *assesseurs*,  — assistants
un peu endormis pendant la séance: 18 mois *de prison ferme*.  — prison sentence
Pourquoi 18 mois? Pourquoi pas 6, 10, ou 24? *Faute de* dossier et  — for lack of
d'*instruction*, le juge ignore tout de l'homme qui est devant lui. Alors  — inquiry
plus que la loi, c'est la personnalité du *président de séance* qui joue  — presiding judge
dans la sentence, son *humeur* du moment. Il y a *des* tendres et des  — ‡mood • (*des juges*)
durs, des débonnaires et des répressifs, des qui se sont disputés avec
leur femme le matin, des qui préféreraient être en *maillot de bain*  — bathing suit
plutôt qu'en robe et qui le font payer aux accusés.
«Affaire suivante!» crie le *greffier* en agitant les feuilles roses des  — court clerk
«flags».
«Vous vous appelez Ali Ben G., né en 1944 à Tunis. Le 10 août, vous
avez été découvert, dormant sur des journaux. Vous n'avez pas de
domicile?»

— Non, monsieur le Président.

— Vous n'avez pas de famille?

— Non, monsieur le Président.

— Et pas d'argent?

— Non, monsieur le Président.

— Et vous êtes déjà allé à *Fresnes*, pourquoi? Ah oui, *filouterie d'aliments* et *vagabondage*. Vous ne travaillez pas depuis un an. Qui vous entretient? On vous donne de l'argent? Ou bien vous le prenez...

L'avocat: «C'est sans *issue*. Si cet homme retourne en prison pour vagabondage, il en sortira vagabond, *forcément*. Il y a un *trou* dans la législation. On peut rester un an en prison, travailler tout ce laps de temps et sortir avec *un pécule* de 150 F. Je vous demande l'indulgence.»

Trente secondes de délibéré. Trente jours de prison ferme. Au suivant. L'affaire a pris exactement deux minutes et demie. En effet: sans papiers, sans argent, sans domicile, sans famille, aucun critère de sociabilité, aucune chance de *s'en tirer*. La prison est naturellement faite pour ces gens-là. Une justice expéditive leur suffit. Une justice-*minute*, une justice de pauvres.

PATRICK SERY

*(une prison)* • taking food fraudulently

vagrancy

solution

ǂinevitably • gap

savings

to get off

express

# Contrôle de compréhension

1. Pourquoi l'auteur utilise-t-il l'expression «tout bon Français» au commencement de son article?
2. Qui sont les «flagrants délits»?
3. Comment, dès le premier paragraphe, l'auteur donne-t-il le ton de l'article?
4. Que se passe-t-il à la sonnerie?
5. Comment, dès le début de l'interrogation, le juge révèle-t-il son attitude envers les accusés?
6. Racontez le cas du premier accusé.
7. Selon le juge, qu'aurait-il dû faire pour éviter des ennuis avec la justice?
8. Comment l'accusé explique-t-il sa conduite?
9. Caractérisez la défense à laquelle l'accusé a eu droit.
10. Expliquez les facteurs qui entrent en jeu dans la décision de la sentence.
11. Expliquez la remarque «C'est sans issue» (p. 75, l. 9).
12. Caractérisez la façon dont on juge les Algériens au Palais de Justice à Paris.

## Sujets de discussion

1. Pourquoi y a-t-il des différences entre la justice pour les Francais et pour les travailleurs immigrés?
2. Dans quelle mesure ce genre de justice diffère-t-il de celui que connaissent les pauvres aux Etats-Unis?
3. L'auteur de l'article parle des «critères de sociabilité» (p. 75), quels sont-ils? et sont-ils les mêmes qu'aux Etats-Unis?
4. Reprenant votre réponse à la question 10 ci-dessus, discutez dans quelle mesure ces facteurs entrent en jeu dans toutes les décisions prises par les membres d'un jury.

# v Des Peintres pas comme les autres

Dans un monde où la bourgeoisie exerce une influence croissante et où la vie tend de plus en plus à l'uniformité, il existe heureusement cette race extraordinaire d'hommes et de femmes dont l'œuvre, qu'il s'agisse de peinture, de danse, de littérature ou de théâtre, est à la gloire de la créativité humaine.

Le surréalisme, dont l'essence est d'exprimer la pensée pure en excluant toute logique et toute préoccupation morale et esthétique, cherche à dépasser le réel pour puiser dans l'imaginaire et dans l'irrationnel. Ce mouvement, d'origine française, né au début du vingtième siècle, a tout de suite choqué le public français qui ne se sentait à l'aise que depuis peu devant les tableaux des impressionnistes tels que Monet, Degas et Cézanne. En 1929, Salvador Dali, peintre espagnol alors âgé de 25 ans, est devenu un des chefs de file de la peinture surréaliste avec ses tableaux aux résonnances freudiennes. Non seulement il s'est créé un style personnel tout de suite identifiable, mais il a su s'imposer par sa personnalité tapageuse et un style de vie excentrique.

Le plus grand admirateur de Dali, c'est Dali lui-même. Il souligne constamment sa propre excellence, conduite qui serait jugée impardonnable pour les autres mais qui, en ce qui le concerne, fait partie intégrante de son œuvre. Il se vend. Est-ce que l'art de Dali trouve des acquéreurs parce qu'il a de la valeur en tant qu'art ou bien l'amateur de Dali est-il guidé par une mode? Achète-t-il surtout une signature? Quoi qu'il en soit, Dali a le droit de faire n'importe quoi pour vendre ses tableaux.

Quant à Van Meegeren, peintre hollandais dont le talent est indiscutable, il a eu une autre idée. Après un succès fort modeste et après s'être fâché avec les critiques d'art, Van Meegeren a imité un vieux maître et a brillamment dupé tous les experts. Pour son malheur, il a signé des tableaux du nom du maître, ce qui fait de lui un faussaire et qui lui a valu un an de prison.

De peintre, il est devenu prisonnier. Pourtant certaines questions se posent: si ces tableaux ont été certifiés authentiques par les experts, c'est qu'ils sont identiques aux modèles. De plus, n'ont-ils pas une valeur en eux-mêmes? Ne vaudrait-il pas mieux que l'artiste ne signe pas son nom au bas du tableau? Dès lors, le tableau serait vendu à sa propre valeur. La réputation de son créateur ne jouerait plus de rôle et le tableau serait jugé seulement sur son propre mérite.

## Salvador Dali et son *musée*

museum

**LE MONDE**

Dali possède *désormais* son musée à Figueras, la ville où il est né en  henceforth
1904. Son musée n'aurait pas pu être un musée comme les autres.
C'est un ancien théâtre municipal détruit *au cours de* la guerre civile.  during
Derrière sa façade banale d'édifice public de province, la salle est
devenue une cour *à ciel ouvert*. Et la *scène*, une salle *que ferme* un  open air • stage • which is closed by
grand rideau de verre transparent. Le musée Dali est un théâtre, un

*Salvador Dali:*
*...comme peintre, je suis assez mauvais, bien que je sois quand même*
*le plus grand de tous.*

théâtre-musée où parade un monumental ancien décor de scène pour les ballets du marquis de Cuevas.[1]

«Un théâtre-musée pour un *peintre*, Dali?　　　　　　　　　　painter

— Naturellement! Je suis peintre, *certes*, mais je crois que je suis　most certainly
meilleur comme *écrivain*. A vrai dire, comme peintre, je suis assez　writer
mauvais, *bien que* je sois quand même le plus grand de tous.　　　although

— Vous parlez des contemporains?

— Oui, ils sont tellement mauvais qu'il n'est pas difficile d'être
meilleur qu'eux. Mais si je me compare à Vélasquez ou à Vermeer,[2]
mon *œuvre* est alors une catastrophe totale.　　　　　　　　　work

— Qu'écrivez-vous en ce moment?

— Une tragédie: «les Martyrs». J'achève le dernier acte. Elle sera
*représentée* dans mon théâtre-musée l'an prochain. L'époque est celle　performed
de Vermeer de Delft. Elle *comprend* trois personnages. En apparence,　involves
c'est une tragédie érotique. En fait, elle est métaphysique. Elle est
fondée sur une hérésie d'avant Adam et Eve, au temps où on ignorait le
*péché* originel. Ce sera sublime... J'espère que vous viendrez...　　sin

## LA LIBERTE ET L'ANGOISSE

— Combien de tableaux avez-vous peints, Dali?

— Ça, je l'ignore. Ça ne fait pas beaucoup. Et certainement pas
autant que Picasso. Lui, c'est monstrueux. Il pouvait peindre cent
tableaux en un jour. C'est un démon de fécondité. Tandis que moi...
En ce moment, je ne peins pas plus de deux tableaux par an. Et je
travaille tous les jours, du matin à la tombée de la nuit...

— Vous devez donc peindre très lentement?

— Très lentement et avec la technique de Vermeer. Il faut que ça
*sèche*, que l'on puisse *reprendre* sans laisser de marques. C'est de plus　dry • continue
en plus élaboré...

— C'est donc le contraire de Picasso?

— Tout à fait, Picasso est un anarchiste. Moi, j'ai une technique
(il *martèle* ses syllabes) in-qui-si-to-riale... D'ailleurs, je suis pour la　hammers
Sainte Inquisition en tout. En peinture et dans la vie.

— Et la liberté, alors?

— La liberté? C'est un désastre! *Tenez*, en peinture, la liberté, c'est　for example
*l'informel*. Et dans la vie... Je l'ai expérimenté. J'étais anarchiste dans　lack of form
ma jeunesse. On m'a mis en prison pendant trois mois...

— Pour *faits* d'anarchisme?　　　　　　　　　　　　　　acts

— Non, pour une affaire locale. Mon père était notaire... Bref,

[1]Troupe de ballet espagnole très connue.
[2]Vermeer (1632–75)　Célèbre peintre hollandais.

j'étais prétentieux, peu sûr de moi, angoissé. En prison, je devins le plus heureux des hommes. Soudain, je me suis «*recoquillé*» dans mon *esprit*. J'ai découvert le vrai plaisir *d'être*... C'était merveilleux... J'ai compris que les gens *crèvent* d'angoisse par excès de liberté. Alors je suis devenu furieusement anti-libéral. J'ai vu tous mes amis, des gens riches, comme Barbara Hutton et d'autres, qui meurent d'angoisse parce qu'ils sont si riches qu'ils peuvent faire tout ce qu'ils veulent.

curled up
mind • of being
die

«Pour vivre heureux, les gens ont besoin d'un système rigoureux, inquisitorial... Voyez l'art *abstrait*, qui est l'expression de la liberté... Tous les peintres abstraits américains de *quelque* importance ont fini par se suicider: Pollock, Rothko, Kline...[1] Ils crevaient d'angoisse, de pouvoir tout se permettre sur leurs tableaux, sans contrainte.

abstract
any

— Vous préférez les hyperréalistes[2] qui *sévissent* aujourd'hui?

prevail

— Les hyperréalistes sont des gens heureux comme tout. Ils travaillent comme des chiens toute la journée à copier la photographie d'une *cabine téléphonique*. Le soir, ils se lavent les mains en quittant leur *atelier*. Ils sont contents. Pour moi, la contrainte est une condition essentielle de la joie de vivre. Lorsqu'on devient riche, on peut faire ce qu'on veut, mais ce n'est pas *pour autant* le paradis. On est plus angoissé qu'avant. La liberté est mauvaise pour tout le monde.

telephone booth
workshop

for that reason

— Vous êtes donc toujours monarchiste?

— Toujours! Le roi est une autorité complètement irrationnelle. Ça m'amuse beaucoup lorsqu'un journaliste me demande: est-ce que vous croyez que votre prince Juan Carlos est intelligent? Je lui dis: en tout cas, il l'est beaucoup plus que vous. Et, deuxièmement, il est d'une famille beaucoup plus connue que la vôtre. Troisièmement, il est plus beau que vous, vous n'avez qu'à vous regarder dans une *glace*... Et quatrièmement, un roi n'a *nullement* besoin d'être intelligent pour régner.

mirror
in no way

— De quoi a-t-il donc besoin?

— D'être dans la légitimité gé-né-tique. Ça vient de Dieu. Et je crois en Dieu. Quelqu'un qui est au-dessus des partis politiques, c'est tout à fait irrationnel et poétique. Dans une monarchie, il peut parfaitement y avoir des communistes...

— Qu'est-ce qui est important pour vous dans la vie?

— Dans la vie? Crever de satisfaction toutes les trois minutes... C'est d'ailleurs ce qui m'arrive. J'ai toujours peur de mourir d'un excès

[1]Jackson Pollock (1912–56), Mark Rothko (1903–70), et Franz Klein (1910–62) Peintres américains abstraits.
[2]Ecole de peinture moderne qui cherche à atteindre, et même dépasser, la précision de la photographie.

de satisfaction.  Je m'amuse-tout-le-temps.  Même avec vous en ce moment, alors que ça devrait être une *corvée*…          ordeal

— Et quelle place tient la peinture dans cette vie de plaisir?

— La peinture n'est qu'une des multiples façons d'exprimer ma personnalité.  Une toute petite façon…  J'ai toujours dit que la peinture devait être de la photographie en couleurs faite à la main.  Aujourd'hui, c'est devenu de l'avant-garde.  On découvre la réalité. Comme vous le savez, les peintres actuels ne font que copier des photographies, mais chacun le fait à sa manière.  Si Dali copie une photographie, ça devient un Dali.  *De même* si Vermeer ou Vélasquez copiaient une photographie,   just as ça serait un Vermeer ou un Vélasquez.  Si c'est un idiot, eh bien! il en sortira une *idiotie*…          stupidity

«Un peintre ne doit pas se dire: je vais faire de l'expressionnisme ou tout autre «isme».  Il doit *s'effacer devant* la réalité et copier ce qu'il voit.   bow to Il a alors des chances de peindre quelque chose qui vienne de lui. Peindre, c'est observer: les choses entrent par les yeux et ressortent par la pointe du *pinceau*.  La magie se fait ainsi.          paintbrush

## INGRES, MEISSONIER, CEZANNE[1] ET LES HYPERREALISTES

— Comment a évolué votre manière de peindre?

— Au moment du surréalisme des années 30, ma peinture était un pur automatisme imaginatif.  Ça venait tout seul, comme d'une source. Aujourd'hui, c'est différent: j'utilise une technique photographique. Chaque tableau est défini d'avance par une structure parfaitement géométrique.  En ce moment, je peins des tableaux stéréoscopiques, en utilisant deux miroirs qui reflètent deux photographies, comme les anciens, Vermeer par exemple.  J'obtiens des visions et des couleurs uniques.  Pour *résumer*, autrefois je peignais la fantaisie de la réalité.   ǂsummarize Aujourd'hui, je peins la réalité de la fantaisie…

— On peut remarquer un autre changement dans votre manière de *dessiner*.  Elle est plus rapide et *fulgurante*.       drawing • flashing

— Vous savez, je suis très paradoxal.  Je passe d'une période agitée à d'autres plus calmes et lentes.  En ce moment, je fais des dessins *ingresques*.          (*comme Ingres*)

— Vous aimez Ingres?

— Beaucoup.  C'est le dernier des grands dessinateurs.

— Et comme peintre?

— *D'après moi*, c'est plutôt Meissonier qui est le plus grand peintre   according to me

---

[1]Ingres (1780–1867), Meissonier (1815–91), Cézanne (1839–1906) Peintres français.

Communiqué par l'agence Impact-FCB

Compteur d'images

1/ Contrôle de profondeur de champ
2/ Retardement

Commande pour la mise en
d'une mesure de lumière

Sélecteur de vitesses

Bague de diaphragmes

Clignotant lumineux
de contrôle de pose

Déclencheur

Plage de profondeur
de champ

Rebobinage

Bague
de mise au point

Sélecteur
de sensibilité

Mise en commande
automatique

# Avec le Canon EF

## si la technique vous ennuie,
## vous passez en automatique

*Enfin un vrai automatique... Vous affichez la vitesse. Pour chaque photo, un micro-ordinateur incorporé règle l'appareil.*

**R**ÉVOLUTIONNAIRE est un mot usé par la publicité. Mais c'est le mot, pourtant, qui définit le mieux le Canon EF.

Car cet appareil, personne au monde n'avait pu le réaliser.

Exactement, il est comme un avion moderne. Capable de fonctionner avec ou sans personne aux commandes. Piloté par le plus expérimenté des commandants de bord, ou en pilotage totalement automatique.

Ce qui revient à dire que, pour un amateur, désormais, il est plus simple de faire d'excellentes photos que d'en faire de médiocres.

Ce qui veut dire que « faire de la photo », ce n'est plus forcément tourner des bagues, repérer des chiffres et surveiller des aiguilles. C'est seulement, dès l'instant qu'on le souhaite, regarder une image dans un viseur et appuyer sur un déclencheur.

Dans ces conditions, qui pourrait encore prétendre que la photo c'est compliqué ? Ou qu'on n'y comprend rien ?...

Mais cette commande automatique du Canon EF n'est pas là seulement pour assister l'amateur débutant ou celui que rebute la technique. Elle permet aussi de prendre des photos impossibles à réussir avec un autre appareil que le Canon EF.

Car seul, en effet, le Canon EF maîtrise électroniquement le réglage du diaphragme. Et seul, de ce fait, il permet de photographier dans le même instant, et à coup sûr, une scène à l'ombre puis une scène en plein soleil - ou vice/versa.

Plus qu'un appareil pour amateur, le Canon EF est donc un appareil de professionnel. Mais qui fait progresser la technique.

Utilisé en « commande manuelle », l'EF offre toutes les joies du calcul aux aficionados de la technique photo la plus subtile. Mais il suffit d'amener un point vert en face d'un point rouge pour que l'électronique prenne immédiatement en charge les réglages, et pour qu'on réalise alors de très belles photos en regardant seulement ce qu'on veut prendre en photo.

L'événement de l'année ?... En fait, cela va beaucoup plus loin. Et la sortie par Canon d'un tel appareil est sans doute un grand événement tout court, une date dans l'histoire de la photo.

Guy GENTILHOMME

*Pour toutes informations, on peut interroger le Canon-Center - 5, rue Scribe, Paris 9e, tél. 742.03.20.*

français. Cézanne est le plus mauvais. Ingres, c'est plus bureaucratique,
convenable. Mais il n'a pas le génie de Meissonier.

— Et pourtant, c'est Cézanne qu'on aime aujourd'hui?

— Il y aura des *déceptions*. Tout ça va *s'effondrer*... Attention,   ǂdisappointments • collapse
Cézanne était un peintre très honnête. Ses ambitions étaient merveil-
leuses. Mais il était *maladroit* au plus haut degré. Il voulait peindre une   clumsy
pomme ronde, elle sortait carrée; une table en perspective, la bouteille
qui était dessus tombait... Alors les *paresseux* ont préféré copier les   lazy ones
défauts de Cézanne plutôt que les qualités de Vermeer. *Encore que* la   although
tentative de Cézanne est intéressante parce que c'est un personnage
*pathétique*. Mais *en ce qui concerne* ses imitateurs, c'est un désastre   ǂmoving • as concerns
total.

— Comment expliquez-vous ce retour des peintres à la réalité.

— C'est dû à la lassitude du *néant*. Tous ces romantiques abstraits,   nothingness
avec leur manière quasi musicale, *dénuée* de technique traditionnelle,   devoid
lorsqu'ils revenaient du cinéma pouvaient se dire: et si tout ça n'était
rien du tout?

— En d'autres termes, le cours de l'histoire de l'art *vous aurait donné*   would have proved you right
*raison*?

— La preuve, c'est que la peinture photographique est devenue
l'avant-garde. Mes derniers tableaux sont absolument copiés et, de ce
fait, beaucoup plus mystiques qu'avant. Je retrouve ma *veine* du   style
«Morceau de pain», qui est un «pain-pierre», *chef-d'œuvre* que j'ai   masterpiece
donné pour mon musée.

— Vous avez dessiné un portrait de de Gaulle. Le visage très ressem-
blant, grave, photographique, sur un buste d'empereur romain.

— De Gaulle a inventé la *chair de poule* horizontale, qui est le *frisson*   goose pimples • shudder
patriotique, mais étendu à toute l'Europe jusqu'à l'Oural.[1] J'avais
demandé à le rencontrer. C'était le jour où les *paras s'apprêtaient* à   paratroopers were getting ready
tomber sur Paris, au moment de la guerre d'Algérie. J'ai une lettre de
lui où il me disait: je m'excuse, mais en ce moment...

— Savez-vous s'il aimait votre peinture?

— Je n'en ai aucune idée. L'art ne devait pas beaucoup l'intéresser.
Il avait Malraux[2] pour ça...

— Picasso a eu son musée à Barcelone. Celui de Miró[3] est en
construction à Monjuich. Vous êtes donc le troisième peintre auquel
l'Espagne *consacre* un musée.   ǂdevotes

[1] Chaîne de montagnes en Russie.
[2] André Malraux (1901–    ) Célèbre écrivain français (*La Condition Humaine*),
Ministre des Affaires culturelles sous de Gaulle.
[3] Juan Miró (1893–    ) Peintre surréaliste espagnol.

— Non, je suis le premier, puisque je suis le plus jeune. Je l'aurai donc eu avant.

— Vous vous placez au-dessus de vos deux aînés?

— Ah! ça, certainement! Mais, même après moi, ils sont grands. De toute façon, les peintres espagnols sont meilleurs que les autres. C'est vrai! La peinture moderne gravite autour de l'Espagne depuis Vélasquez.[1] Les impressionnistes français, dont Manet,[2] n'auraient jamais existé sans le Prado.[3] Le cubisme, sans Picasso[4] et Juan Gris...[5]

— ...Et le surréalisme sans Dali?

— Dali et Miró...

— *Vous vous entendiez avec* André Breton?[6]     did you get along with

— Au début, très bien. Jusqu'au moment où il m'a expulsé du groupe surréaliste parce que je devenais trop important. Ma personnalité risquait dangereusement de l'éclipser. Alors, il *s'est débarrassé* de moi...     got rid of

— On a *aménagé* un musée à la mémoire de Picasso, mais vous,     set up
vous vous êtes fait le promoteur de votre propre musée. Vous vous êtes bâti un temple *dédié* à votre propre gloire.     dedicated

— Oh! c'est normal, c'est dalinien!

— Ne serait-ce pas plutôt le rôle de l'histoire de décider *s'il convient*     if it is fitting
de vous donner un musée?

— Il y a un proverbe catalan[7] qui dit à peu près ceci: on n'est jamais mieux servi que par soi-même... Etant Phénicien, très prudent, et ayant vu que des personnages comme Cervantès et Christophe Colomb ont fini très mal, avec des dettes et dans la *gêne*, j'ai pris la précaution,     need
d'abord, de devenir multimillionnaire, d'aller en prison très tôt et de ne pas *trop tarder* à faire mon musée.     delay too much

— Vous aviez peur que l'histoire ne vous oublie?

— Gala, mon épouse, m'a toujours dit: «Toi, avec ton génie et ton talent, c'est un miracle que tu ne sois pas en train de crever de faim.» C'est vrai...

A présent, Dali n'a qu'une *crainte*: mourir de plaisir... et de rire...     fear

JACQUES MICHEL

[1]Vélasquez (1599–1660)  Peintre espagnol, connu surtout pour ses portraits.
[2]Edouard Manet (1832–83)  Peintre français; un des maîtres du naturalisme et de l'impressionisme.
[3]Prado  Musée national du Prado, à Madrid, célèbre collection de peintures et de sculptures.
[4]Pablo Picasso (1881–1973)  L'un des principaux représentants du cubisme et géant de la peinture moderne.
[5]Juan Gris (1887–1927)  Peintre cubiste espagnol.
[6]André Breton (1896–1966)  Chef du mouvement surréaliste français dans les années 20.
[7]Région au nord-est de l'Espagne où est né Dali.

## Contrôle de compréhension

1.  Que saviez-vous de Salvador Dali avant de lire cet article?
2.  Décrivez le musée qui s'ouvre en son honneur.
3.  Quelle opinion Dali a-t-il de lui-même?
4.  Où se situe-t-il comme artiste par rapport à ses contemporains, aux anciens?
5.  Les quelques précisions que donne Dali au sujet de sa tragédie *Les Martyrs* vous donnent-elles envie de voir la pièce?
6.  Pour Dali, que représente la Sainte Inquisition?
7.  Quel effet son séjour en prison a-t-il eu sur lui?
8.  Selon Dali, quels sont les rapports richesse-bonheur?
9.  Comment la liberté s'exprime-t-elle en art?
10.  Comment explique-t-il le suicide des peintres américains?
11.  Quelle opinion a-t-il des peintres hyperréalistes?
12.  Comment justifie-t-il la monarchie?
13.  Que répond Dali lorsqu'un journaliste lui demande si le prince Juan Carlos est intelligent?
14.  Comment caractériseriez-vous la disposition de Dali?
15.  Quelle est la magie de la peinture?
16.  Expliquez ce que Dali veut dire lorsqu'il déclare que «autrefois il peignait la fantaisie de la réalité, et qu'aujourd'hui il peint la réalité de la fantaisie».
17.  Selon Dali, quelle est la source de toute la peinture moderne?
18.  Quelles précautions Dali a-t-il prises afin d'éviter le sort de Christophe Colomb et de Cervantès?

## Sujets de discussion

1.  Comparez ce que l'art abstrait a à offrir par rapport à l'art traditionnel, et vice versa.
2.  Est-ce que Dali est un personnage que vous aimeriez connaître?
3.  Pour vous, Dali est-il un «artiste sérieux»? Quels critères utilisez-vous pour établir si un artiste est sérieux ou non?
4.  Examinez les théories de Dali sur les dangers de la liberté.

*Elmir de Hory:*
*Un prestidigitateur de la peinture*

# Les *Prestidigitateurs* de la peinture

magicians

## LE FIGARO

**I**

Elmer Hoffman, réfugié *hongrois*, plus connu sous le pseudonyme d'Elmir de Hory, est *soupçonné* d'être à l'origine du plus fantastique scandale de toute l'histoire de l'art. On pense qu'il est l'auteur de plus de mille faux tableaux vendus dans le monde entier. Ses aventures ont inspiré en partie Orson Welles pour son nouveau film: «Vérités et *mensonges*», qui sort à Paris. On voit Elmir dessiner avec une déconcertante facilité et dialoguer avec le *metteur en scène*. Ses *propos* ne manquent pas de *saveur*: il affirme, par exemple, que Matisse n'avait pas une très grande *sûreté* de main... et qu'il doit *s'efforcer* d'être

Hungarian
suspected

lies
director • remarks
pungency
sureness • force himself

maladroit lorsqu'il l'imite. Il ajoute que le faux est une forme d'art et que, en réussissant à introduire ses œuvres dans les collections des musées, il a démontré qu'on ne peut faire confiance aux experts. Ce *défi* rappelle celui de nombreux autres peintres *faussaires*.

challenge • forgerers

*   *   *

Dans l'univers des arts, il existe donc ce fabuleux démon: le *faux*. Certains peintres, parmi les plus prestigieux, ont *cédé à* la tentation: Michel-Ange a fabriqué des antiques grecs parce que c'était à la mode et que ça se vendait bien, Titien a imité Giorgione au point que le «Concert *champêtre*» du Louvre passe *tour à tour* pour être de l'un ou de l'autre. Toutefois, cela n'a eu qu'un temps dans leur vie.

forgery
given in to

country • alternatively

La tentation du gain est souvent la raison principale de «la carrière» d'un faussaire. Mais pour beaucoup d'entre eux, il existe d'autres motivations. Des artistes *doués*, qui n'ont pas réussi à percer le mur de l'indifférence, se jugent *méconnus*, deviennent la *proie* d'un complexe de frustration. L'exposition de leurs œuvres signées d'un grand nom de la peinture et l'admiration qu'elles *suscitent* aussitôt, leur offrent l'occasion de *se venger* de leurs contemporains. Et les plus *avertis* des collectionneurs *s'y laissent prendre*.

gifted
unappreciated • prey

arouse
avenge themselves • experienced
are taken in

Plusieurs *conservateurs* de musées, dont celui du Metropolitan Museum de New York, annonçaient récemment qu'ils avaient dû procéder à une réévaluation des collections européennes. Au Metropolitan Museum, on a constaté que trois cents des tableaux modernes des collections étaient des faux. Même situation, ou presque, au Musée d'Art moderne de Tokyo.

curators

Cet *état de fait* ne s'explique pas par la «*légèreté*» des conservateurs américains et japonais, mais par le talent des faussaires qui font des copies presque vraies. Picasso lui-même, affirme-t-on, s'y serait laissé prendre plus d'une fois. Selon David Stein, l'un des plus grands faussaires vivants, le maître de Mougins[1] aurait signé — non sans hésitation — un dessin au crayon qu'*il* lui présentait, et il précise dans ses mémoires: «Picasso faisait bien 150 variations sur un même sujet. Pourquoi pas 151 ou 152...?»

state of affairs • irresponsibility

(*David Stein*)

Le travail du faussaire n'est pas *à la portée* du *premier venu*. Non seulement il faut avoir du talent, mais une connaissance sérieuse et *approfondie* en histoire de l'art est indispensable. La technique, le style et les défauts du maître choisi comme modèle doivent être connus du faussaire dans leurs moindres détails. Une erreur, même *légère*, peut le

within the reach • anyone

in depth

slight

[1]Village au sud de la France où travailla Picasso.

perdre. Il sait bien qu'il engage une *lutte* contre les experts, les historiens de l'art et les scientifiques. Un exemple : dans le coin d'une *toile* attribuée à Vermeer, on remarquait une porcelaine japonaise décorée en blanc et bleu. Rien d'étonnant ? Que si ! Les spécialistes savent bien que ce type d'objet ne fut importé en Hollande qu'après la mort du peintre.

    En 1965, Jean-Pierre Schecroun était condamné à 4 ans de prison avec sursis pour avoir fabriqué des faux Braque,[1] Delaunay,[2] de Staël, Léger, etc. Il eut droit au titre de « faussaire de génie ». La presse et la télévision parlèrent de lui, *le Tout-Paris en fit sa coqueluche*. Il connut la gloire, au fond de sa cellule, alors qu'auparavant il s'était fait expulser de toutes les galeries. Car le public *boudait* ses tableaux...

    Quel exemple et quelle tentation pour les peintres petits et obscurs qui végètent à l'ombre de la mode !

## II

LA *REVANCHE* DE VAN MEEGEREN

Mais le plus stupéfiant des faussaires est sans conteste le célèbre Van Meegeren. C'est avec son cas que l'étude de la psychologie de l'imitateur prend tout son intérêt.

    Né en 1889, à Deventer, petite ville de Hollande, Van Meegeren est le fils d'un instituteur. Ses débuts de peintre sont difficiles, mais il va connaître un certain *engouement*.

    Pourtant les critiques, s'ils estiment ses portraits, considèrent *en revanche* qu'ils manquent de personnalité. Et Van Meegeren en souffre.

    Une idée machiavélique germe en lui. Il va *berner* tous ces *soi-disant* spécialistes et il *échafaude* une fantastique mystification : lui, Van Meegeren, va exécuter un Vermeer de sa main. Tout le monde *s'extasiera* et proclamera : «C'est un chef-d'œuvre !»

    A partir de ce jour, il ne *ménage* ni son temps ni son argent. Pour *damer le pion* aux experts, il ne faut rien négliger. D'abord quitter la Hollande, s'installer en France. Là il sera tranquille. Le secret doit être absolu, sa femme elle-même n'est au courant de rien.

    Après *maintes* recherches, il achète un livre analysant la technique de Vermeer et tombe sur un traité des *huiles grasses* employées par les maîtres anciens. Il court à Londres et achète le reste d'un stock de pigments de *lapis-lazuli*. Vermeer obtenait, en *broyant* cette pierre,

*Glossary (right margin):*
- struggle
- canvas
- he was the craze of Parisian society
- snubbed
- revenge
- popularity
- on the other hand
- fool • so-called
- builds up
- will be in ecstasy
- spares
- outwit
- many
- oil-paints
- (*pierre bleue*) • crushing

---

[1] Braque (1882–1963)   Peintre français qui, en 1908, lança le mouvement cubiste avec Picasso.
[2] Delaunay (1885–1941), Nicholas de Staël (1914–55), Fernand Léger (1881–1955) Peintres français.

son fameux bleu. A présent, Van Meegeren se sent *d'attaque*. Une     ready to attack
seule chose lui manque: le support sur lequel il travaillera.

Il découvre chez un *antiquaire* une toile sans grande valeur du     antique dealer
XVIIe siècle, «La Résurrection de Lazare». Jour après jour, semaine
après semaine, le peintre *nettoie* le tableau. Les couleurs sont des-     cleans
séchées à l'extrême. Impossible de les *dissoudre*. Van Meegeren doit     dissolve
*se résoudre* à employer la *pierre ponce* ou la toile émeri. Enfin, St. Lazare     resolve himself • pumice stone
disparaît définitivement. Il fera place, après des heures de labeur
*acharné*, à une composition toute fraîche, «Les *Pèlerins* d'Emmaüs», le     arduous • pilgrims
premier des «Vermeer» fabriqué par Van Meegeren.

Van Meegeren *vieillit* son chef-d'œuvre pour lui donner l'apparence     ages
d'un tableau trois fois centenaire. La réussite est totale, il ne reste plus
qu'à faire authentifier «Les Pèlerins».

Le cœur battant, le faussaire soumet son œuvre à un expert hollandais,
Abraham Bredius. Le verdict tombe: «Vermeer de Delft est l'auteur de
ce tableau.» Van Meegeren peut être fier de sa réussite. Il triomphe.
Il va continuer à produire des faux...

Mais le peintre hollandais est accusé de collaboration: on lui reproche
d'avoir laissé les *occupants* allemands acheter des œuvres d'une im-     ǂoccupying troops
portance nationale exceptionnelle. Pour se défendre, il finit par avouer
la *supercherie* et exécute un nouveau Vermeer dans sa cellule. Il est     hoax
condamné à un an de prison. Son nom est alors universellement connu
et les *commandes affluent* du monde entier. Son *orgueil* est satisfait.     ǂorders • flock • pride
D'autant que de nombreux historiens d'art refuseront toujours de croire
que «Les Pèlerins» sont un faux.

Le Sherlock Holmes de la peinture, le commissaire Isnard, qui,
pendant 25 ans, mena une lutte acharnée contre «les *malfaiteurs* de     wrongdoers
l'art» raconte dans ses souvenirs que le personnage le plus étonnant
auquel il eut affaire fut le peintre-faussaire Georges Comnène. Il *se*     claimed to be
*disait* duc de Compostelle, et *remontant* par sa mère aux empereurs de     going back
Byzance! Faute de trône, il copiait *allègrement* ses contemporains:     happily
Utrillo,[1] Modigliani,[2] Buffet.[3]

Condamné en 1962, Comnène lança un défi à Buffet: *il* serait, lui,     (*Comnène*)
capable d'exécuter en 15 minutes n'importe quel portrait d'Anabel.[4]
Si Buffet pouvait de son côté réaliser en un quart d'heure un portrait

---

[1]Maurice Utrillo (1883–1955) Peintre français; il a peint surtout des coins de
Montmartre à Paris.
[2]Amadeo Modigliani (1884–1920) Peintre italien; il a peint des portraits et des nus.
[3]Bernard Buffet (1928– ) Peintre et graveur français.
[4]Anabel; Annibale Carrache (1560–1609) Peintre italien qui décora la galerie
Farnèse à Rome.

d'Anabel fait par Comnène, il lui remettrait une somme de 30.000 F...
A notre connaissance le défi ne fut pas accepté.

   Mais tous les auteurs de faux, que ce soit Elmir de Hory, David Stein
ou Jean-Pierre Schecroun qui, pour sortir de l'ombre et faire admettre
leur talent, doivent imiter et même surpasser les grands maîtres, ne
seront jamais leurs égaux. Il manque à ces virtuoses du mensonge le
*don* de la création, le *pouvoir* d'inventer des formes qui n'existaient pas     gift • power
avant eux. En un mot, le génie.

JEAN-MARIE TASSET

## Contrôle de compréhension

### I

1. Pourquoi parle-t-on d'Elmir de Hory ces jours-ci?
2. Qu'est-ce que le faux en art?
3. Pourquoi ne considère-t-on pas Michel Ange et Giorgione comme des faussaires?
4. Quels facteurs poussent un artiste à devenir faussaire?
5. Qui a gagné le défi, les faussaires ou les experts?
6. Racontez le récit de David Stein à propos de Picasso.
7. Quelles sont les qualités qu'un bon faussaire doit avoir?
8. Qui était Jean-Pierre Schecroun?

### II

9. Racontez les débuts de Van Meegeren.
10. Comment veut-il se venger des critiques?
11. Racontez comment il élabore et met en œuvre un plan pour réaliser son faux.
12. Quel est le verdict des experts?
13. Quel est le tournant historique qui le force à se révéler?
14. Quel est l'effet de sa révélation sur la gloire qu'il a connue?
15. Quel est le défi lancé par Comnène au célèbre peintre Buffet?
16. Quelle distinction fait l'auteur de l'article entre les faussaires et les grands maîtres?

## Sujets de discussion

1. Qu'est-ce que le génie? et quelle distinction faites-vous entre le génie et le talent?

2. Si vous possédiez une œuvre d'art qui vous plaisait, perdrait-elle de la valeur à vos yeux si vous appreniez qu'elle était l'œuvre d'un inconnu? Pourquoi?

3. Comment pourrait-on éviter que l'œuvre d'art ne devienne un investissement financier où les investisseurs s'enrichissent souvent et les peintres rarement? A l'exemple des écrivains, le peintre devrait-il toucher des «droits d'auteur»?

4. Quelle est l'expression artistique qui vous est la plus proche? la peinture, la sculpture, la danse, la musique? Expliquez votre réponse.

# vi  La Famille contre elle-même

Ce sont les adultes et particulièrement les écrivains qui nous ont assurés que les enfants, malgré la discipline à laquelle ils étaient soumis, voyaient la vie comme un bonheur perpétuel. Cette vue date des écrivains romantiques du XIXe siècle qui regrettaient le bonheur et l'innocence de leur propre enfance. Avant eux, personne ne s'y était intéressé.

Récemment, les spécialistes ont eu l'idée de demander aux enfants eux-mêmes quelle était leur vision personnelle de la vie. Ils se sont aperçus que les enfants, malgré des conditions souvent difficiles, ont une vue saine et remarquablement réaliste de leur existence. Leurs simples dessins représentent aussi bien la pollution, la saleté, le bruit et la violence de la vie moderne que le calme des champs, la tranquillité d'un village et la beauté des forêts.

*Grand-père et son petit-fils:*
*L'aptitude au bonheur se transmet*
*de génération en génération.*

Le mode de vie de l'enfant et son bonheur sont largement créés par la mère et par sa présence à la maison. Avant 1939, les femmes acceptaient ou semblaient accepter leur rôle de mère et de femme d'intérieur. Elles étaient obligées de se contenter du salaire de leur mari. Pendant la deuxième guerre mondiale quand le mari était absent ou même prisonnier de guerre, la vie traditionnelle de la femme a été bouleversée ; elles travaillaient souvent tout en s'occupant du ménage le soir et pendant le week-end. Après la guerre, vers le milieu des années 1950 une véritable révolution sociale a eu lieu avec l'introduction de la vente à crédit. Dorénavant, la famille française, même de revenu modeste, pouvait se permettre l'achat d'une petite voiture, par exemple. Mais qui dit crédit dit dette, et la famille, en possession de sa voiture ou de son poste de télévision était obligée de les payer ainsi que les intérêts. Tout à coup, le travail de la femme est devenu indispensable. Ainsi, il est devenu commun que l'enfant, de retour de l'école à la fin de l'après-midi, trouve la maison vide. Ses parents travaillent et ne rentrent que le soir. L'enfant, seul, en compagnie de son poste de télévision, prépare et mange son repas en solitaire.

Si les espérances économiques en France ont beaucoup changé, de nombreuses croyances traditionnelles sont restées les mêmes. Les parents s'attendent à ce que leurs enfants réussissent à l'école même s'ils n'ont pas d'aptitude intellectuelle. De leur côté, les enfants s'attendent à ce que leurs parents soient beaucoup plus compréhensifs, plus tolérants, ignorant le fait que ces mêmes parents n'ont jamais connu la tolérance de la part de leurs propres parents.

Aujourd'hui, parents et enfants demandent leur indépendance, ce qui contient une contradiction et par conséquent mène aux disputes. Pour que l'harmonie règne, il faut que les parents soient mûrs eux-mêmes, heureux et qu'ils acceptent pleinement les responsabilités qu'entraîne la fondation d'une famille. N'importe quel enfant français vous dirait que de tels parents sont rares. Il en est de même dans le monde entier comme nous l'indiquent les récits qui suivent.

# La Qualité de la vie vue par les enfants de Paris

## Un Mélange de pessimisme et d'humour

### LE FIGARO

L'Exposition au Palais de Chaillot se termine par un collage géant: toutes les publicités dégorgeant de «*mangeaille*» que l'on *feuillette* habituellement d'un doigt *distrait*, prennent là une signification répugnante. *Se chevauchant* les unes les autres, symbole d'une civilisation au bord de l'indigestion, elles encadrent une photo noire et blanche d'un enfant noir dont seuls le *squelette* et la peau subsistent, qui s'effondre et dit: «Et moi?»

«L'environnement vu par les enfants» n'est pas gai. Le temps des joyeux ramassages de *papiers gras* et de l'hymne aux petites bêtes et aux petites fleurs est terminé. Les *maquettes*, dessins, *affiches*, *bandes dessinées réalisées* par les élèves de sixième et de cinquième des écoles parisiennes témoignent d'une *prise de conscience* de la difficulté de vivre au XXe siècle, d'une inquiétude face à l'avenir et d'un pessimisme que ne *ressentent* pas beaucoup d'adultes *usés* par la routine. Ce qui n'empêche pas l'humour: «Vous n'allez pas manger un *lapin* pollué», lance un lapin riant, la bouche pleine de carottes aux pesticides.

Le rêve reste le village, avec la petite ville à côté, la forêt, la ferme. Une France rurale. La réalité est sévère: des *tours*, des ordures, des *épaves*, des usines à côté des prisons dont elles ne se distinguent pas, du bruit et un matelas de fumées noires dans le ciel. La *piste de ski* elle-même fait partie des *maux* de la civilisation. Certains dessins montrent un sens de l'observation *aigu*. Ainsi, l'accumulation des bruits dans un immeuble: à chaque étage son bruit; la *surprise-partie*, la chaîne haute-fidélité, la télévision, le bébé, les chats et les chiens, le repas familial trop animé, le *bricoleur* et sa *perçeuse*, le chimiste qui rate bruyamment ses *expériences*. Et, dans la rue, les automobiles, les motos, même les *patinettes* font leurs bruits propres, *cernant* un jardin entouré d'un mur-prison. Conclusion: tous à l'hôpital psychiatrique, 3 kilomètres.

Quant à la *résidence* «Le Paradis», qui va prendre la place d'une charmante vieille maison elle ne déchaîne pas l'enthousiasme des futurs «acheteurs»: *assiégée* par un *chantier* de tours serrées, un dépôt d'ordures, une *autoroute* aux *virages* fous et une usine toutes cheminées fumantes, elle semble mal *partie*. Un autre dessin: 1900, la *balance* penche en faveur de la nature et des animaux; 1973, les deux *plateaux*

---

**Glosses (margin):**

- foodstuff • thumb through
- absent-minded
- overlapping
- skeleton
- wax paper
- models • posters • cartoons
- made
- growing awareness
- feel • ‡worn out
- rabbit
- towers
- wrecks
- ski run
- (*pl. mal*)
- sharp
- ‡party
- handyman • drill
- ‡experiments
- scooters • surrounding
- ‡apartment house
- besieged • construction site
- highway • bends
- launched • scale
- trays

sont à égalité. Ensuite un point d'interrogation : le plateau penchera-t-il vers la ville ? Déclin ? Mais comment empêcher ce déclin ?

La confiance en la justice est mince si l'on en juge par une des bandes dessinées. 100.000 F d'*amende* au directeur qui a pollué le *torrent*. «C'est beaucoup, il n'est pas prêt de recommencer», disent les paysans. «100.000 F, quelle *pécadille*» *sifflote* le directeur.

fine • waterfalls

pittance • mutters

## Contrôle de compréhension

1.  Décrivez le dernier collage de l'exposition au Palais de Chaillot.
2.  Quels sont les moyens artistiques utilisés par les enfants ?
3.  Comment peut-on caractériser leur vision de l'avenir ?
4.  Faites une comparaison de leur conception de la vie idéale et de la réalité qui les entoure.
5.  Quels sont les différents bruits qui transforment un immeuble en un concert diabolique ?
6.  Décrivez la résidence «Le Paradis».
7.  Quelle question les enfants se posent-ils en ce qui concerne l'avenir ?
8.  Quel rôle jouera la justice dans la lutte contre la pollution ?

## Sujets de discussion

1.  Imaginez ce qu'aurait été une exposition semblable faite par des enfants vivant à la campagne.
2.  A partir de quel moment considérez-vous que le bruit doit être considéré comme une nuisance attaquable dans les tribunaux ?
3.  Imaginez une exposition dans ce genre au début du siècle dernier.

## Une Enquête sur «les enfants et leur famille»

**Garçons et filles de 10 ans regrettent le manque de *disponibilité* de leurs parents**

free time

LE FIGARO

Le Centre de recherche «Fleurus» *réalise* en ce moment une grande enquête sur «Les Enfants et leur famille». Il vient d'en publier les premiers résultats avec des interviews en profondeur de 20 enfants de 10 ans.

is carrying out

Une première remarque : ces enfants regrettent le manque de dispo-
nibilité de leurs parents : «Moi, ce qui est *embêtant*, je trouve, c'est                    annoying
qu'il travaille», dit Joelle en parlant de son père. «On aimerait avoir un
peu plus de temps avec eux (les parents). °On les voit pas assez. Je
trouve que c'est un petit peu *bête*, ça. Ils devraient sortir plus tôt de              stupid
leur travail.»

La plupart regrettent que leurs parents consacrent plus de temps à
leurs activités professionnelles qu'à leurs enfants. Et ils ne semblent
pas beaucoup apprécier non plus que leur mère travaille. Comme le dit
naïvement Olivier : «Oh elle est gentille, elle n'est pas souvent là, parce
qu'elle est toujours dans sa pharmacie avec les clients ; quand j'étais
petit je n'aimais pas du tout ça.»

### SENSIBLES A «LA JOIE DE VIVRE»                                                      aware of
Mais cette affirmation demanderait à être *nuancée* comme le fait                        explained
remarquer un père :

«Ils apprécient les mères heureuses de vivre, les mères qui existent ;
et il y en a parmi elles, qui travaillent, tandis qu'*à l'inverse*, des femmes          contrarily
qui se laissent *déborder* même en restant à la maison, ou qui paraissent               overwhelmed
en conflit avec elles-mêmes, ne répondent pas au besoin d'optimisme
et de disponibilité.»

Puis il y a le dimanche et les vacances, moment privilégié où les
membres de la famille peuvent se rencontrer. Le font-ils vraiment ?
Marie va se promener le dimanche mais elle regrette : «souvent, °y a pas
papa» ; de même Joelle : «Oh, des fois, ma mère elle ne vient pas.»
A l'inverse Pierre va souvent à un match de football avec son père,
Jacques à la pêche, Claude, lui, va «au marché avec papa. Après on
mange tous ensemble et puis l'après-midi maman fait le ménage, papa
*fait les copies* et nous trois on s'amuse.»                                             marks papers

L'enquête montre que les enfants se révèlent très sensibles à la joie
de vivre ou à la *morosité* de leurs parents.                                           moodiness

Ils apprécient la jeunesse de caractère, l'*entrain*, la joie de vivre avec            liveliness
ses manifestations les plus extérieures (bonne humeur, *plaisanterie*,                  joking
rire, *chahut*) : «*On fait les fous.*» «Papa fait le singe.» «Il y a des gens          rowdiness • we clown around
qui disent qu'elle ne *fait* pas son âge.»                                              look

Les enfants n'aiment pas que les adultes qui les entourent *s'énervent* :              get angry
«Mon père, des fois, il s'énerve ; quand sa voiture ne marche pas, °il est
pas content, alors il rentre le soir, °il me dit même pas bonjour... °j'aime
pas ça», confie Véronique. Olivier aussi aime le calme. Il compare ses
parents «toujours *en train de* travailler, de courir partout» avec un couple          busy
«très calme, assez détendu» qu'il connaît. Mais il précise «c'est des

*La famille moderne n'est plus qu'une minuscule cellule*

Anglais» car, pour lui, sans doute, calme et sérénité ne sont pas l'*apanage*    attribute
des Français.

    Les «10 ans» trouvent normal de *partager* les sentiments des autres,    share
d'être ouverts à *autrui*. Ils ressentent profondément les inégalités    others
sociales. Ainsi Myriam: «Ils voulaient que leur fille se marie, mais elle,
elle a dit, c'est avec C... mais eux ils ne voulaient plus parce qu'il est
portugais... J'espère qu'un jour tout le monde sera *ex aequo*, qu'il n'y    (Lat. equal)
aura pas des Français, des Africains, que tout le monde sera pareil.
°J'aimerais pas que les gens disent: nous on est supérieurs aux autres
parce qu'on est plus riche ou tout ça.»

**ECOUTER LES ENFANTS**
Joie de vivre, disponibilité, sérénité, altruisme: voici quelques-unes

des valeurs adoptées par les jeunes de 10 ans. Mais l'enquête va plus loin: «l'argent, les richesses, n'interviennent pratiquement pas dans l'*éventail* des valeurs enfantines.»    scope

La conclusion que tirent les responsables de ces interviews est la suivante: «Nous pensons que la parole des enfants est claire sur *bien des*    many
aspects actuels de la vie familiale et sociale. Elle n'est pas encore agressive dans sa forme. Mais, en fait, elle oblige, si on l'entend, à reconsidérer l'ordre d'importance de bien des choix de société, les Eglises y compris.»

C'est pourquoi la fin de la brochure est consacrée à des *entretiens*    discussions
*auprès d'*adultes qui ont pu «écouter» ces enfants. Un père fait son    with
«examen de conscience»:

«Il faut que je revoie la place et l'importance que je donne au travail, à ‹mon› travail. Il faut que je revoie la place et l'importance que je donne à l'argent, à ‹mon› niveau de vie. Il faut que je commence à changer ‹ma› vie pour que change la qualité de mes relations. Il va falloir que je réapprenne à vivre.»

GENEVIEVE SCHWEITZER

## Contrôle de compréhension

1. Quel est le sujet de l'enquête?
2. Quel est le plus grand reproche que les enfants font à leurs parents?
3. Pourquoi ne veulent-ils pas que leur mère travaille?
4. Dans quelle mesure est-ce une question de la personnalité de la mère plutôt que de sa disponibilité?
5. A quel point les enfants jugent-ils leurs parents?
6. Comparez les valeurs qu'ont les enfants à celles de leurs parents.
7. Quel est l'examen de conscience auquel se livrent les parents?

## Sujets de discussion

1. Croyez-vous que le reproche de manque de disponibilité des parents soit toujours justifié, ou s'agit-il plutôt de l'égoïsme des enfants qui exigent que toute la vie des parents soit concentrée sur eux?
2. Est-il possible pour les parents de «réapprendre à vivre», comme le suggère un parent?
3. Selon vous, est-il plus important que ce soit le père ou la mère qui passe plus de temps avec les enfants?

## Pièges

REMARQUEZ dans l'article les extraits des commentaires faits par les enfants. Le journaliste s'est efforcé de reproduire les fautes grammaticales que font les enfants et qui sont courantes dans la langue parlée, même chez les adultes:

p. 97, l. 4 :    On les voit pas assez.
p. 97, l. 23 :  y a pas papa…
p. 97, l. 36 :  il est pas content…
p. 97, l. 37 :  il me dit même pas bonjour…
p. 97, l. 37 :  …j'aime pas ça.
p. 98, l. 9 :   J'aimerais pas que les gens…

## Les Enfants à la clef

**De jeunes enfants qui préparent seuls leur dîner et se couchent seuls avant le retour de leurs parents… il y en a en France des dizaines de milliers**

**L'EXPRESS**

**I**

Trois jours que Jean-Jacques, 11 ans, est absent, sans explications. Inquiète, l'institutrice de cette école communale du 11ᵉ *arrondissement*,   district à Paris, a décidé, cette fois, de se rendre à son domicile, après les cours. C'est Jean-Jacques qui lui ouvre. Il est seul, en pyjama. Dans un coin de la salle à manger, le poste de télévision *ronronne*. Un sandwich à   purrs la main, l'enfant a l'air en bonne santé. Il l'est. Depuis trois jours, simplement, il «*sèche*» l'école. Ses parents? Ils partent travailler tôt   "cuts" le matin. Ils rentrent tard le soir. Fatigués. Parlent peu. Bref, ils ne se sont aperçus de rien.

L'histoire est banale. Le phénomène l'est moins. Combien sont-ils comme Jean-Jacques, en France? Des dizaines, des centaines de milliers, peut-être. Un *tiers* des enfants dont le père et la mère travaillent   third sont ainsi livrés à eux-mêmes, estiment les assistantes sociales. Ils ne *font* pas tous *école buissonnière*, bien sûr. Mais tous ont appris à   play hookey vivre seuls, à *se «débrouiller»*, du matin au soir.   manage

Aux Etats-Unis, on les appelle les «key children» — les enfants à la clef — parce qu'ils ont, dans leurs poches ou autour du cou, la clef de leur appartement. «Nous les appelons, nous, les «enfants de l'ouverture»,

*La solitude*

expliquent les institutrices. «Ils arrivent dès l'ouverture de l'école. Et ils restent le soir jusqu'à six heures, après *l'étude*. Puis rentrent à la maison. Vide...»

    Emile, 9 ans, est un petit garçon *joufflu*, aux yeux doux et timides. Sa mère, jeune, «s'occupe d'antiquités» et prépare un doctorat de lettres. Son père est médecin. Ils l'emmènent parfois au restaurant, et à la campagne, pour le week-end. En semaine, quand il rentre chez lui, à 18 heures, il n'y a, pour l'accueillir dans l'appartement vaste et *cossu*, que ses deux petits cockers. Sa vraie famille. Il prépare lui-même son dîner, puis s'installe devant la télévision et se couche avant le retour de ses parents — qui sortent tous les soirs.

study period

chubby-cheeked

rich

## MAMAN *DE SECOURS*

«La bonne conscience des parents est parfois désarmante», explique une institutrice du 1er arrondissement, Mme Armande Rigal. Elle a convoqué récemment la mère d'André, 11 ans, un de ses élèves les plus doués, pour lui demander — «gentiment» — de *veiller* davantage *sur* son fils. Réponse: «Mon fils n'est pas malheureux. Il ne manque de rien. Et puis, j'ai porté le père *à bout de bras* pendant dix ans. Il m'a quittée. Je ne suis pas disposée à en faire autant avec le fils. Il se débrouillera. D'ailleurs, il vous aime beaucoup.»

Cet amour qu'ils ne trouvent pas dans leur foyer, les nouveaux enfants abandonnés le *reportent*, presque toujours, sur «la maîtresse». Ainsi, Eric, 9 ans, fils d'un pédiatre très occupé, *a* un grave *retard scolaire*. Il *s'accroche* à son institutrice comme à une *bouée de sauvetage*. Il lui a *confié* un jour «qu'il aimerait bien l'avoir pour maman...»

«Nous autres, institutrices, ‹vendions› *naguère* du français, de l'arithmétique», commente Mme Rigal. «Aujourd'hui, je ‹vends› de l'affection. La moitié de mes élèves arrivent à l'école avec la clef de l'appartement en poche. Et je suis leur maman de secours. Récemment, un de mes élèves a acheté une robe pour ma fille. D'autres m'offrent des fleurs. Ils font n'importe quoi pour attirer mon attention. Manger de la *craie*, par exemple. *Faire le pitre*. Pour que je les *gronde*. Car, gronder un enfant, c'est aussi s'occuper de lui.»

Certains de ces «faux orphelins» ont fini par se choisir de véritables «parents d'adoption». François, qui vit seul avec sa mère, divorcée, dans un petit appartement, était un enfant équilibré. Trois mois après la séparation de ses parents, il est devenu *un petit loup*, dur, *hargneux*. Et malheureux. Sa mère «cherche du travail»; elle n'est jamais à la maison. Alors, depuis quelques mois, François va régulièrement chez un «copain de classe». Il a «adopté» le foyer de son ami. Il considère les parents de celui-ci comme les siens. «Comment faire maintenant», s'interroge l'institutrice, «pour éviter les *déchirements*?»

# II

## LE *BIBERON*

«L'abandon» parfois est organisé. Ainsi, Jacques, 10 ans, élève de huitième. Père psychiatre. Mère — théoriquement — au foyer. Il a un *compte* ouvert dans une *crêperie* voisine. *Il lui arrive d'inviter* un de ses camarades. Mais pas chez lui: il y est toujours seul. En vacances, il est placé chez des amis. Jamais en famille. Ce *délaissé* qui n'avoue

---

Glosses (right margin):

emergency

take care of

at arm's length

transfer
is behind in school
hangs on to • life-jacket
confided

in the old days

chalk
clown • scold

wild • ill-tempered

heartbreaks

baby bottle

account • pancake house • he sometimes invites
abandoned child

que deux passions, la lecture et la maîtresse d'école, vient d'avoir un petit frère.

— Je *me dépêche* de rentrer», dit-il, *ravi*, «je vais donner le biberon à mon frère.»    am rushing • delighted

— Et ta maman?

— Elle est sortie. Nous serons au lit quand elle rentrera.

Christian, 11 ans, fils unique d'un architecte, *épate* ses copains par le nombre de *cadeaux* et de jouets qu'il reçoit. Avant de rentrer, le soir, il passe chez un *traiteur* (*réglé* à la fin du mois), choisit librement ses *plats* préférés (*charcuterie*, glaces et chocolat), monte chez lui, dîne, regarde la télévision. Et, souvent, s'endort devant le poste...    *[impresses / presents / caterer • paid / dishes • cold cuts]*

Il y a, à la limite, l'abandon pur et simple. A Maisons-Alfort, au quatrième étage d'une *H.L.M.*, Liliane, 14 ans, vit avec sa petite sœur, Josette, 7 ans. Les parents? On ne les voit presque jamais. Liliane s'occupe de Josette. Mais elle la terrorise, l'empêchant de regarder la télévision, de jouer dans la rue. Dès la sortie de l'école, Josette s'enferme dans sa chambre. Et pleure.    *[low-cost housing]*

H.L.M. de banlieue ou appartements cossus du centre de Paris: le cadre — et l'argent — *ne fait rien à l'affaire*. C'est plutôt un mode de vie qui est en cause. Un directeur d'école explique: «Les plus favorisés, ce sont encore les enfants d'enseignants et de *fonctionnaires*, dont les heures de loisirs coincident avec celles de leurs enfants. Les plus abandonnés? Les fils et filles de commerçants. Et les enfants de parents *aisés*, absorbés par leurs *soucis* professionnels ou leurs obligations *mondaines*.»    *[doesn't change anything / civil servants / well-off • worries / social]*

## DES ÉPAVES

Ces nouveaux enfants abandonnés ne sont pas des enfants martyrs ni des délinquants. «Pourtant, les uns se durcissent, *se replient* sur eux-mêmes», dit Mme Rigal. «Ils deviennent agressifs, hargneux. Les autres s'effondrent et vivent en état permanent de dépression.»    *[withdraw]*

Plusieurs psychiatres affirment que le caractère est mieux *trempé* quand l'enfant vit *éloigné de* sa mère. Il est vrai qu'une enquête menée l'an dernier par Mme Anne Pezé, chercheur à l'Institut de psychologie de Paris, a établi que les retards scolaires étaient plus nombreux chez les enfants dont la mère restait à la maison. Au contraire, l'étude révélait une maturité plus grande chez les enfants souvent livrés à eux-mêmes.    *[hardened / far from]*

«Moi, je suis très content qu'on ne s'occupe pas de moi», répond fièrement Jean, 13 ans, qui affirme n'avoir besoin ni de mère ni de grand-mère, encore moins de *surveillante* appointée. Mais est-il heureux? «Non, les ‹enfants à la clef› ne sont pas heureux», dit le    *[supervisor]*

directeur d'une école du centre de Paris. «Rien ne remplace l'affection —
et l'attention — des parents. Livrés à eux-mêmes, ils deviennent
moralement des épaves. Même si les parents refusent de s'en
apercevoir.»

## LES CLUBS

Quelles solutions? L'aménagement du temps de travail, d'abord.
L'*horaire* à la carte.  Quarante-trois pour cent des femmes qui travaillent          schedule
ont un enfant. Dix pour cent d'entre elles en ont trois et plus.  Pour
certaines, le travail *à mi-temps* permettrait de *concilier* l'inconciliable —          part-time • reconcile
l'activité professionnelle et l'éducation des enfants.  La formule, pour
l'instant, est rarement proposée aux mères de famille.

Restent les activités *postscolaires*, les clubs. Quand ils existent.          extracurricular
A cause de la *carence* des *Pouvoirs publics*, les femmes commencent,          neglect • government
ici et là, à s'organiser.  De même qu'elles ont créé des «*crèches sauvages*»          makeshift infant day-care centers

*La joie de ne pas être seul*

pour les tout-petits, elles réussissent parfois à se grouper, dans un quartier, pour monter un club-*garderie*. L'association des résidents du grand *ensemble* Maine-Montparnasse (783 foyers, 450 enfants de moins de 12 ans) a obtenu la *jouissance* d'un vaste local où les enfants d'âge scolaire peuvent venir après les heures de classe et, le samedi, tout l'après-midi. *Modelage*, peinture, danse et jeux: les enfants choisissent l'activité qui leur convient. Les mères et les «grands», garçons et filles, donnent un *coup de main* aux monitrices.

    Ainsi a été résolu, grâce à l'initiative de quelques-uns, le problème des «enfants à la clef». Pour quelques autres, tous les autres? Rien. «Cette indifférence, cette hostilité de la société *à leur égard*, les enfants nous la feront payer», dit un directeur d'école. «Plus tard. Lorsqu'ils seront devenus adultes.»

P<small>AUL</small> K<small>ATZ</small>

*day-care center*

*housing unit*

*use*

*clay*

*helping hand*

*toward them*

## Contrôle de compréhension

### I

1. Pourquoi Jean-Jacques a-t-il été absent de l'école?
2. Quel phénomène devient de plus en plus courant?
3. Comment les maîtresses reconnaissent-elles les enfants à la clef?
4. Décrivez la famille et le milieu social du petit Emile.
5. Comment la désintégration de la famille a-t-elle affecté les rapports entre les enfants et leur maîtresse?
6. Quels sont les différents moyens utilisés par les enfants pour attirer l'attention de leur maîtresse?
7. Comment certains enfants satisfont-ils leur besoin d'affection?
8. Pourquoi cette solution risque-t-elle de mener à des déchirements?

### II

9. Racontez deux cas où les parents ont «organisé» l'abandon de leurs enfants.
10. Dans quelles classes de la société ce genre d'abandon est-il le plus courant?
11. Expliquez l'effet qu'ont la présence et l'absence des parents sur le caractère de l'enfant.
12. Qu'est-ce qu'un horaire de travail à la carte?
13. Comment les locataires d'un ensemble ont-ils résolu leur problème?
14. La société peut-elle se permettre de fermer les yeux sur cette situation?

## Sujets de discussion

1. Pour le bien de l'enfant, est-il préférable que la mère travaille ou ne travaille pas?
2. Croyez-vous qu'un enfant puisse être élévé tout aussi bien par son père que par sa mère?
3. Dans l'article il s'agit toujours de «maîtresses». Aurait-il été préférable pour certains de ces garçons d'avoir des instituteurs plutôt que des institutrices?

## Le Dur Métier de parents

**L'EXPRESS**

**I**

Une porte *a claqué*. Les *vitres* ont vibré. Une voix de 15 ans, *enrouée* par la rage et la *mue*, *a hurlé*: «J'en ai marre de cette maison, marre d'être ici! Je vais m'en aller!» Une voix d'homme, ironique, a répondu: «Tout de suite, si tu veux, petit imbécile!» Une femme est restée là, mains ouvertes et *gorge nouée*, ne sachant plus s'il fallait retenir le fils rebelle ou calmer le mari furieux.

Et c'était en vacances. Comme des milliers de couples français, les V..., Anne, 36 ans, Bernard, 40 ans, attendaient ce moment privilégié «pour retrouver vraiment leurs enfants», «*renouer* le contact», avoir enfin avec eux «de longues et bonnes conversations». Les *cadets*, 7 ans et 12 ans, ont joué le jeu. Natation avec papa, cache-cache avec maman, et poker familial le soir. Mais l'aîné, François, est resté *muré* dans son univers d'adolescent. Pas de contact. Ses parents sont *déçus*, amers, inquiets.

### CES RÊVES D'IDYLLE

«Nous n'y comprenons rien», explique Anne. «Notre petit garçon de l'an passé est devenu un étranger. Il nous *fuit*. Il évite toute conversation. Il disparaît du matin au soir. Plus rien ne compte, pour lui, que les copains. A la moindre *réflexion*, il *se cabre*. A la moindre critique, il éclate. Moi, au cours de l'année, j'avais vu que François changeait. Mon mari, non. Il n'est pas suffisamment là. Il *se faisait une telle joie* de ce séjour au bord de la mer, où son aîné et lui seraient comme deux amis!...»

Beaucoup de parents en vacances *affrontent*, *vaille que vaille*, cette situation. Un mois par an, ils ont enfin le loisir d'être des parents

---

*Glossary (right margin):*

slammed • window panes
made hoarse • puberty • yelled

a lump in her throat

renew
⧧younger children

walled up
disappointed

avoids

⧧remark • stiffens

was looking forward so much

confront • for better or for worse

modèles. Attentifs. Disponibles. Des adolescents *butés* viennent [stubborn] briser ces rêves d'idylle familiale. Ils °*se soucient peu* de jouer aux [are little concerned] enfants modèles. S'ils ont encore un pied dans l'enfance, l'autre °se trouve déjà dans le monde des adultes. Ils cherchent leur autonomie. Cette mutation, qui pouvait échapper à leur famille absorbée, *tout au* [all during] *long* de l'année, par la vie quotidienne, apparaît brutalement lorsque, 24 heures sur 24, parents et enfants sont ensembles. Les crises éclatent sous le soleil d'août.

Crises banales. Crises classiques. Sur leur chaise longue, en surveillant les plus jeunes, les mères °se font des confidences et °se rassurent mutuellement: «Le vôtre *a injurié* son père? Il a voulu s'en aller? Mais [⧧insulted] vous savez que l'an dernier, le mien est vraiment parti... pour trois jours. Nous avons dû le faire rechercher par la police. Et le petit H..., qui a 16 ans, savez-vous ce qu'il a fait? Il a volé une voiture. Il va être *déféré* devant le juge des enfants. Et la petite J..., vous la con- [⧧brought before (a judge)] naissez? Hier, j'ai rencontré sa mère, atterrée. La fille attend un bébé dont elle ne connaît pas le père. Elle a expliqué: ‹C'était sur la plage, ils étaient plusieurs. Mais je ne vois pas où est le mal. C'est votre morale qui est idiote.› »

## DU COIN DE L'ŒIL

Les mères parlent sans fin sur ces petits et ces grands drames, surveillant du coin de l'œil leurs filles pubères, recommandant à leurs maris «de cacher les clés de la voiture, chaque soir, au cas où le fils serait tenté de l'*emprunter*». Et toutes répètent: «C'est l'âge», ajoutant parfois: «Quelle [to borrow] génération!»

La génération *n'est pas en cause*. Les adolescents d'aujourd'hui ne [is not to blame] sont pas pires que leurs aînés au même âge. Certains pensent même le contraire. Un psychologue nous disait récemment: «Quand je pense à ce que nous étions, nous, à 15 ou 16 ans, je trouve nos enfants bien plus intelligents, bien plus ouverts, bien plus *sensés*, bien plus *mûrs*. [sensible • mature] S'ils sont mal à l'aise dans la société que nous leur avons faite, est-ce leur faute? S'ils la refusent, ont-ils tellement tort?»

Ce qui est en cause, oui, c'est l'âge. La crise d'adolescence, cela ressemble un peu à l'appendicite. Ça a toujours existé, mais on ne savait pas ce que c'était. Les conflits — inévitables — *couvaient* à [were brewing] l'ombre d'une famille où le père était le père, et l'enfant était *un numéro* [one of the descendants] *de la lignée, plié* — ou brisé — à la règle commune. Aujourd'hui, les [bent] structures rigides de naguère sont désintégrées. La famille n'est plus qu'une minuscule cellule dont le chef est, parfois, singulièrement absent. Les principes de l'éducation traditionnelle s'effondrent chaque jour un peu plus.

## L'*ELAN* — drive

Élevé plus librement, informé de multiples façons, ouvert sur le monde, l'enfant a droit à la parole. Il °la prend, de plus en plus tôt. Mais la situation n'est neuve que dans ses apparences. Il y a toujours eu, il y aura toujours un moment où l'adolescent essaie, dans l'angoisse, d'arracher son cordon ombilical.

Dans le meilleur des cas, ses parents essaient de l'aider. Dans le pire, ils essaient de bloquer cet irrésistible élan vers la liberté. De toute façon, le triangle père-mère-enfant éclate. Trois individus restent face à face, °s'affrontent, °se jugent. Pour l'enfant, les temps difficiles commencent. Pour ses parents, sonne l'heure du premier *bilan*. — reckoning

Un bilan qui se fait souvent en vacances. Puisqu'on a enfin le temps de le faire. Puisqu'on ne pense qu'à ça. Mais c'est un bilan qui *exige* une singulière lucidité. Il ne s'agit pas de juger le jeune mutant, mais de °se juger soi-même. — demands

## L'*ORDONNANCE* — prescription

La mère d'un adolescent-problème raconte: «Ne sachant plus quoi faire et presque *honteuse*, comme s'il fallait que je révèle une *tare*, je suis allée consulter un psychologue. Je l'ai quitté stupéfaite. Je croyais qu'il me donnerait quelque chose de simple comme une ordonnance: ‹Une *cuillerée* de tendresse, une d'autorité, des vacances à l'étranger. Vous avez été trop faible, soyez plus ferme. Vous avez été trop ferme, soyez plus souple, et votre fils sera guéri.› Il paraît que la *recette* n'existe pas. Quand j'ai voulu lui raconter la vie de mon fils, il m'a demandé: ‹Racontez-moi plutôt la vôtre.› Quand j'ai insisté: ‹Mais que faut-il faire?›, il m'a répondu: ‹Il ne faut pas faire, il faut être.›» — ashamed • defect — teaspoon — recipe

On touche là au cœur de cette étrange affaire. Freud affirmait: «Il n'y a que de mauvais parents.» Les psychologues d'aujourd'hui répondent, qu'ils soient français, américains ou scandinaves: «Il n'y a pas de mauvais parents. Il y a des parents adultes et d'autres qui ne le sont pas. Ceux qui ne °le sont pas ne seront jamais de bons éducateurs. L'instruction, la science, le milieu social, l'intelligence même ne font rien à l'affaire. C'est une question d'individu.»

Pour être «bon parent», il faut d'abord avoir eu de bons parents qui vous ont conduit à assumer votre propre vie. Puis il faut assurer à sa descendance la sécurité et la stabilité. Enfin, il faut appliquer une règle du jeu.

## II

### LISTE DES ERREURS

Reste *valable* la notion d'autorité bien tempérée: il faut savoir dire    valid
non, et un non irrévocable, chaque fois que cela s'impose. On peut
aussi dresser la liste des erreurs à éviter. «Rien de pire», dit Suzanne
Bresard, psychosociologue, «que les parents-copains. Ils *privent*    deprive
l'enfant des structures indispensables. Ils ne se rendent pas compte
qu'ils lui proposent ce qu'il a ou aura facilement: des amis, et qu'ils ne
lui donnent pas ce dont il a besoin: de vrais parents.»

Rien de plus dangereux que les parents prodigues, qui dissimulent
souvent leur carence ou leur indifférence sous des flots d'argent de
poche et provoquent ainsi les pires catastrophes. Rien de plus
*redoutable* que les parents trop exigeants, qui veulent réaliser leurs    deadly
propres ambitions, leurs rêves déçus, par leur enfant.

A ces erreurs majeures, on peut ajouter des erreurs mineures. L'excès
de *sévérité* pour le travail scolaire, par exemple. «Tous les parents»,    strictness
dit encore Suzanne Bresard, «veulent que leurs enfants fassent des
études secondaires, puis *supérieures*. Ils ne se rendent pas compte que    graduate
certains de leurs enfants, *fussent-ils* fils de professeur, ou de brillant    be they
«self-made man», °n'y sont pas à leur place. Ils ne comprennent pas
*non plus* que, dans une classe de 40 élèves, il y en a forcément 39 qui    either
ne sont pas premiers. On peut tomber dans le *travers* inverse: ‹Le    pitfall
pauvre petit ne fait rien, mais il est si jeune, pourquoi l'*ennuyer* avec    bother
tout ça? Laissons-le vivre heureux. De toute façon, nous serons toujours
derrière lui.› »

«On veut surtout, on voudrait toujours qu'ils soient parfaits. Alors
qu'ils °le sont aussi rarement que leurs parents et qu'il faut les aimer tels
qu'ils sont, non tels qu'on les voudrait.»

En fait, toutes ces règles, qui *font* plus *appel* au bon sens qu'à la    are based
science, sont faciles à appliquer jusqu'à 11 ou 12 ans. Avec l'adolescent,
il devient plus difficile de rester serein. On a peur pour lui. On sent que
tout son avenir se joue là, *gagnant ou perdant*. On voudrait l'aider.    win or lose
Mais comment?

### BEATNIKS ET HOULIGANS

°«L'adolescent doit s'opposer pour s'affirmer», répondent les psycho-
logues. «En *s'arc-boutant contre* ses parents, il fait sa *répétition*    standing up to • ‡rehearsal
générale. Il *jauge* ses forces. Il prend ses distances. C'est aux parents    evaluates

de lui servir de *tremplin*. Ils sont là pour le faire *rebondir*, pas pour l'*enliser*. Et s'ils se dérobent devant l'obstacle, leurs fils et leurs filles trouvent d'autres murs à *défoncer*. Alors, ils partent en guerre contre la société tout entière. Pas prêts. Mal armés. N'ayant pas trouvé chez eux des structures familiales suffisantes, une vraie sécurité, ils °se réfugient au sein d'une bande. °La hiérarchie familiale s'y reconstitue, bizarrement, autour du «chef». Avec sa morale, ses règles, sa solidarité. Deux ou trois ans plus tard, cela donne les «provos» d'Amsterdam, les «beatniks» de New York, les «rockers» de Londres, les «houligans» de Varsovie, les *blousons noirs* de tous les pays. Par eux, le scandale arrive. Mais ils n'en sont que les victimes. Et s'il faut chercher des coupables, la société tout entière risque de se retrouver en accusation.»

> *spring-board • bounce back up*
> *drown*
> *break down*
>
> *thugs*

### SUR LA *POINTE DES PIEDS*

> *tiptoes*

Est-il donc si difficile, si angoissant, d'élever des enfants? Chacun répond à cette question selon sa propre expérience.

«Impossible», explique le père de deux filles de 16 et 18 ans. «Moi, j'ai renoncé. Je marie l'aînée *de justesse*, enceinte, avec un bon à rien. La seconde, je la *boucle* jusqu'à sa majorité.»

> *in time*
> *lock up*

— Qu'il essaie, répond la fille de 16 ans. S'il n'a pas su élever ma sœur, il est trop tard pour qu'il change de méthode avec moi. Il se prépare de beaux jours.

— Facile, répond en écho un autre père. J'ai une fille de 18 ans. A 10 ans son éducation sexuelle était faite. A 16 ans, pensant qu'il vaut mieux prévenir que *subir*, sa mère l'a mise au courant des méthodes de contraception. Aujourd'hui, elles se partagent les mêmes pilules. Annie est équilibrée, mène une vie harmonieuse, est pleine de projets d'avenir, travaille sérieusement, n'est pas plus débauchée qu'une autre, au contraire.

> *cure*

— De la folie, commente une amie du couple. On ne compte plus les *aventures* de cette petite. Ça fera une drôle de mère et une drôle d'épouse. Moi, j'ai deux filles de 17 ans. Des *jumelles*. Je les surveille étroitement. Je les accompagne aux sports d'hiver. Les sports d'hiver, c'est dangereux. J'accepte qu'elles sortent, mais je les suis dans les boîtes de Val-d'Isère.[1] Je peux jurer qu'elles sont aussi innocentes que je l'étais à leur âge.»

> *≠love affairs*
> *twin girls*

Une heure plus tard, seules, les filles avouent en riant qu'à peine rentrées, elles ressortent sur la pointe des pieds, et font *allègrement* ce qu'on voulait leur interdire.

> *without a care*

---

[1] Célèbre station de ski dans les Alpes.

Les exemples divergents se multiplient par mille. Un père *constate* realizes
que son fils «risque de mal tourner»: «Je l'*ai fourré* en *pension*, et pas stuck • *t*boarding school
une pension *pour rire*. Un an plus tard, il était mûri, raisonnable, for laughs
transformé.»

Un autre veut l'imiter. Quinze jours après, un coup de téléphone lui
annonce la *fugue* de Jean-François. «On le retrouve presque *clochard*, flight • tramp
‹beatnikisé›», explique le père outragé, «et pire, très content comme
ça. Irrécupérable.»

## NOUVELLE LUMIERE

En fait, rien n'est irrécupérable. Sauf, parfois, les parents. Car derrière
les enfants-problèmes, on trouve toujours des parents-problèmes; et
derrière ces parents-problèmes, des grands-parents problèmes.

Chaque génération immaturée *aggrave* les risques courus par la increases
génération suivante. On n'a pas les enfants que l'on *mérite*. On a des deserve
enfants à son image.

L'important est de °le savoir. On voit alors les choses dans une
nouvelle lumière. On devine que seule compte la tendresse, et la
tendresse éclairée, même si l'on °en a été frustré. On apprend à donner
à l'enfant la sécurité, même si on °n'en a pas eu: cette certitude que,
quoi qu'il puisse faire, ceux qui l'ont mis au monde seront toujours là
pour l'aider. On admet que les seuls bons parents sont les parents
capables d'être heureux: l'aptitude au bonheur se transmet aussi, de
génération en génération. Ce n'est pas une *grâce*, c'est un devoir. blessing

C<small>OLETTE</small> G<small>OUVION</small>

# Contrôle de compréhension

**I**

1. Décrivez la scène qui ouvre l'article.
2. Comparez les plans que les parents avaient faits de «retrouver
   leurs enfants» pendant les vacances et la réalité.
3. Quelle est l'attitude de François envers ses parents?
4. Lequel des deux parents a été le plus surpris de cet état de choses
   et pourquoi?
5. Quels sont les drames de famille que les mères se racontent tout
   en tricotant?
6. Comment expliquent-elles l'insubordination de leurs adolescents?

7. Selon les experts, d'où vient le mal?
8. Pourquoi les crises d'adolescence sont-elles plus évidentes qu'elles ne l'étaient autrefois?
9. Les parents réagissent-ils comme ils le devraient?
10. Racontez comment les espoirs d'une mère qui a été consulter un psychologue ont été déçus.
11. Comment les psychologues décrivent-ils un «bon parent»?

## II

12. Quels reproches fait la psychosociologue aux parents-copains?
13. Quels sont les autres défauts des parents qui risquent de faire du tort aux enfants?
14. Pourquoi les parents deviennent-ils de plus en plus inquiets au fur et à mesure que les enfants grandissent?
15. Comment les psychologues expliquent-ils cette rébellion des enfants?
16. Quel rôle doivent jouer les parents pour aider leurs enfants à s'émanciper?
17. Quel rôle joue la bande et comment est-elle constituée?
18. Qui est-ce que les psychologues tiennent responsables de ces adolescents délinquants?
19. Expliquez l'attitude adoptée par chacun des pères interviewés.
20. L'opinion de la dame «amie du couple» est-elle valable?
21. Quels peuvent être les effets de la pension sur un adolescent?
22. Expliquez la déclaration «on a des enfants à son image».

## Sujets de discussion

1. A quel point la société permissive que nous connaissons a-t-elle contribué au bonheur des enfants? et au bien-être de la société?
2. Comment peut-on sortir de l'effrayant cercle vicieux grands-parents-problèmes — parents-problèmes — enfants-problèmes?
3. Analysez l'évaluation des parents-copains faite par la psychologue.
4. Certains psychiatres disent que rien n'est plus néfaste pour un enfant que l'indifférence des parents, peu importe s'ils sont trop sévères ou trop gentils. Commentez.

## Pièges

Comment TRADUIRE un verbe réfléchi?

Utilisez le DICTIONNAIRE et votre BON SENS.

Le DICTIONNAIRE vous aidera à déterminer s'il s'agit

(1) d'un verbe ordinaire qui change de sens lorsqu'il devient réfléchi:

trouver         *to find*
se trouver     *to be located at* (p. 107, l. 3)

(2) d'un verbe qui est toujours utilisé sous sa forme réfléchie:

se soucier     *to worry* (p. 107, l. 2)
se réfugier     *to take refuge* (p. 110, l. 5)

Dans ces deux cas le DICTIONNAIRE vous donnera la traduction. Le pronom personnel sert uniquement à vous aider à déterminer le sens du verbe et à choisir une traduction, mais il NE doit PAS être traduit.

Votre BON SENS vous dira

(3) si le pronom personnel correspond à *myself, yourself, himself, herself, oneself, etc.* Dans ce cas, SOYEZ GUIDÉ PAR VOTRE CONNAISSANCE DE L'ANGLAIS.

Il se lave tous les matins.     *He washes every morning.*
Il se bat avec un fouet.     *He beats himself with a whip.*

(4) si le pronom personnel veut dire "one another."
Dans ce cas, IL FAUT LE TRADUIRE.

Ils s'affrontent, se jugent. (p. 108, l. 10)
*They confront one another, and judge one another.*

Elles se font des confidences. (p. 107, l. 10)
*They confide in one another.*

REMARQUEZ que pour éviter toute ambiguïté entre (3) et (4), l'auteur a dû, deux fois, préciser sa pensée:

se juger **soi-même** (p. 108, l. 15)
elles se rassurent **mutuellement** (p. 107, l. 10)

Quand vous aurez fini de lire le texte, TRADUISEZ: «L'adolescent doit s'opposer pour s'affirmer.» (p. 109, l. 35)

Encore des pronoms! Que remplacent-ils dans les cas suivants?

    p. 108, l. 3:    il **la** prend
    p. 108, l. 32:    ils ne **le** sont pas
    p. 109, l. 20:    leurs enfants n'**y** sont pas à leur place
    p. 109, l. 27:    alors qu'ils **le** sont
    p. 110, l. 6:    la hiérarchie familiale s'**y** reconstitue
    p. 111, l. 16:    l'important est de **le** savoir
    p. 111, l. 18:    on **en** a été frustré
    p. 111, l. 19:    on n'**en** a pas eu

# vii  Les Américains en France

La France, depuis Lafayette, a toujours été un pôle d'attraction pour l'Amérique. Benjamin Franklin qui a passé plus de dix ans à Paris trouvait que les Français étaient le peuple le plus civilisé du monde. Jefferson a habité une maison sur les Champs-Elysées pendant quatre ans et a tenu un journal, devenu célèbre, de ses voyages en France. Mais c'est surtout dans les années 1920, qu'on a vu la véritable invasion de Paris par des artistes américains tels qu'Hemingway, Henry Miller, et des danseuses telles qu'Isadora Duncan. Les écrivains américains trouvaient à Paris une ambiance qui encourageait leur créativité, ou du moins, le supposaient-ils. Joséphine Baker, parmi tant d'autres, trouvait la liberté en France, une liberté qui à l'époque n'existait pas aux Etats-Unis.

Depuis 1945, la France a été envahie par le monde commercial américain. Bozo et Snoopy sont aussi connus en France qu'ici, tandis

que les Français et les Françaises qui veulent perdre quelques kilos vont suivre le régime et les cours d'éducation physique chez les «Weight Watchers», compagnie américaine qui fait actuellement fortune en France. Si on veut faire une photocopie d'un document, c'est simple, on fait un xerox! Mais une telle invasion est une grande source d'inquiétude pour beaucoup de Français qui la voient comme une menace de leur culture. Les Français parlent couramment de donner des «quizzes», des «tests», et, comme nous, ils emploient les Kleenex. Les Américains, de leur côté, sont tristes de trouver la vieille auberge remplacée par le Holiday Inn ou le Hilton. Sur les Champs-Elysées même, on peut manger chez... MacDonald's. Mais dans le monde d'aujourd'hui, caractérisé par une liberté commerciale totale, il est difficile de limiter ces influences ou de trouver des alternatives. Comme tout le monde, les Français cherchent la facilité du monde moderne, et qui dit moderne, dit américain.

## Joséphine Baker: un demi-siècle de panache

**LE FIGARO**

Joséphine Baker, comme les autres monstres sacrés[1] du music-hall, était bien autre chose qu'une «*perle* noire», brillant au milieu des *paillettes* et des plumes: c'était une personnalité, un personnage, une âme.

    Elle était née en 1906, à Saint-Louis du Missouri. Petite fille d'*esclaves* originaires du Sénégal et qui avaient transité par la Martinique avant d'être vendus dans le Sud, elle eut à supporter très tôt le mal qu'elle ne cessa de dénoncer sa vie durant: le racisme. Enfant, également, elle découvrit sa vocation pour le *spectacle*. Elle donnait aux *gosses* des environs des représentations sur un petit théâtre construit avec des *caisses* et de vieux *chiffons*, dans une *cave*.

    A seize ans, elle quitta sa famille et parut sur *les planches*. Ses meilleurs professeurs de danse avaient été les animaux d'un zoo, notamment les kangourous.

    Deux ans plus tard, «Fifine» était une des cinq girls d'une revue de Broadway.

    En octobre 1925, elle *débarquait* à la gare Saint-Lazare du train transatlantique,[2] avec la troupe de «La Revue nègre». Quarante-huit

*Glossary (margin):*
pearl
spangles
slaves
ǂshow business • kids
wooden boxes • rags • ǂbasement
stage
landed

[1]*Superstar (lit., ''sacred monster''. from title of play by Jean Cocteau).*
[2]A l'époque, les voyageurs d'outre-mer prenaient le bateau jusqu'à un des ports de la Normandie, où ils montaient dans un train spécial qui les menait directement à la gare St. Lazare au centre de Paris.

heures plus tard, elle entrait en scène en se contorsionnant et en roulant des yeux, tandis que jouait divinement un musicien inconnu du nom de Sidney Bechet. Ce fut un brusque et fantastique triomphe. Joséphine Baker devint une des coqueluches de Paris. Les femmes imitèrent sa coiffure et Paris alla «Chez Joséphine», à Pigalle, apprendre le charleston.

Joséphine Baker vivait au Vésinet,[1] entourée d'animaux familiers et promenait, aux Champs-Elysées, un magnifique léopard. Zig l'a peinte ainsi pour une affiche célèbre. L'animal s'échappa, d'ailleurs, un soir, à l'Empire,[2] provoquant une panique.

Puis Fifine dansa aux Folies-Bergère,[2] les *reins* entourés de bananes. | lower hips

Mais ce n'était encore qu'une belle fille spontanée, sauvage, instinctive. Henri Varna, au Casino de Paris, allait faire d'elle une vraie *vedette* | star

internationale. Finis les *déhanchements* et les roulements d'yeux! Elle | hip swaying

eut également la chance de rencontrer un génie de la chanson, Vincent Scotto, qui composa pour elle la plus célèbre de ses nombreuses chansons, «J'ai deux amours.»

Le monde entier réclama Joséphine Baker. Elle multiplia les revues, joua l'opérette. «La Créole», *tourna* quelques films comme «Sirène des | made

Tropiques» ou «Princesse Tam Tam», mais sa destinée était surtout d'apparaître au sommet de l'escalier, dans des robes *scintillantes* et | sparkling

*d'ensorceler* les *publics* de l'univers, avec sa voix inimitable qui, sans | bewitch • ‡audiences

micro, savait aller au cœur.

A l'un de ses retours, elle trouva l'Europe en guerre. Cette femme qui *haïssait* le racisme et qui aimait la France où elle avait connu la gloire, | hated

*gagna* Alger et servit dans les auxiliaires des Forces françaises libres,[3] | went to

ce qui lui *valut* la Légion d'honneur, la Croix de guerre et la Médaille | won

de la Résistance. Elle avait *acquis* la nationalité française. | acquired

Au lendemain de la Libération, fervente gaulliste, elle se consacra à sa grande idée: montrer que le racisme est la honte de l'humanité. Elle adopta des enfants qui en étaient les victimes: Akio le Coréen, Louis le Colombien, Jaari le Finnois, Jean-Claude, Marianne et Noël, les Français, Brahim l'Arabe et Moses l'Israélien, Jannot le Japonais et Mara l'Indien du Venezuela, Cokoffi l'Africain... Pour loger «ses | 

enfants», elle acquis le *domaine* des Milandes, en Périgord.[4] | ‡property

Mais il n'était pas facile de faire vivre une si vaste *maisonnée*. | household

Joséphine se donna, pourtant, à cette tâche, corps et âme. On la vit

[1] Banlieue parisienne.
[2] Music-halls de l'époque. Les Folies-Bergère sont toujours une grande attraction, surtout pour les étrangers qui visitent Paris.
[3] Nom de l'armée française qui se battit sous le général de Gaulle pendant la Deuxième Guerre mondiale.
[4] Province dans le sud-ouest de la France.

*Joséphine Baker et sa famille*

quitter le soir le spectacle dont elle était la vedette, pour aller acheter des nourritures aux Halles[1] et voyager toute la nuit pour se trouver aux Milandes au lever du jour et servir elle-même le petit déjeuner à ses pensionnaires.

    Joséphine n'était pas une *gestionnaire*. Les dettes s'accumulèrent.    **businesswoman**
Elle se battit héroïquement. Les dons affluèrent du monde entier.
Rien *n'y fit*. Le domaine des Milandes fut vendu.    **helped**

    Les enfants, aujourd'hui ont grandi. La princesse Grace à mis à leur disposition une villa à Monte-Carlo. Les voilà orphelins, doublement.

[1]Ancien marché de Paris.

Que vont-ils devenir? Que va devenir le rêve de Joséphine Baker, cette grande famille multiraciale et exemplaire? Ce rêve pour lequel elle est tombée *épuisée* par tant de jours et de nuits de travail, quelques heures avant que le rideau s'ouvre sur l'escalier *ruisselant* de lumière?

exhausted
sparkling

JEAN PRASTEAU

## Contrôle de compréhension

1. Avec quel genre de salle de spectacle identifie-t-on Joséphine Baker?
2. Quels sont ses antécédents?
3. Racontez les débuts de sa carrière jusqu'à son arrivée en France.
4. Comment le public parisien l'a-t-il accueillie?
5. Quel était son côté excentrique?
6. Comment évolua le style de son art?
7. Quelles furent ses activités pendant la guerre?
8. Comment essaya-t-elle de combattre le racisme?
9. Quel impact cette entreprise a-t-elle eu sur sa vie quotidienne?
10. Cette entreprise fut-elle une réussite?
11. Dans quelle situation se trouvait Joséphine Baker à la fin de sa vie?
12. Dans quelles circonstances a eu lieu sa mort?

## Sujets de discussion

1. Comment expliquez-vous que tant d'artistes noirs américains aient passé leur vie en France? Pour en nommer quelques-uns: Sidney Bechet, Richard Wright, James Baldwin, etc.
2. Pour les Français de son époque, Joséphine Baker caractérisait les Etats-Unis. Etait-elle typiquement américaine? Quelles sont les vedettes qui, aujourd'hui, caractérisent la France pour les Américains?
3. Croyez-vous que la méthode de Joséphine Baker soit une façon efficace de combattre le racisme?

# A partir du 28 mai sur la *chaîne* I

channel

"BOZO"

## A la conquête des jeunes téléspectateurs français

### LE FIGARO

A partir du 28 mai, les jeunes téléspectateurs vont faire la découverte du clown «BOZO» (ci-dessus), encore peu connu en France. Son créateur, Larry Harmon, est aussi le seul *détenteur* des droits exclusifs de Laurel et Hardy en *dessins animés*. Avec cette idée simple que le rire est universel, Harmon créa «BOZO» dans le but de servir les deux objectifs qu'il s'était fixés: apporter quelque chose à tous les enfants et contribuer à la paix dans le monde. Si l'argent est le seul critère de réussite, Harmon vous répondra que ses succès ont dépassé de loin ses plus belles espérances: il est millionnaire en dollars...

holder
cartoon films

   Qui est donc «BOZO»? «BOZO» ne fait pas de politique, n'a pas de religion. «Il est, selon son père, l'unique personnage qui appartienne à tout le monde». Ambassadeur de la paix dans le monde, «BOZO» a fait des tas de petits qu'on utilise *aux fins de* campagne pour la protection de l'enfance, la Sécurité routière, etc. «BOZO» a même apporté sa contribution au Prix Nobel de la Paix dans le cadre de l'U.N.I.C.E.F.

for

   «BOZO» n'est pourtant pas un clown classique. Il ignore le cirque traditionnel, vit résolument son siècle. La télévision est son domaine

*de prédilection*, ce qui l'oblige à un très long travail de *maquillage* — | favorite • make-up
cinq heures environ — afin de «*passer*» le mieux possible l'*écran*. | "go over" • screen

La création la plus originale de Harmon-Bozo est certainement une école de clowns qui compte environ 70 membres de 20 nationalités différentes. Le dernier «BOZO» en date est grec.

«Businessman» averti, Larry Harmon *met encore la main à la pâte*. | is still not afraid of hard work
Avec quatre mots de thaï appris *à la hâte*, il a ainsi réussi, il y a quelques | in haste
années, à «tenir» 17 minutes à la télévision thaïlandaise. Ce fameux rire, qui a conquis l'Extrême-Orient, va donc s'attaquer au marché français. Produit *type* d'un certain idéalisme américain, «BOZO» | typical
devrait une fois de plus mettre les rieurs de son côté. Sinon, «BOZO» n'aurait plus qu'à pleurer l'ingratitude des jeunes Français.

IGNACE DALLE

## Contrôle de compréhension

1. Que voulait accomplir le créateur de Bozo?
2. Relevez les aspects universels du caractère de Bozo.
3. Quelles sont les ramifications du personnage de Bozo?
4. Qu'est-ce qui distingue Bozo du clown traditionnel?
5. A quoi peut-on attribuer le succès de Bozo à la télévision thaïlandaise?

## Sujets de discussion

1. On dit que le rire est universel. Peut-on dire également que ce qui fait rire est universel?
2. Qu'est-ce qui fait rire un enfant? Les mêmes choses font-elles rire un adulte? Qu'est-ce qui fait rire un adulte?

## Un Chien comme vous et moi

**Après avoir *conquis* le monde, «Snoopy» et sa bande débarquent en France** | conquered

**LE NOUVEL OBSERVATEUR**

Tous les amis du célèbre chien Snoopy savent que, récemment, il a installé une machine à écrire sur le toit de sa *niche* et s'est mis à écrire | kennel un roman. Je soupçonne que cette nouvelle vocation lui est venue en découvrant qu'en France sa vie en *bandes dessinées* allait *figurer* au même catalogue que Gide, Proust et Sartre.

*comic strips • to appear*

Où qu'on aille aux Etats-Unis, tous les matins, depuis 1950, on trouve dans 931 journaux, sous la forme de quatre petits rectangles de dessins, une dose d'anti-«American-way-of-life»: ce «Peanuts», devenu une célébrité mondiale appartient davantage à la *grande* littérature américaine qu'à la culture de masse aux Etats-Unis. La culture de masse exalte les valeurs de succès, de combativité, de réussite, de compétition: un homme est ce qu'il vaut — en dollars. Au contraire, les héros de Faulkner, de Hemingway, de Salinger, de Saul Bellow et de Philip Roth ont en général appris «à apprécier un échec intéressant plus qu'un succès insignifiant».

*serious*

## L'ENFANCE DEPRIMEE

Charlie Brown, qui perd *immanquablement* ses parties de «base-ball», Linus, le petit garçon névrotique qui, en *suçant* son pouce, *s'abrite* de la vie derrière la couverture-fétiche, Schroeder, le pianiste génial de sept ans *abîmé* dans l'étude des sonates de Beethoven, ce ne sont évidemment pas des rebelles. Peanuts, ce n'est pas l'Homme Révolté: c'est l'enfance déprimée. Il y a certes un personnage actif et plein de vitalité dans leur groupe. C'est Lucy, toujours prête à *mordre*, à blesser, à *rabattre* les joies ou à *troubler les fêtes*. Une vraie peste. C'est une «Mom» américaine de 11 ans. Elle vivra vieille, *nantie* sûrement de trois *pensions alimentaires*. Elle mourra méchante, glorieuse, triomphale. Lucy, c'est le Mal.

*invariably*
*sucking • hides*

*engulfed*

*bite*
*"cut on" • to spoil the fun*
*provided for*
*alimonies*

Mais il ne faut pas prendre trop au sérieux le «message» que veut peut-être consciemment *répandre* Schultz, ni sa *prédication*, ni sa philosophie très «Reader's Digest». Parce que ce qui domine finalement, c'est le personnage de Snoopy, et c'est l'humour. Toujours subversif, même quand *il fait mine d'être* résigné.

*spread • preaching*

*he looks like he is*

## HORRIBLE LUCY

Ce n'est pas du tout un héros. Il a peur des *araignées*, des oiseaux toujours un peu fous et d'avoir un *taux* de cholestérol excessif. Il est claustrophobe, vit et dort en général sur le toit de sa niche, à l'intérieur de laquelle il abrite cependant un Van Gogh et un billard. Le fait de pouvoir rapporter les balles mais pas les *bulles de savon* le désespère. Les éditeurs refusent avec obstination ses manuscrits et il cède à la faiblesse de leur écrire des lettres d'*injures*. Il déplore de ne pas arriver à bronzer au soleil. Il lui arrive, hélas, de *renier* sa race, sa vie de chien. Nous l'avons même entendu un jour déclarer: «Je suis fatigué de

*spiders*
*level*

*soap bubbles*

*insults*
*reject*

fréquenter les chiens! Si j'étais un homme, je ne voudrais même pas avoir de chien!»

Mais la plupart du temps, Snoopy est la dignité même. Il est le seul *à tenir tête* à l'horrible Lucy. Sa puissance créative est inextinguible. Il est tour à tour, dans l'herbe, un crocodile, Dracula, un pélican. Il est sur le toit de sa niche, un pirate surveillant l'horizon des mers, un *as* de la chasse au manche à balai de son «Sopwith Camel», défiant son rival allemand, le Baron Rouge. Toujours *vaincu*, *précipité* du ciel dans son *écuelle* de soupe, il répète pourtant: «Un jour, je t'aurai, Baron Rouge!» Et quand on a suivi pendant des années Snoopy, on sait que c'est vrai: un jour il «aura» le Baron Rouge, il «aura» la méchante Lucy, il «aura» une vie qui cessera d'être une vie de chien. Pour l'instant il n'a que le mot pour juger, que le mot pour rire. Un jour, il aura le dernier mot. Et, pendant que Charlie Brown *soupire* en Amérique «Good Grief!», à Rome «Misericordia!», à Paris «Grands dieux!», Snoopy, même s'il cède parfois au *vague à l'âme*, repart pourtant au combat. Il a perdu bien des batailles, il gagnera sa guerre, *soyons-en sûrs*.

*to stand up to*

*ace*

*defeated • hurled*

*bowl*

*sighs*

*melancholia*

*we can be sure of that*

CLAUDE ROY

## Contrôle de compréhension

1. Quelle réputation Snoopy a-t-il en France?
2. Quelle distinction l'auteur de l'article fait-il entre la culture de masse américaine et la grande littérature?
3. Où classe-t-il Peanuts et pourquoi?
4. Comment caractérise-t-il Linus, Schroeder, Peanuts?
5. Quel portrait nous fait-il de Lucy?
6. Quelles prévisions fait-il pour l'avenir de Lucy?
7. Malgré tous ces personnages bien définis, quel est le personnage qui domine la série et pourquoi?
8. Décrivez Snoopy, ses défauts et ses vertus.
9. A qui l'auteur fait-il confiance?

## Sujets de discussion

1. Discutez l'appréciation suivante en fonction des romans et des films américains: «La culture de masse exalte les valeurs de succès, de combativité, de réussite, de compétition: un homme est ce qu'il vaut — en dollars.»

2. Considérez-vous Peanuts comme une dose d'«anti-American way of life»?
3. Commentez l'idée que les héros de la grande littérature américaine ont appris «à apprécier un échec intéressant plus qu'un succès insignifiant». Cette idée est-elle également valable pour certains films dits «sérieux»?
4. Selon vous, qu'est-ce qui fait le charme de Snoopy et de sa bande?

## Mélodies en *sous-sol*

underground

**Pour les musiciens du métro: peu d'avenir, trop de policiers et trop d'instrumentistes**

### LE FIGARO

«Musicien *ambulant* gênant la libre circulation dans les *couloirs* du métropolitain.» La *contravention* a été dressée au métro Madeleine.[1]

    L'accusée a 17 ans et demi. Et un prénom: Margaret. Elle est Américaine. Elle habite quelque part dans le Massachusetts. Interpellée au moment où elle interprétait — de mémoire — un concerto de Bach sur sa flûte, elle aurait pu n'être condamnée qu'à une amende de 20 ou de 40 F. Mais, à la question: «Est-ce la première fois qu'on s'occupe de vous?» elle a répondu par la négative. Elle avait déjà été «interrompue» au cours de plusieurs récitals dans différents couloirs et elle sait, parce que la carte-lettre jointe à la contravention le lui dit, qu'elle ne bénéficiera pas d'une «procédure judiciaire simplifiée».

*itinerant • passageways*
*summons*

#### «A DEUX, ON SUPPORTE MIEUX LES INJURES»

Margaret, durant les cinq semaines qu'elle a passées à Paris, a contribué *pour sa* modeste *part* à *entretenir* «l'agitation» qui règne dans le sous-sol de la capitale. La *R.A.T.P.*[2] pendant 18 mois, s'est inquiétée de la prolifération de ceux qu'on appelle les «clandestins du métro». Ce sont les chanteurs, les instrumentistes, les vendeurs de bijoux. La

*in her • way • maintain*
*subway officials*

[1]Arrêt de métro devant l'Eglise de la Madeleine à Paris.
[2]R.A.T.P. (Régie Autonome des Transports Parisiens)   Métro parisien.

R.A.T.P. a réagi. Elle *a mis en ligne* une force de dissuasion d'une    lined up
centaine d'agents *en civil*. Pour 250 stations, c'est évidemment peu.    plainclothes

   «J'aime bien ce que vous jouez, mais il faut s'en aller.» Ce fut le
premier contact entre Margaret et un des agents spécialisés. Il était
presque suave. Il n'y eut pas, ce jour-là, de contravention. Mais les
agents de la R.A.T.P. ne peuvent suffire. Alors, quelquefois, on voit
intervenir des policiers en civil.

   Dans la seule semaine du 5 au 11 mars, il y a eu plus de 2.000
interpellations. La *partie* de cache-cache paraît inégale. Elle l'est moins    game
qu'il n'y paraît. Car en effet, dans ce chiffre, la R.A.T.P. ne fait pas la
distinction entre ceux qui pratiquent le *vol à la tire*, le petit nombre de    pickpocket
ceux qui, à partir de certaines heures, font régner une réelle insécurité

en exigeant un «droit de *passage*» la menace à la bouche ou même,     way
parfois, le couteau à la main, et enfin ceux qui *s'enfoncent* sous terre     bury themselves
pour faire de la musique.

    — Parce que je ne voulais pas qu'on me prenne pour une *pauvresse*,     poverty case
j'ai cessé de mettre mon blue-jean le lendemain du jour où une vieille
dame a eu pitié de moi, dit Margaret.

    La dame s'était inquiétée: «Mais vous pouvez sûrement faire autre
chose?»

    A partir de ce jour, la jeune Américaine est allée à heure fixe jouer du
Haendel, du Bach et du Teleman, *correctement* vêtue d'un ensemble     properly
— pantalon et veste — de couleur neutre. En regrettant de ne pouvoir
planter à côté d'elle un *pupitre* pliant sur lequel elle aurait pu lire ses     stand

*Musicien ambulant gênant la libre circulation
dans les couloirs du métropolitain*

partitions, donc donner sa pleine *mesure*... *Moyenne horaire* des gains:     worth • hourly average
environ 15 F. Mais on peut passer six ou sept heures dans les couloirs
et ne travailler que trois heures. A cause de la mobilité exigée par les
interventions de plus en plus nombreuses des agents de la R.A.T.P. et
des policiers.

Un couple de jeunes Américains (48 ans à eux deux), Ann et Peter,
n'a tenu que trois jours. Ils disent:

— Aux U.S.A., en jouant dans des conditions identiques, nous
*parvenions à récolter* l'équivalent de 200 F par jour. A Paris, nous     managed to collect
gagnons trop peu. Et nous ne pouvons pas même répéter notre
répertoire à l'hôtel.

Ils avaient entrepris un tour du monde, ils le continuent.

*   *   *

— A deux, c'est plus facile. On supporte mieux les injures.

Ils sont Français. L'un joue du banjo, l'autre chante en tendant un
chapeau. Moyenne des gains: 40 F par jour. Ils disent encore: «Ce
sont les enfants qui nous insultent le plus souvent.»

Tous sont *hors* du «système». Parfois, pour très peu de temps, comme     out
Margaret. Parfois, sans savoir pourquoi. D'autres croient le savoir:
«C'est plus facile de gagner sa vie comme ça.»

La plupart affirment: «On fait plaisir aux *passants*.»     passersby

*   *   *

— Si on les laissait faire, ils s'installeraient *à demeure*. Le métro     permanently
n'est pas fait pour ça.

La *poinçonneuse* ne les voit que passer. Elle est cependant certaine     woman ticket agent
qu'ils gênent. Depuis trois semaines, les policiers emploient des
méthodes plus radicales pour chasser les indésirables: il cassent parfois
les instruments à coups de pied et *piétinent* les bijoux exposés sur le     trample
sol. L'ordre va de nouveau régner dans le métro: Tristement.

GUY LE BOLZER

## Contrôle de compréhension

1. De quel genre de musiciens s'agit-il dans cet article?
2. Qu'arrive-t-il à la jeune Margaret?
3. Pourquoi ne bénéficiera-t-elle pas d'une procédure judiciaire
   simplifiée?

# IL EST TRES FACILE DE RETENIR UNE CHAMBRE A UN HOLIDAY INN…

Rendez-vous ou téléphonez au Holiday Inn le plus proche, ou si vous vous trouvez dans une ville qui figure au dos de la couverture vous pouvez appeler notre bureau de réservation. Il ne faudra que quelques minutes pour confirmer votre réservation grâce à notre système d'ordinateurs que nous appelons Holidex.

## CHOISISSEZ LA RESERVATION QUI VOUS CONVIENT LE MIEUX

**UNE RESERVATION JUSQU'A 18 HEURES** signifie qu'on retient une chambre à votre nom à n'importe quel Holiday Inn (sauf ceux qui sont désignés comme hôtel de villégiature) jusqu'à l'heure dite de votre arrivée à Holiday Inn, c'est-à-dire 18 heures. Si vous n'êtes pas arrivés à 18 heures, on annule automatiquement votre réservation tout en mettant la chambre à la disposition d'un autre client.

**UNE RESERVATION JUSQU'A 16 HEURES** signifie qu'on retient une chambre à votre nom à un Holiday Inn qui est désigné comme hôtel de villégiature jusqu'à l'heure dite de votre arrivée à l'hôtel, c'est-à-dire 16 heures. (Cependant pour certains hôtels de villégiature, des arrhes sont nécessaires.) Si vous n'êtes pas arrivés à 16 heures, on annule automatiquement votre réservation tout en mettant la chambre à la disposition d'un autre client.

**UNE RESERVATION POUR LA NUIT A PAIEMENT GARANTI** signifie qu'on retient une chambre à votre nom pour toute la nuit avec votre adresse privée et votre numéro de téléphone personnel, ce qui vous engage à payer la chambre si vous n'arrivez pas. On honorera cette réservation dans tous les Holiday Inns, sauf ceux qui sont désignés comme hôtel de villégiature. Si vous êtes obligés d'annuler votre réservation, il faut que vous le fassiez avant l'heure dite de votre arrivée, c'est-à-dire 18 heures ou 16 heures pour les hôtels de villégiature, afin d'éviter qu'on vous réclame le prix de la chambre. L'Holiday Inn le plus proche de chez vous ou bien le Centre de Réservation Holiday Inn peuvent annuler votre réservation.

**LA RESERVATION PAYEE D'AVANCE** exigée par les Holiday Inns considérés comme hôtels de villégiature signifie qu'une chambre vous est retenue ferme pour la nuit. Vous perdrez ce paiement si vous n'annulez pas votre réservation avant l'heure dite de votre arrivée, c'est-à-dire 16 heures. On peut payer d'avance par chèque ou par mandat-poste; on peut également payer au moyen de cartes de crédit honorées par le Système Holiday Inns

## SERVEZ-VOUS DE VOTRE CARTE DE CREDIT

*Les Holiday Inns acceptent les Gulf Travel Cards et les Gulf Oil Canada Travel Cards aux Etats-Unis, au Canada, au Puerto Rico et aux Bahamas. Là où elles sont valables, on peut se servir des cartes de crédit telles que la carte d'American Express, de Bank-Americard et de Master Charge (ainsi que d'autres cartes de crédit dites InterBank qui sont affiliées à Master Charge ou à BankAmericard). L'usage des cartes de crédit doit être conforme aux lois et aux restrictions diverses de chaque pays.*

VEUILLEZ CONFIRMER LE PRIX DE LA CHAMBRE A LA RECEPTION

4. A quelle «agitation» a contribué Margaret?
5. Quelles sont les différentes professions exercées dans les sous-sols de la capitale?
6. Quelles sont les mesures prises par la R.A.T.P.?
7. Pourquoi la R.A.T.P. considérait-elle qu'elle devait intervenir?
8. Pourquoi la jeune Margaret a-t-elle éprouvé le besoin de changer son apparence?
9. Pourquoi Ann et Peter sont-ils restés si peu de temps à Paris?
10. Que veut dire «hors du système»?
11. De quel œil l'auteur de l'article voit-il cette répression souterraine?

## Sujets de discussion

1. Quelles sont, selon vous, les raisons qui poussent tous ces jeunes à s'enfermer sous terre pour jouer d'un instrument?
2. Considérez-vous ce genre d'activité comme de la mendicité?
3. Que pensez-vous des jeunes qui vous demandent de l'argent sans rien vous donner en échange?

## Pièges

Pouvez-vous trouver un **ne** qui ne correspond à rien en anglais et qu'il faut ignorer dans la traduction? (Ce **ne** suit certains verbes au subjonctif.) Pouvez-vous trouver et identifier un temps de verbe qui est rarement utilisé de nos jours?

## Dormez, l'*ordinateur* fera le reste                    computer

### LE MONDE

Holiday Inns, la plus importante chaîne hôtelière du monde, vient d'ouvrir un établissement à Lyon. Sa septième installation en France.

Il y a six ans seulement que cette chaîne américaine, qui contrôle à ce jour 1.681 hôtels, s'est placée en Europe. Le premier Holiday Inn fut ouvert en 1968 en Hollande.

Environ 80 pour cent de ces hôtels sont «franchisés»: le propriétaire des murs *gère* l'établissement comme il veut; pour avoir le droit de     manages
porter le nom de la chaîne et bénéficier de son assistance, notamment du

système «Holidex» de réservation électronique des chambres, il paye 5,6 pour cent sur le *chiffre d'affaires* des chambres et *s'engage* à respecter scrupuleusement les normes d'*aménagement* et de services établies par Holiday Inns.

turnover • agrees

installation

\*    \*    \*

«Holiday Inns ne nous a imposé aucune contrainte *en matière de* construction et d'architecture», note le propriétaire de l'hôtel de Lille. «Seuls, les *services de l'urbanisme* nous ont interdit de dépasser quatre étages.» Cela dit — on n'échappe pas si facilement au système, — en cherchant à bâtir d'une façon économique, les promoteurs de cet établissement ont copié le modèle Holiday Inn standard.

as concerns

urban planners

A la *veille* de l'ouverture, la *maison-mère* envoya des inspecteurs pour contrôler si tout était en règle. Holiday Inns impose, en effet, des normes minima de confort. Chaque établissement doit avoir 50 pour cent de chambres à deux lits: 21 mètres carrés pour la chambre, 1,40×2,05m pour le lit.

eve • home office

### BIBLE OUVERTE

Pour Holiday Inns, tous les détails ont leur importance; aucun n'est à négliger. Dans chaque chambre: une commode, deux fauteuils, une chaise, huit *porte-manteaux* et quatre cendriers. Pour éviter le *repassage*, les draps doivent être moitié polyester moitié coton. Dans la salle de bains, *il convient de* mettre à la disposition du client trois *savonnettes*, une boîte de kleenex et un ouvre-bouteilles. Un bon «innkeeper» doit s'assurer que la *femme de ménage* tourne, chaque jour, les pages de la bible ouverte sur une table. Il faut éviter qu'à un soir d'intervalle, un voyageur quelque peu distrait ne médite deux fois le même psaume. «Si tu n'as pas de quoi payer, pourquoi voudrais-tu qu'on enlevât ton lit de dessous toi?» (*Proverbes*, xxii, 27.)

coat hangers • ironing

it is advisable
bars of soap
cleaning woman

Liberté est laissée au patron de chaque établissement d'améliorer les normes. Ainsi, à Lyon a-t-on installé à côté de la piscine obligatoire un sauna, et, dans les chambres, à côté du téléviseur, *de rigueur*, une radio. Les responsables de Holiday Inns consentent, parfois, à restreindre leurs exigences, à négocier des *accommodements*. Le *taux* de motorisation en Europe, par exemple, n'est pas si élevé qu'il soit nécessaire de maintenir *coûte que coûte* la règle d'une place de parking par chambre. «Nous avons jugé qu'il était prématuré de placer des téléviseurs en couleurs dans les chambres, comme cela se fait maintenant aux Etats-Unis. Nous en restons, pour le moment, au noir», note le propriétaire de l'hôtel.

compulsory

arrangements • level

at all costs

## «CHECK-LIST»

L'Holiday Inn de Lyon emploie 92 personnes. En Amérique, les femmes de ménage doivent faire 15 chambres par jour *à raison d'*une par demi-heure. «Ici, nous adoptons un rythme de travail légèrement moins sévère. Treize chambres en 8 h. 30.» Chaque femme de ménage a en tête un «check-list» établi par la maison-mère. Pas un faux pas. Son *cheminement* est rigoureusement organisé: d'abord ouvrir la fenêtre, ensuite arrêter la *climatisation*, puis vérifier le *linge*... | at the rate of

duties

air-conditioning • linen

L'économie de personnel *par rapport à* un «trois étoiles» classique se ressent au niveau de la *restauration*. «Nous n'avons pas la prétention, surtout dans la région lyonnaise, d'attirer les *gastronomes*. Nous préférons préparer des plats simples et *veiller* particulièrement à la qualité de la viande», dit le directeur de Lyon. L'installation, à chaque étage, de distributeurs de *boissons* chaudes et froides et de *cireuses à chaussures*, la mise à disposition de *caddies* pour transporter les bagages, permettent de réduire le nombre des employés. Ceux-ci sont *tenus de* porter un uniforme dont la *coupe* et la couleur sont laissées à l'*appréciation* de l'«innkeeper». | in comparison to

‡food service

gourmets

pay attention

drinks • shoeshine machines

pushcarts

obliged to • style

‡discretion

Trois à quatre fois par an, un émissaire de Memphis vient *à l'improviste* vérifier le bon ordre des choses. Il observe la *marche* générale de l'hôtel et porte une *appréciation chiffrée* sur le confort des chambres et la qualité de la nourriture. Depuis son ouverture, l'établissement de Lyon a déjà été «visité» deux fois. Au dernier passage de l'inspecteur, il a obtenu 905 points sur 1.000 pour les chambres et 915 pour la restauration. | unannounced

running

numerical evaluation

Des résultats satisfaisants, malgré quelques «*bavures*» inévitables. Parce que les portes des chambres n'avaient pas d'*œilleton*: 20 points en moins; parce que les lampes *de chevet* avaient une *ampoule* de 60 watts au lieu de 100 watts: cinq points en moins. Pour des traces d'eau *calcaire relevées* sur les verres: 20 points de pénalité. Le directeur du restaurant refuse obstinément de traverser l'Atlantique pour aller s'initier à la cuisine américaine: il en coûte 20 points à l'hôtel. | "stains"

peepholes

bedside • bulb

hard • found

Les hôteliers les mieux *notés* sont annuellement *conviés* à Memphis, où leur sont remis des diplômes de bons et loyaux services. Les tout premiers du *classement* reçoivent même un petit paquet d'*actions* de la *société*. | graded • invited

list • shares

company

Lyon *bat*, depuis sept mois, *pavillon* Holiday Inns: *colombe* blanche sur fond bleu. «La compréhension mondiale par le tourisme... une voie vers la paix.» Vers les *affaires* aussi. | flies the flag • dove

business

JACQUES DE BARRIN

## Contrôle de compréhension

1. Que veut dire un hôtel franchisé?
2. Que reçoit le propriétaire en échange d'un pourcentage de son chiffre d'affaires?
3. Malgré la liberté de construction qu'ils avaient, pourquoi les promoteurs du Holiday Inn de Lille ont-ils fait construire le modèle standard des Holiday Inns?
4. Qui contrôle que les Holiday Inns à travers le monde respectent certaines normes?
5. Enumérez quelques-unes des normes des Holiday Inns.
6. Quelles concessions ont été faites pour les Inns européens?
7. Comment les femmes de ménage américaines se comparent-elles aux femmes de ménage européennes?
8. Où se situe un Holiday Inn sur le plan restauration?
9. Enumérez quelques-uns des éléments pratiques que les Holiday Inns mettent à la disposition de leurs clients.
10. Quelles mesures prend la maison-mère pour s'assurer que les Inns répondent à leurs exigences?
11. Pourquoi l'établissement lyonnais a-t-il déjà été critiqué?
12. Comment expliquer que cet établissement ait déjà perdu des points dans le domaine de la restauration?
13. Quelle récompense reçoivent les meilleurs hôteliers?
14. Quelle est la devise des Holiday Inns?

## Sujets de discussion

1. Comment l'implantation des Holiday Inns contribue-t-elle à la standardisation?
2. Considérez-vous la précision des exigences de la maison-mère comme un bienfait ou un méfait pour le voyageur?
3. Discutez la pratique courante aux Etats-Unis qui consiste à récompenser publiquement les employés qui ont bien servi leur firme dans le courant de l'année.
4. Si vous alliez en France, pourquoi descendriez-vous, ou ne descendriez-vous pas, dans un Holiday Inn?

# viii  Interdit aux moins de 18 ans

La prostitution est la plus vieille institution du monde. Elle est à moitié permise et à moitié défendue. Jusqu'en 1946, le gouvernement français contrôlait les maisons dites «de tolérance» ou «closes». Le soir, chaque maison était illuminée avec une lanterne rouge. Les filles avaient des cartes d'identité spéciales et étaient soumises à un contrôle médical. Mais en 1946, ces maisons ont été fermées par le gouvernement et les filles ont été obligées de chercher leurs clients dans les rues de certains quartiers, avec le seul changement que, désormais, elles étaient «protégées» par les truands du «milieu» qui prenaient trois quarts de leurs recettes.

En Allemagne, récemment, un homme d'affaires a été autorisé à ouvrir des maisons de tolérance dans lesquelles les femmes louent une

*Les Sex Shop se multiplient dans certains quartiers.*

chambre à la semaine ou au mois. En échange, la maison garantit la protection, le confort et fournit télévision et sauna, et si c'est nécessaire, les services d'un médecin ou d'un avocat. Le succès a été énorme. Les femmes, indépendantes, gagnent plus de trois mille dollars par mois et sont imposées sur leur revenu comme un citoyen normal. Par contre, la plupart des gouvernements, y compris le nôtre, les considèrent et les traitent comme des criminelles, exception faite de l'état du Nevada.

Mais au vingtième siècle, ce qui est nouveau est la propagation de la pornographie, grâce à la technologie moderne. Aujourd'hui en France comme aux Etats-Unis, les magazines spécialisés sont en vente publique partout. Les «Sex Shop» se multiplient dans certains quartiers.

Enfin, au nom de la liberté totale de l'individu, l'homosexualité n'est plus jugée comme un crime ni comme une maladie. Mais dans ce domaine, les gouvernements français et américain avancent avec précaution, car ils savent que la véritable décision lorsqu'il s'agit de morale, appartient à l'individu.

## Le *Cirque* du Bois de Boulogne[1]

**L'EXPRESS**

Aux rendez-vous nocturnes du bois de Boulogne, il y a foule. Les joyeux adeptes de la sexualité de groupe, d'abord, qui y viennent pour le hasard des rencontres de couples *libre-échangistes*.

Bourgeoisie d'affaires, intellectuels *en mal de* libertinage, jeunes couples banlieusards ne supportant plus leur télévision *se font des appels de* phare.

Marc, 35 ans, architecte, grand adepte de ce genre d'occupation, avoue: «Le Bois, c'est l'anti-Central Park: l'aventure sans risque.» De fait, *on n'y signale* qu'un meurtre tous les quatre ans et un nombre limité d'agressions nocturnes. Et si une habitante du quartier s'est plainte du fait qu'elle risquait sa vie cinq ou six fois en marchant la nuit, c'est bien plus à cause des voitures qui tournent incessamment que des *mauvaises fréquentations*.

Dans ces *embouteillages*, il y a aussi, un peu plus loin, dans d'autres allées, les clients des prostituées ou des travestis. Et les voyeurs, les exhibitionnistes, les obsédés sexuels de toutes sortes, qui font du Bois l'usine à *fantasmes* la plus dynamique de Paris. Ici, le travailleur

circus

partner-swapping
in need of
call one another with

there is reported

bad company
traffic jams

fantasies

[1]Le plus grand parc public de Paris.

immigré *côtoie* la bourgeoise des beaux quartiers, et le jeune *cadre*, la vendeuse de grand magasin qui «fait des heures supplémentaires» pour se payer des vacances.

    Les «*coups de balai*» de la police *visent*-ils à vider complètement le Bois de sa faune nocturne? Les commissaires restent évasifs. En attendant, ils interpellent. Chantal A., 18 ans et demi, montre fièrement une *fiche de paie*: «Moi j'ai un travail régulier dans la journée.» Yvette N., blonde, 30 ans, affirme: «Vous pouvez m'arrêter toutes les nuits, *ça m'est égal*. Vous en aurez marre avant moi.» Marie-Thérèse D., 50 ans, manteau *de daim*, exhibe sa carte de membre de L'Association des infirmières et *gardes-malades* de France. *Devise*: «Dévouement et moralité.» Elle est *relâchée* immédiatement. Des amazones en *déca-potable* s'enfuient à 140 à l'heure, en apercevant la voiture des policiers. Jusqu'à deux heures du matin, on jouera aux gendarmes et aux voleurs.

ANDRE BERCOFF et
MICHEL GREMILLON

*Marginal glosses:* rubs elbows with • business executive | raids • aim | pay slip | I don't care | suede | nurse • motto | released • convertible

## Contrôle de compréhension

1. Que se passe-t-il au Bois de Boulogne le soir?
2. Quelles sortes de personnes participent à ces activités?
3. Pourquoi le Bois de Boulogne est-il considéré comme l'anti-Central Park?
4. En somme, quel est le plus grand danger la nuit?
5. Pourquoi peut-on dire que les classes sociales disparaissent dans ce monde nocturne?
6. Quelle politique la police a-t-elle adoptée?

## Sujets de discussion

1. Selon vous, ce genre d'activité devrait-il être sévèrement réprimé par la police dans l'intérêt de la moralité publique?
2. A quel point ce «cirque» est-il un symptôme de notre temps?

## Prostitution: la lutte finale?

**L'EXPRESS**

Samedi soir, à Pigalle. Sur la porte de ce bar très spécialisé de la rue Frochot, un gros *cadenas* en évidence. Ce qui n'empêche pas trois ou

*Marginal gloss:* padlock

quatre blondinettes de faire entrer leurs clients par une porte *dérobée*.   hidden

C'est, apparemment, l'heure de la *fermeté*. Et de la fermeture. Le Ier   firmness
décembre dernier, les «*clandés*» de luxe pour clients aisés, accueillaient   (*clandestins*)
leurs habitués pour une ultime soirée. Mais, avant de se séparer, on a
échangé les numéros de téléphone des nouveaux appartements de ces
dames. Des hôtels plus modestes de Pigalle et de la rue Saint-Denis
ferment aussi leurs portes. Mais d'autres ressuscitent.

Est-ce la lutte finale contre la prostitution? Le *Syndicat* des com-   union
missaires de police ne le pense pas: «Il faut dénoncer la scandaleuse
hypocrisie de la loi, qui permet par son silence la prostitution et qui en
interdit le contrôle.» Mais ce que les policiers ne disent pas, c'est que
la prostitution a — aussi — changé de visage. Car derrière le triangle
classique prostituée-*proxénète*-client il y a le *milieu*.   pimp • underworld

La loi de 1946 *a supprimé* officiellement les «maisons». La loi de   abolished
1960 a supprimé le *fichier* sanitaire et social et le contrôle médical   file
obligatoire. *Or*, voici que M. Kurt Kohls, citoyen allemand et promoteur   now
d'une chaîne de *maisons closes*, aidé d'une prostituée, Mlle Jacqueline   brothels
Trappler, veut *remettre à l'honneur*, en France, les gentils *volets* clos   reinstate • shutters
d'*antan*.[1]   yesteryear

La question est posée. La France vit sous le régime abolitionniste:
la femme est libre de son corps, donc de se prostituer si elle en a envie.
Ce que l'on combat, c'est le gros proxénète qui force une fille à faire
le *trottoir* pour son bénéfice exclusif. Et qui, surtout, par l'argent   sidewalk
rapporté, devient un des *piliers* du milieu. Michèle, qui «travaille» place   pillars
de la Bastille est «taxée» 600 Francs par jour. Son «protecteur» la
rencontre chaque semaine pour la «comptée».

Rue Saint-Jacques, rue de Sault, rue Montorge, de petites lampes
*pendent* aux fenêtres et aux balcons. Lumière rouge: mademoiselle est   hang
occupée. Lumière verte *clignotante*: on peut monter. Certains voisins   blinking
*se sont émus*. Mais l'avocat de ces «dames» demande: «Il faut savoir   got upset
ce que l'on veut. Déjà, la prostituée n'a pas le droit de se marier, son
époux étant automatiquement considéré comme proxénète et *poursuivi*   prosecuted
comme tel. Elle n'a pas le droit, non plus, d'élever son enfant, de
recueillir des parents malades, de circuler librement. Voulez-vous en
faire une citoyenne de seconde zone, que le législateur juge acceptable d'un côté et *nuisible* de l'autre?»   harmful

L'ex-préfet du Rhône argue de la nécessité de la prostitution comme
*exutoire* pour les travailleurs immigrés qui vivent en France sans leur   outlet
famille. De fait, si toutes les prostituées affirment ne jamais «monter»
avec des Arabes et des Noirs, 60 pour cent des *hôtels de passe* ap-   cheap hotels

[1]Voir l'article suivant.

partiennent à la triste catégorie dite d'«*abbatage*», comme ceux du boulevard de la Chapelle, à Paris, où une fille «fait» communément 25 à 30 clients par jour.  Mais cette clientèle est loin d'être la seule.  Hélène qui travaille dans le quartier Montparnasse, classe ses «pigeons» en trois catégories: les étudiants, les *paumés*, et des hommes mariés. «En général, ils sont gentils», dit-elle. «Ils ont besoin d'une mère...»

Pour satisfaire ces clients, les sergents recruteurs du proxénétisme *recourent* aux méthodes les plus diverses.  Marie-Paule, 22 ans, raconte. Débarquant de sa Vendée[1] natale à Nice, pour y trouver du travail, elle lit, un jour, dans «Nice-Matin», une petite annonce de La Générale *hôtelière*: «Recherchons barmaid, même débutante, saison hiver, 50 Francs par jour, nourrie, logée, *pourboires*.»  Marie-Paule répond à l'annonce.  Elle est engagée dans une *pension* de Porto-Vecchio (Corse).  Le travail est très dur.  Marie-Paule se plaint à l'agence, qui l'envoie dans un restaurant night-club de Bastia.  Trois mois plus tard, elle «monte» avec les clients.

*Glossary (margin):*
- slaughter
- lost souls
- have recourse
- hotel chain
- tips
- boarding house

## Contrôle de compréhension

1. Que nous dit le premier paragraphe sur l'efficacité de la lutte contre la prostitution?
2. Quelle est l'hypocrisie de la loi dénoncée par la police?
3. Pourquoi la prostitution a-t-elle pris tout à coup un visage dangereux?
4. Quels changements ont eu lieu depuis la guerre dans le contrôle de la prostitution?
5. Dans quel sens la prostitution est-elle un aspect de la libération de la femme?
6. Qu'est-ce qui justifie l'intervention de la police?
7. Comment les droits civils d'une prostituée sont-ils limités?
8. Quel rôle bénéfique à la société joue la prostitution selon certaines personnes?

## Sujets de discussion

1. Comment éviter que la prostitution ne soit entre les mains du milieu?
2. La prostitution, est-ce un aspect de la libération de la femme ou de son exploitation?
3. La prostitution est-elle justifiable?

[1] Province au sud-ouest de la France.

# La Prostitution et le management

**L'EXPRESS**

Née en Allemagne, la première chaîne industrielle de maisons closes s'attaque à l'Europe. Son promoteur, M. Kurt Kohls, a choisi pour slogan «Sex mit Herz» («Sexe et sentiment»). Mais le sentiment n'a guère de place dans l'affaire. Pour lui, la prostitution est, au même titre que l'*acier* ou l'automobile, un *marché à saisir*. Les quatre premières maisons de cette nouvelle société «multinationale» sont ouvertes en Allemagne. Trois autres s'implantent en Autriche. Et, d'ici à la fin de cette année, M. Kohls compte bien s'établir dans le Benelux.

    Avec sa *carrure* de boxeur, son *complet cintré* et sa cravate blanche, M. Kohls ressemble assez au stéréotype du *caïd arrivé*.

    Mais les apparences sont *trompeuses*: à 45 ans, il est P.D.G.[1] d'une demi-douzaine de sociétés *immobilières* et financières. Lorsque, en 1967, il rachète à une rentière[2] une «maison» de Constance, c'est l'homme d'affaires qui *traite*. Rénovée, modernisée, cette première maison de l'Annabella Immobilier et Cie baptisée «Klein Paris» — le Petit Paris — présente rapidement un *bilan* très positif. Encouragé par ce succès, M. Kohls persévère. Et fait appel à l'*épargne privée*. Pour réunir les 20 millions de marks (8 millions de dollars) nécessaires à la construction et à l'aménagement des immeubles, il *fait paraître* des annonces publicitaires dans le journal des *milieux* d'affaires ouest-allemands, et il envoie une centaine de *démarcheurs* à travers l'Europe.

    En l'espace de trois mois, les *fonds* sont réunis. Un riche indien envoie un chèque d'un million de marks. Et une commerçante de Munich, ses *économies*. Avec ce mot d'explication: «J'ai travaillé dur toute ma vie. Aux autres, maintenant, de travailler pour moi.» L'identité des *souscripteurs* reste confidentielle. Mais on sait que de grandes banques, et même des universités américaines, ont participé à l'opération. Pour un *apport* minimum de 10.000 marks (4.000 dollars), les intérêts sont élevés: 12 pour cent au moins. «Mieux que des actions en *Bourse*», note l'austère *Wall Street Journal*, qui a consacré un article au premier «trust du sexe».

    Marié et père de trois enfants, M. Kohls *aborde* le monde marginal de l'amour *tarifé* en sociologue autant qu'en homme d'affaires. «Il faut décriminaliser la prostitution», dit-il. Les municipalités des grandes

| | |
|---|---|
| | steel • market to be grabbed |
| | build • tight-fitting suit |
| | prosperous gangster |
| | deceptive |
| | real estate |
| | deals (in business) |
| | balance sheet |
| | private investors |
| | places |
| | world |
| | canvassers |
| | funds |
| | savings |
| | subscribers |
| | investment |
| | stock market |
| | approaches |
| | fixed rate |

---

[1]P.D.G. (Président Directeur Général)   *President, Chairman of the Board.*
[2]*Woman of independent means.*

villes allemandes ont reconnu, il est vrai, avant lui, cette nécessité. Outre-Rhin, seule la prostitution dans la rue — cause de rivalités parfois sanglantes entre les proxénètes allemands et leurs rivaux autrichiens — est interdite. En autorisant les «maisons», en condamnant sévèrement les proxénètes, les autorités fédérales ont réussi à *rompre* — break
les *attaches* traditionnelles de la prostitution avec le milieu. La considé- — ties
rant comme une «nécessité sociale», elles lui ont donné *droit de cité*. — the right to practice

A Kaiserslautern, par exemple. L'immeuble est neuf, carré, moderne. Avec son restaurant panoramique, son court de tennis, son *manège* — horse-riding school
*d'équitation*, cet hôtel *pilote* de la chaîne Annabella offre toutes les — experimental
apparences de la respectabilité. M. Kohls y tient.

Loin des «quartiers réservés», les «maisons» de M. Kohls sont effecti-
vement *conçues* et gérées comme des hôtels. Les pensionnaires — de 18 — conceived
à 30 ans — y *louent*, pour un prix variant de 50 à 100 marks par jour — rent
(20 à 40 dollars), une chambre ou un appartement. Elles quittent
l'hôtel quand elles le désirent, peuvent aménager à leur *gré* leurs — liking
journées de «travail», *voire* refuser un client. Liées à la société par un — even
contrat *résiliable* à tout moment, elles ne lui doivent que le prix des — that can be cancelled
chambres et, éventuellement, celui des repas pris sur place. Car, en
plus du restaurant, les «dames» ont à leur disposition une salle de
télévision, un sauna et un solarium, dont l'entrée est interdite aux
clients. Chaque soir, elles peuvent déposer leurs gains — estimés à
15.000 francs en moyenne par mois — dans un *coffre*, jusqu'à — safe
l'ouverture des banques, le lendemain.

La société Annabella a son propre service social, où officient un
avocat, un sociologue et des éducateurs. «80 pour cent de nos *locataires* — lodgers
sont de jeunes mères», précise M. Kohls, qui va faire prochainement
construire, dans le nord de l'Allemagne, un «home» où les prostituées
verront leurs enfants élevés dans les meilleures conditions.

L'une d'elles, Jenny, patiente dans un *fauteuil bergère*, à l'entrée de — easychair
son appartement. Elle est installée depuis trois ans au Klein Paris.
Mariée, mère de deux enfants, elle possède deux voitures. Et aussi une
grande villa. «Ici la plupart des filles utilisent l'hôtel comme un simple
local commercial», explique-t-elle, «à 5 heures du matin, nous rentrons
chez nous, en ville. Et, quand sonne la *trentaine*, beaucoup disent — the thirties
adieu au métier.»

A la fin de ce mois, M. Kohls débarque à Paris.

ROBERT FIESS

## Contrôle de compréhension

1. Quel genre de société vient d'être créé?
2. Quel contraste y a-t-il entre l'allure de M. Kohls et sa personnalité?
3. Comment s'est-il lancé dans ce genre d'affaires?
4. Quels moyens utilise-t-il pour trouver des fonds?
5. Pourquoi le nom des souscripteurs reste-t-il confidentiel?
6. Pourquoi certaines municipalités applaudissent-elles l'entreprise de M. Kohls?
7. Où sont situés les hôtels de M. Kohls?
8. Quels sont les arrangements entre la société et les pensionnaires?
9. Quel service social offre M. Kohls?
10. Que pense Jenny de sa vie et de son avenir?

## Sujets de discussion

1. Discutez les avantages et les désavantages de la Société Annabella.
2. Y a-t-il une justification pour le sexe commercialisé?

## La *Marée* noire de la pornographie      tide

**Les films érotiques: 16 pour cent des entrées. Même l'Espagne autorise le *nu* à l'écran. Personne n'en est fier mais tout le monde est**      nudity
**satisfait de gagner de l'argent avec le «porno».**

**LE FIGARO**

Il n'y a pas de monstres qu'en architecture. Le cinéma a les siens, ils s'appellent violence et «porno». Ce dernier, en moins de 10 ans, *s'est*      took hold
*emparé* de l'Europe et en cinq ans de la France. Paris, les grandes villes, la province et les campagnes ont été envahies *en douceur*. Le      slowly
phénomène est là. Il faut apprendre à connaître ses *ressorts* pour vivre      inner workings
avec lui et s'en protéger.

On compte, à Paris, une trentaine de salles qui projettent des films pornographiques en première exclusivité. Une centaine d'autres sont *réparties* sur le reste du territoire. En 1974, 128 films pornographiques      spread out
ont été vus par plus de six millions de spectateurs rien qu'à Paris et en banlieue (16 pour cent du total des entrées).

Une dizaine d'entreprises spécialisées, qui regroupent *metteurs en*      film directors
*scène*, propriétaires de salles et distributeurs exploitent la pornographie
en France. Quatre ou cinq de ces sociétés *détiennent* le marché      control
parisien. Elles sont bien gérées et n'aiment pas beaucoup qu'on parle
de leurs activités. C'est que, malgré leurs succès commerciaux et la
libération de la *censure*, elles ont l'impression d'être tenues *à l'écart*,      censorship • apart
*comme des pestiférées.*      as if they had the plague

Mlle E... a une trentaine d'années. Elle est *programmatrice* d'un      programmer
groupe qui *exploite* six salles et qui en a mis quatre autres en construc-      runs
tion. Pour elle, le film porno est une marchandise comme une autre à
la recherche d'une clientèle banale. C'est avec la même *fraîcheur* et le      innocence
même sourire qu'elle vendrait de la *poudre à laver*. Elle connaît sa      soap powder
clientèle. Du côté de Saint-Lazare, ce sont des employés d'assurances
qui, les jours de semaine, font la fortune de son entreprise. Dès neuf
heures du matin, leur attaché-case à la main, ils emplissent les salles.
Les heures de *séance* sont *aménagées* suivant le rythme de travail dans      performance • arranged
les bureaux voisins. Entre deux rendez-vous d'affaires, on fait un tour
dans l'obscurité. Le soir, le samedi et le dimanche, c'est à Montmartre
que se précipitent les amateurs — mais là, on travaille à 40 pour cent
avec les étrangers.

## DE 25 A 80 ANS: DES AMATEURS GENTILS MAIS EXIGEANTS

A Paris, la clientèle a entre 25 et 80 ans. Très peu de jeunes. Ainsi, au
Quartier latin, un seul cinéma porno. En province, sauf dans les très
grandes villes, c'est l'inverse. Ce sont surtout les jeunes de 18 à 25 ans
qui emplissent les salles aux séances porno qui se donnent après 23
heures les samedis, dimanches et fêtes et, parfois, dans les salles
spécialisées.

Le mercredi, jour du changement des programmes à Paris, on a
remarqué que les clients, à l'entrée des «salles multiples», choisissent
presque tous le même film à voir *en premier lieu*. Alors qu'aucune      first
publicité n'a été faite, que les artistes sont anonymes, les photos toutes
*semblables*, et les metteurs en scène peu connus. Il faut *se convaincre*      similar • admit
que leur choix est déterminé uniquement par le titre du film. D'où ces
efforts pour tirer du Grand Robert ou du Larousse[1] le mot ou les formules
les plus chargées en érotisme.

*Accédant à l'âge adulte*, et s'installant aux Champs-Elysées,[2] le      having come of age
cinéma porno va finir par *se confondre* avec le cinéma *tout court*.      blend in • in general

---

[1] Deux dictionnaires connus.
[2] L'avenue le long de laquelle se trouvent tous les grands cinémas.

Cette évolution est perceptible au niveau du client qui, aujourd'hui, sans honte, écrit aux directeurs des salles et aux producteurs:

«Nous voulons de meilleures couleurs. Nous voulons aussi que le *son* soit amélioré. Vos *enchaînés* sont détestables. Il est temps que vous nous traitiez convenablement.»  **sound • fade-outs**

Pour les caissières et les *placeuses*, il n'y a pas de doute. Leurs salles ont une clientèle d'habitués. Ce sont les mêmes visages qu'elles revoient chaque semaine.  **usherettes**

«Ils sont gentils», explique une caissière, «Ils viennent discuter avec nous de ce qu'ils ont vu. Dès qu'un film est trop *ordurier*, ils sont mécontents. Ce qu'ils veulent, c'est une histoire bien faite, une idylle amoureuse où l'on voit de jolies femmes nues.»  **filthy**

Le succès financier du cinéma pornographique pousse les producteurs à fabriquer de plus en plus. Un film de ce genre *revient*, tout compris, *à* moins de trois cent mille francs. Lucien Hustaix, le metteur en scène des «Jouisseuses», fait remarquer que son film totalise rien qu'à Lille, 106.000 entrées, battant dans cette ville les «Aristochats» et que, lorsque son œuvre aura terminé sa carrière en France, elle lui aura rapporté plus de dix millions de francs. Devant de tels chiffres, alors que les films classiques sont déficitaires, il est logique que de nombreux *cinéastes* s'essaient dans le genre.  **costs**  **movie makers**

## UNE EXCELLENTE AFFAIRE A TOUS LES NIVEAUX DU MARCHE

Pour les propriétaires de petites salles, le porno c'est aussi *la survie*. Ils étaient tous *en perte de vitesse* — surtout dans les très petites villes. Le porno remplit à présent les salles, leur permettant d'échapper à l'association forcée avec les grandes chaînes de distribution des films traditionnels.  **survival**  **stalling**

C'est vers les années 50 qu'ont été projetées en France les premières productions de ce genre: films américains «sexy» qui n'étaient que de simples et *anodins* strip-tease filmés souvent avec une *mise au point* volontairement *floue*. Les années 60 furent dominées par la production *suédoise* qui fut *concurrencée* rapidement par l'allemande puis l'italienne. Ce marché naissant attira dès 1970 les cinéastes français. Aujourd'hui, le porno a conquis les grandes *places fortes* du monde. Les Américains, cependant, ont adopté un style *nettement* plus violent que celui des meilleurs maîtres parisiens.  **harmless • focus**  **fuzzy**  **Swedish • in competition**  **centers**  **distinctly**

Dans la profession, on n'est pas fier de ce que l'on fait, sauf Lucien Hustaix qui prétend apporter au public une sorte de «paix» et M. Midkin pour qui le porno est moins grave que la violence.

«Aucun d'entre nous», explique une programmatrice d'un quartier populaire, «n'a de vocation pour le porno. J'ai tout essayé chez moi, les films sérieux, les films intellectuels, les films d'art. Je n'ai pas pu tenir: le porno nous a sauvés. Si demain le public demande autre chose, je serai contente de changer... Dans notre corporation, je ne connais qu'un programmateur qui *visionne* ce genre de films. Nous autres, nous nous fions à lui. Nous choisissons suivant le nom du metteur en scène et suivant le titre. En moyenne, les films restent deux semaines et les grands succès cinq semaines.» — screens

Tout ce petit monde *en ébullition* était jusqu'à présent surveillé par la censure. La commission de contrôle, sans l'accord de laquelle aucun film ne peut être projeté, *officialisait* par son visa, lorsqu'elle le donnait, les *réalisations* les plus *débridées*. Aucun producteur, aucun *exploitant* ne pouvait dire, à la fin de l'année dernière, quels étaient les véritables critères de cette commission de contrôle. Les *mœurs évoluant*, on commence à se souvenir avec nostalgie de l'époque, pas si lointaine, où l'apparition d'une *pilosité intempestive* provoquait automatiquement l'*interdiction* d'un film. Puis il y a eu l'époque où l'on autorisait les sexes à condition qu'ils fussent statiques. Enfin, cette ultime restriction fut balayée... — in effervescence · made official · productions • unbridled • theater owner · evolving mores · unexpected hairiness · banning

La commission ne peut plus établir de critères. Trop de sentiments contraires l'animent. En premier lieu, certains censeurs craignent de paraître «réactionnaires», «rétrogrades», «pas de leur époque». D'autres *ont une peur sacrée* d'empêcher un vrai chef-d'œuvre de trouver son public. D'autres pensent qu'avec l'évolution, l'éducation sexuelle, la libération de l'*avortement*, du divorce, les contraceptifs, ce serait une curieuse position que d'interdire des films dont certains se protègent derrière un *paravant* éducatif. D'autres enfin sont influencés par l'aspect économique de ce commerce, lequel n'est évidemment pas négligeable... — are scared stiff · abortion · screen

On peut dire que le pays est divisé en deux sur la pornographie. Il y a une France «pour», qui manifeste son approbation en allant au spectacle. Il y a une France «contre», outragée, scandalisée et qui a le sentiment *pénible* que son opposition est totalement négligée par les pouvoirs publics. Désorientée, ridiculisée, cette partie du pays ose de moins en moins faire entendre sa voix. Pour elle, la pornographie artistico-bourgeoise ou populo-vulgaire est une graine *vénéneuse*, corrosive, une imbécilité *affligeante*, l'image même de la contre-culture, *vomissement* de l'esprit qui ne peut mener qu'à la mort des civilisations qui s'y donnent. — painful · poisonous · distressing · vomit

PIERRE FISSON

## Contrôle de compréhension

1. Quel impact le porno a-t-il eu sur la France?
2. Quels sont les différents membres qui composent ces entreprises spécialisées?
3. Ces entreprises ont-elles l'approbation de leurs collègues?
4. Quelle est l'attitude des promoteurs des films porno?
5. Quelle différence y a-t-il entre les spectateurs parisiens et provinciaux?
6. Comment les clients choisissent-ils le film qu'ils vont voir?
7. De quoi se plaignent les spectateurs?
8. Comment les caissières décrivent-elles leurs clients?
9. Que recherchent les clients des salles porno?
10. Pourquoi les cinéastes sont-ils attirés par le porno?
11. Comment le porno a-t-il évolué depuis les années 50?
12. Qu'est-ce qui caractérise le porno américain?
13. Comment les programmateurs choisissent-ils les films qu'ils vont projeter?
14. Dans quelle situation se trouve la commission de censure?
15. Quelles sont les deux attitudes envers le porno?

## Sujets de discussion

1. Selon vous, qu'est-ce qui a l'influence la plus dangereuse, la violence ou la pornographie au cinéma?
2. Faut-il interdire les films porno aux moins de dix-huit ans?
3. La violence et la pornographie au cinéma sont-elles le résultat ou une des causes de la violence et du relâchement des mœurs dans notre société?
4. Commentez l'opinion que la pornographie est un «vomissement de l'esprit qui ne peut mener qu'à la mort des civilisations qui s'y donnent».

## L'Homosexualité est-elle un «*fléau* social»?

scourge

**Depuis près de quinze ans, l'homosexualité est, officiellement, un fléau social. *Au même titre* que l'alcoolisme, la prostitution ou la tuberculose. [Voici un sondage réalisé pour *L'Express*.]**

just as

**L'EXPRESS**

*Une loi existe en France qui qualifie l'homosexualité de «fléau social». Etes-vous d'accord ou pas d'accord avec cette appréciation?*

* D'accord ............................................................. 40 %
* Pas d'accord ....................................................... 44 %
* Sans opinion ....................................................... 16 %

## UNE MALADIE?

*L'homosexualité, pour vous, est-ce plutôt...*

* une maladie que l'on doit guérir ..................................... 42 %
* une perversion sexuelle'que l'on doit combattre ................. 22 %
* une manière acceptable de vivre sa sexualité .................... 24 %
* Sans opinion ......................................................... 12 %

## SI VOTRE FILS...

*Si vous appreniez que votre fils est homosexuel, quelle serait votre réaction?*

* Cela ne me gênerait pas ................................................. 3 %
* Cela me ferait de la peine, mais je le laisserais vivre comme il veut ................................................................... 16 %
* Si possible, je chercherais à le faire changer....................... 34 %
* Je serais profondément choqué et je ferais tout pour le faire changer ............................................................... 38 %
* Sans opinion ......................................................... 9 %

## HOMMES ET FEMMES

*Si vous comparez l'homosexualité masculine et l'homosexualité féminine, pensez-vous plutôt que...*

* ni l'une ni l'autre ne sont répréhensibles ........................... 24 %
* l'une et l'autre sont autant répréhensibles ......................... 53 %
* l'homosexualité masculine est plus répréhensible que l'homo-sexualité féminine ................................................... 7 %
* l'homosexualité féminine est plus répréhensible que l'homo-sexualité masculine ................................................... 2 %
* Sans opinion ......................................................... 14 %

## EN CONNAISSEZ-VOUS?

*Connaissez-vous des homosexuels dans votre entourage?*

- Oui ................................................................. 19 %
- Non ................................................................. 81 %

«Vivre avec un masque. Ne pas se trahir. Surveiller constamment son langage, ses gestes. Faire, dire comme les autres.» Michel a 30 ans. Il est homosexuel. Depuis cinq ans, dans l'atelier d'*imprimerie* qui [printing] l'emploie, il n'a jamais parlé de ses goûts et de ses désirs. «*A quoi bon*? [what's the use] Ils ne comprendraient pas.» Alors, Michel se force à rire des grosses plaisanteries sur les «*pédés*». Et il s'invente cent raisons pour expliquer ["queers"] à ses camarades qu'il préfère rester *célibataire*. Comme la plupart des [single] homosexuels, il mène une double vie. Et il emploie des ruses infinies pour cacher à ses voisins, à sa concierge, ses liaisons masculines.

Le sondage réalisé pour *L'Express* par la *SOFRES* — le premier en [equiv. Gallup Poll] France sur ce problème — exprime à la fois l'intérêt et les réserves du public en ce qui concerne ce sujet délicat. Les statistiques sont rares. Selon le rapport Simon sur la sexualité des Français, publié en 1972, six pour cent des hommes et trois pour cent des femmes déclarent avoir eu des relations homosexuelles.

«*Peu importent* les statistiques», dit M. Jacques V., *cadre commercial* [of no importance • executive] à Paris. «Nous sommes suffisamment nombreux pour que l'on accepte de nous voir tels que nous sommes.» Dans certains milieux littéraires et artistiques, peu de problèmes. «J'ai eu des parents intelligents», raconte l'écrivain Jean-Louis Bory, «une famille qui a très tôt compris que mon désir avait une certaine forme et ne m'a jamais *contrarié*.» [bothered] Mais rares sont les milieux professionnels qui échappent à une certaine forme de «racisme» sexuel.

«Cette révélation peut être catastrophique», dit M. André-Claude D., industriel. «J'ai connu un cadre *remercié* après 25 ans de services dans [fired] une grande société, et qui chercha en vain, pendant un an, du travail auprès de sociétés concurrentes. Il apprit par hasard que son ancien employeur, dont il se recommandait, révélait systématiquement son homosexualité aux firmes qu'il sollicitait.»

Paul, 21 ans, *informaticien*, dans une banque: «Cinq fois par jour, on [computer operator] me traite de ‹*tante*›.» Christian, 45 ans, responsable d'une organisation ["fairy"] agricole: «Les techniques ont évolué, pas les mentalités. Les paysans *méprisent* ceux qui sortent des normes. Si on devinait mes tendances, [despise] on me *virerait*.» Jean-Claude, 23 ans: «Moi, aux *P.t.t.*, ça dépend du [fire • post office] chef de service. L'un est très amical. L'autre ne me laisse jamais au *guichet*; il craint, sans doute, le contact avec les clients.»

Mais les *épreuves*, pour tous ou presque, commencent dans la famille. «Quand mon père l'a appris», dit Paul, «il *m'a flanqué une dérouillée magistrale* et m'a obligé pendant huit jours à coucher dans la salle de bains.» Et Michel, l'ouvrier imprimeur: «Seule ma sœur est au courant. Elle ne comprend pas. Quand elle me voit avec un ami, elle devient folle. Elle est persuadée, elle me l'a dit, que j'aimerai un jour les femmes.»

Les femmes homosexuelles semblent mieux acceptées. Nombre d'entre elles forment des couples qui provoquent moins de sarcasmes que les couples d'hommes. «Peut-être passons-nous plus *inaperçues*», dit l'une d'elles.

Mme P., médecin, affirme: «Il nous arrive, cependant, d'être persécutées. On nous interdit de paraître en famille avec les femmes que nous aimons. Ainsi une jeune fille de 25 ans que son père avait fait *filer* par un détective. Dénoncée à son employeur, chassée de sa famille et déshéritée, elle a fini par se suicider.»

Hommes ou femmes, ces «damnés» ne rêvent que d'affirmer leur «droit à la différence».

Le mouvement Arcadie, qui compte 25.000 membres et défend «l'homophilie *à visage découvert*», cherche plutôt à convaincre en informant les Pouvoirs publics et l'opinion. Il a donné droit de cité au mot «homophile» (étymologiquement: qui aime son semblable), car, dit son président, «à la notion de sexe, nous préférons celle d'amour». Mais, pour participer aux réunions du club, il faut *franchir* un premier pas, souvent le plus difficile: rencontrer, à visage découvert, d'autres homosexuels. Les plus nombreux demeurent condamnés aux rencontres clandestines dans les cabarets spécialisés.

«Notre premier objectif», disent les animateurs d'Arcadie, «est de transformer l'image de l'homosexuel, encore désigné comme une *espèce* à part, qui inspire des sentiments ambigus où se mêlent la répulsion, la crainte et la fascination.» Comment? Par le changement de l'état d'esprit du corps médical. Aux Etats-Unis, l'Association des psychiatres américains a déjà modifié la définition officielle de l'homosexualité, qui figurait sur la liste des «désordres mentaux». Elle est désormais décrite comme une «perturbation de l'orientation sexuelle».

Au cours du premier congrès international de sexologie tenu à Paris, *à l'issue* d'un débat passionné auquel ont participé trois médecins homosexuels, les thèses des origines génétiques ou *endocriniennes* des déviations sexuelles ont été remises en cause. «Nous avons finalement refusé de définir», dit le Dr. P..., «une tendance dont les causes sont divergentes et mal connues».

---

*Marginal glosses:*

window

trials
gave me a first-class beating

unnoticed

followed

bare-faced

make

species

at the end
glandular

L'ignorance du public est plus grande encore: 81 pour cent des personnes interrogées par la SOFRES ont déclaré qu'elles ne connaissaient pas d'homosexuels dans leur *entourage*. group

JEAN-PAUL AYMON

## Contrôle de compréhension

1. Quelles conclusions pouvez-vous tirer du sondage de l'Express?
2. Décrivez la vie de Michel.
3. Quelle est l'attitude du public envers ce problème délicat?
4. Quels sont les milieux qui acceptent le plus facilement ce genre de vie?
5. Quel est le sort réservé à ceux qui se révèlent?
6. Comment les familles réagissent-elles d'habitude?
7. Quelle distinction le public fait-il entre les hommes et les femmes homosexuels?
8. Que demandent les groupes qui défendent les droits des homosexuels?
9. Pourquoi beaucoup d'homosexuels hésitent-ils à devenir membres de ces groupes?
10. Pourquoi peut-on dire que la psychiatrie américaine a libéralisé son attitude envers l'homosexualité?
11. Quelle part de responsabilité attribue-t-on aux facteurs génétiques?

## Sujets de discussion

1. Reprenez les questions qui ont été posées pour le sondage:

    Considérez-vous l'homosexualité un fléau social?

    L'homosexualité est-ce une maladie, une perversion sexuelle, ou une manière acceptable de vivre sa sexualité?

    Que feriez-vous si vous appreniez que votre fils était homosexuel?

    Quelle distinction faites-vous entre l'homosexualité féminine et masculine?

2. D'après les questions posées, les réponses données et la loi qui est toujours en vigueur en France, quel pays, selon vous, est plus évolué dans son attitude envers ce genre de sexualité, l'Amérique ou la France?

# ix  Faut-il marcher avec son temps?

L'homme semble être déchiré entre un désir d'améliorer son sort sur terre et un instinct fondamental qui combat tout changement. Le monde moderne avec sa technologie menace constamment l'existence que nous avons connue. Pourtant il ne s'agit pas d'une conspiration mais d'un processus inévitable, normal pour les uns, diabolique pour les autres.

L'énergie nucléaire a eu des débuts sinistres, même si après la guerre son utilité dans l'industrie a été reconnue. Aujourd'hui, de nouveau, même son emploi pacifique semble nous menacer et détruire la qualité de la vie qu'elle devrait justement améliorer. Devant cet inconnu qu'est la centrale nucléaire, le simple individu reste profondément inquiet.

Mais les temps changent et les villes aussi. Monaco, par exemple, vers les années dix-neuf cents était le lieu des privilégiés, des princes

*La Bretagne du passé*

*Hall du Grand-Hôtel de Monte-Carlo: reflet d'une époque*

russes, fabuleusement riches, des aristocrates anglais, des millionnaires de l'Amérique du Sud. Mais il y a de moins en moins de privilégiés et Monaco a dû s'adapter.

Aujourd'hui, la vie économique de la principauté de Monaco ne peut plus dépendre de son casino. Son revenu principal dépend de l'industrie légère et de la technologie. Ses grands hôtels qui ont été témoins discrets de toutes les aventures des princes et des héritières, accueillent aujourd'hui les congrès de médecins aussi bien que de vendeurs de chaussures.

Peut-être un des derniers symboles de luxe, le grand paquebot transatlantique, est en train de disparaître. Ces bateaux majestueux, sont à leur tour les victimes de la crise de l'énergie. Ainsi se termine toute une époque. A partir de 1910, la flotte française était connue pour son confort et particulièrement pour sa cuisine. Ses chefs jouissaient d'une réputation mondiale. Le monde qui offrait des repas de gala  qui duraient trois heures, arrosés des meilleurs vins et terminés par du champagne, le tout aux sons d'un orchestre, a été remplacé par celui qui consomme une nourriture monotone, préparée en usine, congelée et ensuite réchauffée par l'hôtesse de l'air à 12.000 mètres d'altitude. Ainsi, le voyageur, même le plus riche, est contraint de balancer sur ses genoux un petit plateau en plastique.

## Les Projets de construction d'une *centrale* nucléaire dans le Morbihan[1]

power plant

### Angoisse nucléaire à Erdeven

#### LE MONDE

Le conseil municipal d'Erdeven (Morbihan) s'est prononcé le 21 décembre, au cours d'une réunion d'information, contre la construction d'une centrale nucléaire près de la localité. M. Kerzerho, maire d'Erdeven, a précisé «qu'il n'y avait pas eu de vote et que la décision définitive ne serait prise qu'au début du mois de janvier». Le conseil, selon le maire, préfère *miser sur* le développement du tourisme, de l'*artisanat* et de l'agriculture, et *tenir compte de* l'opposition manifestée par la majorité de la population.

to work for

handicraft • take into account

\*     \*     \*

Erdeven (Morbihan) — «Elle n'est pas près d'être construite leur centrale. Ils seraient capables de °nous la faire construire °à nous: eh bien, on travaillera mal *exprès*. On la fabriquera *à l'envers*!» La tête rentrée dans les épaules, l'œil en coin, *malicieux*, le plus vieux des trois ouvriers sert une dernière *rasade* de vin rouge: «Allez, on préfère mourir du cancer du vin, que de leur cancer atomique.»

on purpose • upside down
≠mischievous
glassful

[1]Département formé d'une partie de la Bretagne.

— *Des centrales nucléaires, oui, mais pas chez nous!*

Dans la petite *auberge* de Kerhilio, la peur nucléaire *s'est insinuée* comme le vent glacial sous les portes. A cinq mètres de là, entre le ciel gris sale et l'océan noir, les techniciens de l'*E.D.F.* ont imaginé qu'on pourrait bâtir une centrale nucléaire. Le pronostic de l'*aubergiste* est *formel* et tragique: «Il ne restera rien de ce pays. Tout sera *foutu*, si cette centrale est construite.»

Il y a seulement trois semaines que le vent de l'inquiétude s'est levé sur les communes du canton de Belz. Aujourd'hui, c'est un vent de panique. Des agriculteurs vous assurent que «le plutonium va *se balader* dans la nature»; au café, des artisans expliquent le *fonctionnement* d'un surgénérateur; le système de refroidissement des centrales n'a plus de secrets pour les *marins-pêcheurs*, un *boulanger* expose le problème des *déchets* radio-actifs.

Il y a encore deux mois, on se souciait peu d'atome à Erdeven ou à Etel! On avait entendu dire, à la télévision qu'il faudrait remplacer le pétrole et construire des usines nucléaires pour produire de l'électricité.

*inn • crept in*

*Electrical Company*
*innkeeper*
*‡categorical • "gone to hell"*

*stroll around*
*operation*

*sailor-fishermen • baker*
*wastes*

*Ils veulent garder leurs villages propres, calmes et humains.*

## Comme la mère Denis
### Vedette a son secret :
# 5 rinçages

*VEDETTE lave votre linge "à l'ancienne".
Comme le fait la Mère Denis dans son village du Cotentin.
En respectant les règles de la tradition.
En prenant grand soin des rinçages.
Car VEDETTE et la Mère Denis savent que la moindre trace
de lessive finit par jaunir et brûler le linge en apparence
le plus propre et qu'il n'y a pas de bon lavage
sans des rinçages profonds, répétés, méticuleux.
Le secret de VEDETTE ? Cinq opérations de rinçage successives,*
indépendantes et automatiques.*

*Adaptées, dans tous les cas, à la nature de votre linge,
elles garantissent la perfection du résultat final.
Comme la Mère Denis, VEDETTE aime "la belle ouvrage".
A la manière d'autrefois. Avec la technique d'aujourd'hui.*

# VEDETTE
## mérite votre confiance

*\* Sur les modèles 490 et 591.*

BAZAINE-PUBLICITÉ

On avait écouté distraitement: c'était le bon sens. Tout à coup la nouvelle éclate: on *envisage de* construire une centrale à côté d'Erdeven, au bord de l'océan. Des centrales, oui, mais pas chez nous! Le réflexe de défense est immédiat. Un «comité régional d'informations nucléaires» — le CRIN — est créé sur l'initiative d'un jeune *kinésithérapeute*, de deux cafetiers et d'un couple d'artistes parisiens qui vivent dans la région depuis un an. On rassemble à la hâte de la documentation antinucléaire. Tout ce que le canton de Belz (12 mille habitants) compte d'écologistes et de défenseurs de la nature se met en campagne. En quelques jours, la population est mobilisée et *s'affole*. Des réunions sont organisées dans des salles de café *bondées*.

    Des gens qui n'ont jamais *milité* nulle part proposent leurs services et créent des comités de village: il y en a aujourd'hui une quarantaine. Le front commun de la peur est *sans failles*: de l'*ostréiculteur* au *cultivateur*, du maçon à la *ménagère*. Une réunion organisée le 16 décembre a rassemblé près de deux mille personnes, de l'*ancien combattant* au gaucho-écologiste *chevelu*, du paysan gaulliste au médecin socialiste.

    Il est facile d'entretenir et d'augmenter une peur populaire. Même ceux qui au début n'étaient ni pour ni contre sont *ébranlés* par les arguments qui décrivent l'apocalypse future. Le maire d'Erdeven est un peu dépassé par les événements: «Avant, je n'avais pas peur des centrales nucléaires, mais, après tout ce que j'ai entendu, je ne sais plus que penser.» M. Kerzerho n'avait d'abord vu que les avantages pour sa petite commune: création d'emplois, équipements, *alimentation* des fonds communaux. Mais aujourd'hui comme le dit sombrement un ouvrier: «Le doute est là, il ne partira plus.»

    Que dit-on dans les réunions publiques du CRIN? Que les célèbres oignons et carottes du pays seront radio-actifs, que la leucémie menace les populations voisines des centrales, qu'on n'est sûr de rien, que les enfants naîtront malformés, que «la technique n'est pas *au point*». «Les poissons vont disparaître», annonce un biologiste. Un dirigeant du CRIN, lyrique, cite Chateaubriand:[1] «Les forêts précèdent les peuples, les déserts les suivent.»

    Quand on sait que la majorité des médecins de la région sont hostiles au projet, quand on connaît la puissance horrible d'*évocation* des mots

---

**Glossary (right margin):**

- contemplate
- physical therapist
- is panic-stricken
- overcrowded
- been militant
- solid • oyster breeder
- farmer • homemaker
- veteran
- hairy
- shaken
- replenishment
- perfected
- connotation

---

[1] Ecrivain lyrique français du XIXe siècle.

«cancer» et «atome», quand les deux sont systématiquement associés dans les réunions publiques, on imagine sans peine l'*ampleur* de la panique.  scope

Les partisans de la centrale *rasent* les murs.  Le notaire d'Erdeven, Me Géhan, qui mène depuis deux ans la lutte contre les naturistes, est le partisan le plus résolu du «progrès» et du «développement».  Mais il y a quelques jours, on a tracé sur ses murs des inscriptions menaçantes: «Non à la centrale! *Attention à tes os!*» Pire: le chien de Me Géhan est mort, mystérieusement empoissonné.  On comprend l'*énervement* de ce petit homme, acharné au travail, catholique fervent, et qui dirige avec énergie une *étude* prospère, où travaillent 18 personnes: «C'est fou ce qu'il y a comme physiciens nucléaires et comme gens intelligents dans *le coin* depuis quelques semaines!  Le Saint-Esprit a dû tomber par là.  Avant de rejeter le projet, il faudrait peser le pour et le contre, objectivement.  Si tout ce que disent les gens du CRIN était vrai, il n'y aurait plus un être vivant sur terre!  Ils *ont semé* dans la population, une panique qu'ils ne contrôlent plus!»  cling to / Beware for your skin! / nervousness / office / in these parts / have sown

En janvier, les maires concernés devront donner un avis, qui sera transmis au conseil général.  Mais sur quoi le fonder?  «La voix du peuple a parlé», dit un agriculteur d'Erdeven, «même si elle se trompe il faut la suivre.»  Ainsi jeunes et vieux se tiennent-ils, pour une fois, réunis dans un même refus, apolitique et viscéral: dans un monde perturbé et inquiétant, ils veulent garder leurs villages propres, calmes et humains.

Bruno Frappat

## Contrôle de compréhension

1. Quelles étaient les deux options offertes au conseil municipal d'Erdeven?
2. Quelle option ont-ils choisie et pourquoi?
3. Qui sont les nouveaux «experts» en question nucléaire?
4. Quelle avait été la réaction des habitants lorsqu'ils avaient entendu qu'il fallait utiliser l'énergie atomique pour produire de l'électricité?
5. Qui sont les organisateurs du CRIN et quel est leur but?
6. Quel genre de personnes soutiennent leurs efforts?
7. Quelles sont les conséquences positives d'une telle centrale?
8. Quels sont les arguments du CRIN?
9. Dans quelle mesure l'opposition au projet n'est-elle pas pacifique?

## Sujets de discussion

1. Discutez la déclaration: «La voix du peuple a parlé, même si elle se trompe il faut la suivre.»
2. Considérez le pour et le contre de la centrale.
3. Considérez-vous que par son opposition le village empêche la marche du progrès?

## Pièges

Remarquez la répétition du pronom à la page 153, l. 27.

> Ils seraient capables de **nous** la faire construire **à nous**.

Les deux derniers mots **à nous** n'ont pas d'équivalent, leur rôle étant d'accentuer le **nous** qui précède. En anglais, il suffit de souligner par l'inflexion de la voix — *to make* **us** *build it*. Cette inflexion n'existant pas en français, la tournure grammaticale **à nous** devient nécessaire.

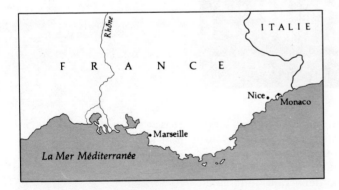

## Monaco: des jeux du casino au *banco* industriel

jackpot

**LE FIGARO**

Monaco — Un pays d'opérette, un prince de légende, des rois perdant leur fortune au casino et emplissant du même coup les *caisses* de l'Etat, un cadre enchanteur, un lieu de plaisir. Ce sont là quelques-uns des clichés qui s'attachent à Monaco.

coffers

*Le Casino de Monaco, où les rois perdaient leur fortune*

La réalité est tout autre. Le tourisme et le jeu ont *cédé* depuis long-     gone by the wayside
temps *le haut du pavé*. Les milliardaires *font place* dans les hôtels aux     make way
participants des *congrès* et des voyages organisés. Le «boom» de la     conventions
construction pose un dramatique problème d'environnement. Et la
police maintient sur le territoire une «law and order»[1] que ne renierait
pas le moraliste le plus intransigeant.

L'industrie et le commerce sont les deux moteurs de l'économie
*monégasque*. Ils fournissent 75 pour cent des recettes du budget et     (*de Monaco*)
70 pour cent des emplois.

Monaco, c'est le domaine des «usines sans fumée», de la technologie
avancée. «Made in Monaco» est devenu un label *très prisé*. Beaucoup     highly regarded

[1] En anglais dans l'original.

de *composants* électroniques sont fabriqués en Principauté. Il en est de même de la plupart des *commutateurs* spéciaux montés sur «Concorde», ainsi que des *électro-vannes* et *pressostats* qui équipent les *appareils ménagers* mis en vente sur le marché européen. Quant aux rasoirs électriques que les astronautes d'«Apollo» ont emmenés avec eux autour de la Lune, ils provenaient d'une usine monégasque.

Le commerce est l'autre moteur de l'activité. Il fait vivre un salarié sur quatre.

Le développement de ces deux secteurs a été voulu et encouragé par les autorités. Essentiellement pour des raisons de survie. Pour faire face à la profonde crise que traversent le tourisme et le jeu. Monte-Carlo (le quartier du casino et des grands hôtels), créé à la fin du siècle,

components
switches
electro-valves • pressure gauges •
   household appliances

*L'industrie: un des moteurs de l'économie monégasque*

c'était le reflet d'une époque. Débridée, *fastueuse*, folle pour quelques  ostentatious
centaines de privilégiés. D'un temps qui n'a pas survécu aux *boule-*  upheavals
*versements* des années 40. Les milliardaires sont devenus raisonnables,
les grands-ducs ont disparu. La saison d'hiver *bat son plein* sur les  is in full swing
pistes de ski de Mégève et de Courchevel ou au soleil d'Afrique et du
Pacifique. D'enfant prodigue, le tourisme est devenu parent pauvre.

## MANHATTAN-SUR-MEDITERRANEE
Le retour aux réalités a été difficile. Ce n'est que depuis deux ou trois
ans qu'une nouvelle politique touristique a été *mise en œuvre* : jouer  launched
*à fond* la carte des congrès qui représente une clientèle potentielle  entirely
importante et aisée.

*Panorama actuel de Monaco : Manhattan-sur-Méditerranée*

Pour cela, l'hôtellerie monégasque a entrepris une modernisation à peu près totale de ses établissements. De nouveaux hôtels adaptés à ce genre de tourisme ont vu le jour. Un Palais des Congrès ultra-moderne de 1.500 places est *en voie d'achèvement*. — in the process of being completed

La construction *a fait preuve*, à l'inverse du tourisme, d'un grand dynamisme. Elle *a tiré un parti* maximum de l'*image de marque* de la Principauté. Une frénésie de construction s'est emparée du pays. *Or*, la Principauté est limitée géographiquement (189 hectares). Toutes les possibilités de gain de terre sur la mer ont été *épuisées*. *Aussi*, s'est-on mis à construire en hauteur, au détriment de l'environnement et du site naturel. Monaco prend des allures de Manhattan, et cela va encore s'amplifier. En 1974, la Principauté compte déjà dix tours de 85 mètres de haut. Les plans d'urbanisme *en cours* en laissent *prévoir* une quinzaine de plus. — has shown / capitalized on • prestige / But / exhausted • therefore / present • foresee

Seul le Rocher (Monaco-Ville), où se trouve le palais princier, et le secteur du casino seront *épargnés*. Pour se rassurer, les officiels parlent de la «nécessité de l'expansion», de la «nouvelle beauté de Monaco», ou «du spectacle *féérique* que donneront tous ces gratte-ciel la nuit». Mais il s'agit là le plus souvent de propos embarrassés... — spared / fairylike

## DANS UN MONDE INQUIETANT, UNE OASIS DE SECURITE

Principauté refuge pour gens inquiets mais *fortunés*, *port d'attache* des derniers milliardaires, la Principauté se doit d'être une oasis de sécurité dans un monde en ébullition. C'est une de ses raisons d'être. Pour cela, elle fait confiance à une police sans conteste la plus efficace du monde. — wealthy • home port

La prostitution, la drogue ont totalement disparu du territoire. Il n'y a eu aucun crime depuis trente ans, aucune attaque *à main armée* et aucune agression nocturne depuis 10 ans, et le nombre des vols est insignifiant. Et cela, malgré une concentration d'argent et de richesse peu commune, malgré un *brassage* de population dû au tourisme, malgré la proximité de la Côte d'Azur, haut lieu du banditisme en France. — armed / flux

Quatre raisons expliquent cette efficacité :

(1) *Des effectifs importants* — La *sûreté* publique compte 300 policiers, auxquels il convient d'ajouter différents services de surveillance privée qui emploient environ 200 personnes. C'est beaucoup pour un territoire aussi modeste. — large size of the force • security

(2) Un recrutement sévère et un entraînement intensif — Les policiers de la Sûreté sont engagés sur un concours extrêmement difficile, *tant sur* le plan intellectuel *que* physique. Les conditions d'admission y sont bien plus dures que dans n'importe quelle police européenne. Les 300 — on... / as well as

*Les habitants témoignent beaucoup d'estime à leur police.*

de la force publique subissent tous un entraînement comparable à celui des membres de la fameuse brigade française anti-gang. Ils possèdent de plus un équipement ultra-moderne. Tous sont armés du fameux «Smith and Wesson», à canon court.

(3) Une politique de dissuasion — La police a réussi à créer un climat d'insécurité pour les malfaiteurs. De jour comme de nuit, une quinzaine de voitures *patrouillent* le territoire. Les contrôles aux entrées et sorties de la Principauté sont *chose courante*. Les ordres de la police sont également clairs: «Nous sommes une police qui *tire*, et cela se sait», affirme le directeur de la Sûreté, qui ajoute: «Nous en sommes fiers.»

patrol
common
shoots

(4) L'*appui* de la population — Les habitants *témoignent* beaucoup
d'estime à leur police et l'aident considérablement. «Vous comprenez»,
disent les Monégasques, «il faut que, même *parée de* bijoux, une femme
puisse se promener le soir dans les rues de Monaco sans rien risquer.
Cela fait partie de l'image de marque de la Principauté.» Il y a de ce
fait entre les policiers et la population une coopération quasi constante.

support • show

covered with

Un pays en pleine expansion. C'est ainsi qu'apparaît la Principauté
en 1974. Le niveau de vie de ses 23.500 habitants (dont 4.500
Monégasques) est un des plus élevés du monde: plus d'une voiture
par habitant, un téléphone pour deux personnes, un revenu moyen
annuel égal à celui des citoyens américains.

Monaco est un pays heureux.

GERARD NIRASCOU

## Dimanche, une fête unique au monde:
## un monarque déjeunant sur l'herbe
## avec tous ses sujets...

**LE FIGARO**

Que peut-on faire en famille, par un beau dimanche de printemps?
Pique-niquer, bien sûr! C'est à cette vieille tradition populaire et
*champêtre* que le descendant des Grimaldi,[1] la princesse Grace et leurs
trois enfants sacrifieront dimanche en compagnie des 4.529 habitants
de la Principauté. Un chef d'Etat déjeunant démocratiquement sur
l'herbe entouré de la totalité de ses sujets, le spectacle est pour le moins
exceptionnel...

rustic

La table, enfin les tables de ce pique-nique historique — le plus
grand du siècle! — seront *dressées* sur la pelouse du *stade* Louis II.
En forme de serpent pour favoriser les contacts humains. Le prince et
la princesse (en robe très simple, ainsi qu'*il sied* à ces plaisirs rustiques)
prendront place au milieu. Comme tous les autres *convives*, ils recevront
un *panier*-repas — le traditionnel «cavanietto» — contenant le menu-
type du parfait petit pique-niqueur: pâté, jambon, œufs durs, *poulet*
froid, vin ou bière. Plus un paquet de cigarettes et un dessert-surprise.

set • stadium

is suitable
guests
basket
chicken

Après ce déjeuner, la *pétanque* sera reine. Respectueux — et même
*passionné* — des coutumes locales, Rainier participera à un gigantesque
tournoi où s'affronteront tous les champions locaux, tandis que Grace

bocce ball
passionately fond of

[1]Famille régnante de Monaco.

*La Princesse Grace en costume monégasque le Prince Rainier et leurs trois enfants participent à un pique-nique peu commun.*

*mettra à profit* l'atmosphère détendue de cette «réception totale» pour faire plus ample connaissance avec les différentes *couches* de la population monégasque. Des *grandes heures* comme celles-là, c'est la revanche des petits pays.

will take advantage of
layers
big moments

## Contrôle de compréhension

1. Lorsqu'on mentionne le nom Monaco, quel genre de vie est-ce que cela évoque?
2. Quel changement y a-t-il eu dans l'économie monégasque?
3. Sur quoi l'économie monégasque repose-t-elle actuellement?
4. Mentionnez quelques objets de fabrication monégasque.
5. Pourquoi et comment la politique économique a-t-elle été changée?
6. Quelles mesures ont été prises pour réaliser cette politique?
7. Quel est le panorama actuel de Monaco?
8. Pourquoi la principauté est-elle une oasis de sécurité?
9. Pourquoi cette sécurité est-elle particulièrement difficile à assurer?
10. Quelles mesures la principauté prend-elle pour en assurer la sécurité?
11. Quel tableau unique la fête monégasque offre-t-elle?
12. Décrivez le pique-nique.
13. Quels sont les pays qui peuvent se permettre ce genre de distraction?

## Sujets de discussion

1. La prospérité économique d'un pays justifie-t-elle la destruction de son environnement?
2. Les villes américaines pourraient-elles adopter aussi efficacement les mesures de sécurité monégasques?
3. «Nous sommes une police qui tire, et cela se sait.» A quel point ce genre de politique est-il efficace pour décourager le gangstérisme?
4. Expliquez pourquoi, selon vous, les familles royales exercent une telle fascination sur les hommes.

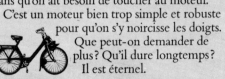

DE PLAS TROOST FR. 78-17

# Roulez en paix.

Ne vous préoccupez donc pas de
problèmes matériels ou techniques. Sur un
Solex, ça n'existe pas.
    Il démarre sans effort, d'un seul coup
de pédale. Il est silencieux et confortable.
    Il est facile à entretenir (il n'y a rien
à entretenir). Il roule pendant des années,

sans qu'on ait besoin de toucher au moteur.
C'est un moteur bien trop simple et robuste
pour qu'on s'y noircisse les doigts.
Que peut-on demander de
plus? Qu'il dure longtemps?
Il est éternel.

**SOLEX 3800. C'EST UN VÉLO AVEC UN MOTEUR.**

## «Mes Six Jours de rêve à bord du palace flottant»

**FRANCE-SOIR**

Notre collaboratrice Anne Nourry vient de rentrer des Etats-Unis à bord du «France». Elle raconte sa *traversée* à bord du palace flottant, cette vie de rêve entre ciel et eau où toutes les *nourritures terrestres* ne cessent de s'offrir à vous. Un merveilleux voyage, mais aussi un art de vivre.

crossing
worldly riches

\*     \*     \*

*Le France: un palace flottant*

Six jours sur le «France»... Six jours de nourriture copieuse, de films *mélo*, de champagne, de soleil de l'Atlantique Nord. Une vie de milliardaire *oisif*, *dorloté* sur un palace flottant.

Les *accents* des marches napoléoniennes viennent de *retentir*. Sur le *pont* supérieur, le cœur un peu serré, les passagers se sont massés pour voir le «France» *prendre le large*. Est-ce l'une de ses dernières traversées?

Quelque 3.000 personnes sont venues saluer le départ du «Big Boat», le plus grand bateau du monde (315 m). A peine Manhattan disparaît derrière le pont de Verazzano, que les 1.400 passagers sont appelés vers les salles à manger «Chambord» et «Versailles».

Pour le premier soir je voisinerai avec un Chilien qui vient découvrir Paris «parce que c'est dans mon cœur», une anthropologue en voyage vers l'Irlande, et Scott, un étudiant de Miami dont l'appétit d'ogre *surprendra* toute la salle à manger. «Je veux tout connaître de la cuisine française» et, en silence, il *avalera* crudités,[1] *potage*, *œufs pochés* orléanaise, une *choucroute*, un steak au *poivre* et des *frites*, une salade, une *bombe glacée napolitaine*, le tout *arrosé* d'une *bouteille de réserve*.

Pas facile de se lever de son fauteuil ensuite. Pour faire connaissance on danse. Musique au salon Saint-Tropez et Pop au café rive gauche où les premières classes descendent à minuit pour mieux s'amuser.

Que le «France» est jeune: des centaines d'étudiants américains en vacances profitent de la réduction de 35 pour cent sur les billets.

Dix heures, le lendemain. Il est trop tard pour le petit déjeuner à la salle à manger. J'ai échappé aux *saucisses*, *jambon*, plateau de fruits et de fromages. Je n'ai droit, sur le pont, qu'à une montagne de croissants et brioches.[2] L'air de la mer, cela *creuse*.

Au cinéma, on donne «Les Amours du France». Les *pongistes*, les joueurs de squash lancent la balle. Sur le pont *première*, *tir aux pigeons*.

Au salon Saint-Tropez, leçons de danse un peu *désuète*. On achète un tee-shirt, du parfum hors taxe aux Galeries Lafayette. J'arrive sur le «pont de soleil» où trois stewards *s'empressent* pour orienter mon *transat* et me proposer une couverture. «C'est l'heure du bouillon», commente une habituée. Elle en est à sa neuvième traversée.

Au troisième jour, le *ton* a changé. On commente les effets de la gastronomie, les prises de *poids*, on parle des nouvelles *connaissances*:

«J'ai rencontré un gynécologue mexicain spécialiste de la transsexualité...» «En première classe, il y a le cousin de la reine qui voyage, incognito, avec sa *petite amie*, actrice de télévision.»

| | |
|---|---|
| | tear-jerker |
| | idle • pampered |
| | strains • resounded |
| | deck |
| | put out to sea |
| | |
| | will amaze |
| | will swallow • soup • poached eggs |
| | sauerkraut • pepper • French fries |
| | molded ice cream • washed down • vintage wine |
| | |
| | sausage • ham |
| | gives an appetite |
| | ping-pong players |
| | (*classe*) • pigeon shooting |
| | out-of-date |
| | rush |
| | deck chair |
| | tone |
| | weight • acquaintances |
| | girl friend |

[1] *Raw vegetables usually served as hors d'œuvres.*
[2] *Crescent-shaped and round rolls served for breakfast.*

Les soirées «*cotillon*», les acrobates, les prestidigitateurs, les danseurs     petticoat
du Lido,[1] le récital de poèmes, les concertos de piano passent entre deux
«fruits *déguisés*». L'événement du jour c'est l'iceberg que le «France»     disguised
a croisé sur son passage.  Cocktails d'*anciens*, déjeuner du Rotary,     old-timers
tournois de bridge, il faudrait des journées de 40 heures.

Un barman se lamente en lavant son verre: «Vous comprenez, l'an
dernier, nous étions 1.200.  Nous ne sommes plus que 900 maintenant
et il faut faire quand même tout le travail.»

## SOIXANTE-SEIZE *TOQUES* BLANCHES     caps

Je profite d'une matinée *brumeuse* pour rendre visite à Jacques Bergan,     foggy
le chef des cuisines qui me présente, sans doute, la plus grande cuisine
du monde: 76 toques blanches *s'affairent*, tournent les sauces.  A la     rush about
*pâtisserie*, il s'est fait aujourd'hui 2.000 tartelettes aux *fraises*, éclairs et     pastry • strawberries
gâteaux de toutes sortes.  A la boulangerie, 3.000 petits pains, 2.500
croissants, 800 brioches.  Seize bouchers découpent.  On blanchit[2] les
légumes (150 kilos de carottes, artichauts, oignons).  A la grillerie,
*dorent* des centaines de *côtelettes d'agneau* tandis que des centaines     are being browned • lamb chops
de saucisses, du lard, des jambons et des côtes de porc sont préparés
pour la *choucroute*.  Au coin poissons, *rissolent* des petites soles de la     sauerkraut • are frying
Manche.

J'apprendrai, en découvrant les chambres froides que, pour le tour du
monde, on a embarqué 55 tonnes de *volailles*, 37 tonnes de poissons,     poultry
110 tonnes de viandes fraîches, 22 tonnes de fruits, 8 tonnes de caviar,
200.000 œufs et 2.000 *homards*.  Dans les *caves*: 12.000 bouteilles de     lobsters • wine cellars
champagne, 8.000 de vins fins, 75.000 bouteilles de *vins de chambre*.     table wines

On s'affaire pour la soirée de gala de première classe.  Les escaliers
du «France» sont, paraît-il, conçus pour *mettre en valeur* les tenues de     enhance
soirée.  On me *glisse* à l'oreille: «Tiens!  Voilà Mouna, l'ex-reine de     whisper
Jordanie qui voyage avec le prince héritier et un *garde du corps*, et qui     bodyguard
a pris une suite à 45.000 F.»

Ce soir (exceptionnellement invitée en première classe), j'ai 6 serveurs
autour de ma table et je dînerai modestement d'une cuillerée de caviar,
de côtelettes d'agneau, d'une *tranche* de foie gras et de salade.     slice
Après les *soutes*, l'hôpital, les machines, la *passerelle* du commandant     storerooms • bridge
qui la veille m'avait *déclamé* des vers de Robespierre.  J'ai rencontré     recited
les commissaires de bord, les *timoniers*, les garçons de pont.  Tous     helmsmen
autant que les passagers et les anciens du «France» n'ont qu'un seul
mot à la bouche: «le ‹France› ne peut pas disparaître.  C'est le symbole

[1]Célèbre boîte de nuit parisienne.
[2]*Put briefly in boiling water.*

# DEJEUNER MENU

du
DIMANCHE 30 JUILLET 1972

**PAQUEBOT "FRANCE"**

## RESTAURANT
### CHAMBORD

Chef des Cuisines: Henri LE HULDÉ

**HORS-D'OEUVRE**
Olives Vertes · Olives Noires · Céleri en Branche
Beurre de Normandie
Jus de Tomate · Pamplemousse · Prune
Sardines à la Catalane · Saumon Fumé d'Ecosse
Oeufs Farcis "Laguipière" · Salade de Betteraves Mimosa
Quartiers d'Artichaut aux Aromates · Salade Migonnette
Salade Portugaise · Terrine de Rillettes "France"
Pâté en Croûte Marbré
Saucisson à l'Ail

**POTAGES**
Potage Charlotte
Consommé Véronaise

**OEUFS**
Omelette Granvald

**POISSONS**
Coquille Saint-Jacques au Gratin Quiberonnaise
Merlan de Rade Frit en Lorgnette

**SPECIALITE REGIONALE**
Vol Au Vent de Volaille Toulousaine

**ENTREE**
Aiguillette de Boeuf Braisée aux Racines

**LEGUMES**
Aubergine Sautée Persillade
Velouté de Chicorée à la Crême
Haricots Flageolets Etuvés Maître d'Hôtel
Riz Catalan
Pommes Idaho au Four · Pommes en Robe des Champs
Pommes Vapeur · Pommes Mousseline
Pommes Long-Branch

**PATES**
Avionnettes Cannoise

**GRILLADES**
(10 minutes)
Selle d'Agneau Grillée au Feu de Bois
Rognon de Veau Laitier Grillé Brésilienne

**BUFFET FROID**
Jambon d'Issoire · Jambon des Pyrénées
Jambon de Parme · Jambon de Virginie Cloûté aux Girofles
Culotte de Boeuf en Gelée · Contrefilet aux Pickles
Longe de Veau Sauce Mayonnaise · Dindonneau Cranberry Sauce
Langue à l'Ecarlate
Foie Gras du Périgord

**SALADES**
Salade de Laitue Vaucanson · Salade Cambacérès
Salade de Romaine aux Concombres

**FROMAGES**
Pont-l'Evêque · Munster · Boursin
Reblochon · Saint-Nectaire
Chabichou · Provolone

**ENTREMETS**
Tartelette à l'Ananas · Haricot au Café
Baba au Rhum · Chocolat Glacé Liégeois
Sorbet au Melon — Langues-de-Chat
Pudding Caroline
Pomme Bonne-Femme

**COMPOTE**
Compote de Reines-Claudes

**FRUITS**
Corbeille de Fruits

**INFUSIONS**
Café Français · Café Américain · Nescafé Décaféiné
Café Sanka · Café Medaglia d'Oro
Nescafé · Café Français Décaféiné
Thé de Chine · Thé de Ceylan
Verveine · Tilleul · Menthe · Camomille

**VINS**
Bourgogne Blanc · Bordeaux Rouge · Bordeaux Blanc

*En dehors de ces vins, compris dans le menu,
le Sommelier est à votre disposition pour vous présenter la CARTE DES VINS.*

A Minuit, les montres
seront RETARDEES de
60 minutes.

Si vous êtes "CALORIE CONSCIOUS"
le Chef suggère:

Fruit Rafraîchi
Poisson Grillé ou Poché
Légumes à l'Etuvée
Fromage
Fruits

S'adresser au Maître d'Hôtel

incontesté de notre culture, de notre gastronomie et de notre art de vivre. Son déficit annuel ne coûte que le prix d'un paquet de cigarettes par Français.»

Cette vie de rêve pendant six jours m'a coûté 2.500 F (classe touriste). Cela m'aurait coûté de 4.000 à 7.000 F en première classe, plus *consom-*     drinks
*mations* et pourboires.

ANNE NOURRY

## La Fin du «France»

**LE MONDE**

Le «France» *a été touché à mort* le jour où le pétrole a commencé sa     got the kiss of death
folle ascension : son budget «combustible», de 14 millions de francs en
1973 devait atteindre 68 millions en 1974, *soit* plus des deux tiers du     that is
déficit total. Qu'il devenait cher alors le prix du prestige et de l'orgueil
national ! Qu'il paraissait indécent de vouloir le faire supporter par le
budget au moment même où l'on appelait les Français à la rigueur, à
l'effort, peut-être, au sacrifice.

Rien ne sera plus comme avant. Même si un jour le *paquebot*     ship
reprend la mer, *renfloué* par les capitaux d'un groupe immobilier, de     replenished
banquiers, de marchands de voyages ou, qui sait, par les dollars d'un
émir arabe ou d'un financier de Hong-Kong, le «France» ne ressemblera
plus au «France».

## Contrôle de compréhension

1. Quel genre de voyage est évoqué dans cet article ?
2. Savez-vous l'origine des noms donnés aux restaurants ?
3. Qu'est-ce qui caractérise chaque compagnon de table de la journaliste ?
4. Quels genres de distractions sont offertes pour passer la soirée ?
5. Pourquoi y a-t-il tant d'étudiants ?
6. Quelles distractions sont offertes pendant la journée ?
7. Décrivez l'atmosphère le troisième jour de la traversée.
8. Quelle est la première note de tristesse donnée par le barman ?
9. Quelles sont les différentes sections de la cuisine ?
10. Comment peut-on caractériser les quantités de nourriture ?
11. Que représente le «France» pour les passagers ?
12. Pourquoi «la fin du France» ?

## Sujets de discussion

1. Comment la disparition du «France» symbolise-t-elle la fin d'un mode de vie?
2. Quels sacrifices un citoyen doit-il être prêt à faire pour le prestige de son pays?
3. Aimeriez-vous le genre de vacances qu'une traversée sur le «France» vous aurait offert?

# X Le Goût moderne— est-il moderne?

La cathédrale de Reims est légendaire. C'est dans ce lieu de recueillement, symbole du Moyen Age, que les rois de France ont été sacrés. Jeanne d'Arc s'est agenouillée devant son autel. Gardienne de la foi, la maison de Dieu doit rester en contact avec son temps, c'est-à-dire avec la jeunesse. Cette jeunesse porte les cheveux longs et marche pieds-nus, et les prêtres se souviennent que les apôtres eux aussi portaient les cheveux longs et qu'ils marchaient les pieds nus aussi mais les gens plus âgés et traditionnalistes, les soi-disant «fidèles», n'y voient que sacrilège. L'idée puisée dans l'Evangile selon laquelle la maison de Dieu doit être ouverte à tout le monde leur est facile à accepter. En revanche, la réalité, les jeunes dans leur cathédrale à eux, les choque énormément. Pour les prêtres, c'est le contenu de la Bible qui compte; pour les fidèles, c'est la forme.

*La cathédrale, symbole du Moyen Age, doit rester en contact avec son temps, c'est-à-dire avec la jeunesse.*

175

Vivre parmi des amis, vivre librement, vivre en communauté, voilà un rêve de tout temps, facile à formuler, mais hélas difficile à réaliser. Pour tout individu, surtout pour les jeunes, l'idée de quitter la maison et d'aller vivre avec les copains a toujours eu d'énormes attraits. Les communes déjà connues en Amérique ont fait leur apparition en France. Chacun a apporté le même enthousiasme et les mêmes espoirs, chacun a vécu à peu près les mêmes expériences et a connu les mêmes déceptions.

Il faut croire qu'au début l'homme et la femme étaient nus. Dans les bains publics romains, les hommes et les femmes se baignaient ensemble dans leur plus simple appareil. Mais peu à peu le rigorisme moral a envahi l'Europe et la nudité en public est devenue non seulement interdite mais en est venue à symboliser le sexe. Ainsi, la nudité est devenue l'attraction principale des boîtes de nuit.

Aujourd'hui, non seulement les adeptes des camps de nudistes, mais tout le monde, surtout les jeunes, reviennent à la nature, aux plages où ils se bronzent nus, se promènent nus et nagent nus. Le résultat est que les stations balnéaires doivent choisir entre le bikini ou le nudisme «honnête», entre «être ou ne pas être».

## Après un concert de musique électronique à la Cathédrale de Reims

**Les «Silencieux de l'Eglise» veulent *mettre en place* des groupes d'intervention pour s'opposer à la profanation des édifices du culte.**    to organize

**LE MONDE**

Le *Rassemblement* des silencieux de l'Eglise (Mouvement catholique    Assembly
traditionaliste) proteste dans un communiqué contre ce qu'il appelle
«la profanation de la cathédrale de Reims» par des jeunes gens et
annonce qu'il envisage d'«organiser des groupes d'intervention destinés
à éviter le renouvellement de telles abominations». De son côté, le
mouvement Combat de la foi, que dirige l'abbé Louis Coache, s'élève
contre les «sacrilèges» commis dans la cathédrale de Reims.

De tels *remous*, provoqués dans certains milieux catholiques à la    upheavals
suite de la participation de cinq mille jeunes, le 13 décembre, dans la
cathédrale de Reims, à un concert de musique électronique, ont donné
lieu à une *mise au point* de l'abbé Philipponnat, *archiprêtre* de la    declaration • dean
cathédrale.

Si l'archiprêtre déplore que certains participants aient «consommé du hachisch» durant le concert, il tient à minimiser les *dégâts* que les jeunes auraient *occasionnés* à la cathédrale. «Celle-ci», a ajouté l'abbé Philipponnat, «est beaucoup plus sale après les visites de touristes du week-end de *Pâques*, par exemple, qu'elle ne l'était après le concert.»

damage
done

Easter

\*     \*     \*

## UNE CATHEDRALE POUR QUOI FAIRE?

Reims — A l'origine, un *pari*. Celui d'un groupe de jeunes Rémois amateurs de musique. De bonne musique, et cela va du jazz à la pop en passant par l'électro-acoustique. Pour faire venir les musiciens qu'ils aiment, ils créent une association, la MAR (Musique Action Reims). Premier essai. Premier succès. Les spectacles sont de qualité. Les *recettes* suivent et permettent d'aller plus loin.

bet

receipts

Associée avec d'autres organismes de la métropole, la MAR participe à l'organisation d'un festival de jazz. Triomphe. Les Rémois, qu'on dit «plutôt froids», applaudissent debout pendant plusieurs minutes.

Les *animateurs* de la MAR multiplient alors les contacts. L'un d'eux *se concrétise*: Tangerine Dream et Nico acceptent de venir se produire à Reims le vendredi 13 décembre. Mais où aller? A la Maison de la culture? Au cirque municipal, sous un *chapiteau*? Plusieurs options sont envisagées, mais la meilleure assurément paraît être la cathédrale. Le *chanoine* Jacques Philipponnat et les prêtres qui l'entourent acceptent de voir la cathédrale transformée en centre culturel.

organizers
materializes

tent

canon

«Si on ne *prêtait* pas les églises pour organiser quelquefois des manifestations artistiques dans certains petits villages *dépourvus* d'équipements, il n'y aurait rien», explique un prêtre. Les organisateurs trouvent même, en la personne de l'abbé Bernard Goureau, jeune délégué aux relations publiques de l'*archevêché*, un interlocuteur attentif et «très coopérant». «N'est-ce pas aussi», dit-il, «le rôle d'une cathédrale que de rassembler pour *promouvoir* une action culturelle?»

lend
deprived

archdiocese

promote

Et puis, au Moyen Age, la cathédrale de Reims n'était-elle pas, plus qu'aujourd'hui, un édifice public? Les historiens confirment qu' «on mangeait, dormait et parlait à voix haute. On y tenait même des réunions et traitait des ‹affaires› importantes». Cela devait *tenir* à la fois de la Bourse, de la salle du conseil municipal et du refuge... Même les animaux y étaient admis!

served as

Le concert fut donc organisé. De tous les coins de France et même de certains pays d'Europe, des «passionnés» convergèrent vers la cathédrale des rois de France. Dès le vendredi après-midi on pouvait voir *flâner* dans les rues de la cité des hippies qui attendaient ce rendez-vous.

strolling

Les services de police ne se montraient pas spécialement inquiets. Des *renforts* avaient été prévus, parce qu'une alerte à la bombe avait été lancée l'après-midi. Mais la foule patientait dans le calme. Suivant un circuit *réalisé* avec des barrières métalliques, les jeunes gens avançaient sans bruit vers le portail, comme en procession.

reinforcements

mapped out

Ainsi cinq mille deux cents personnes se retrouvèrent-elles à l'intérieur de la cathédrale de Reims. Autant que pour le *sacre* de Charles VII,[1] paraît-il.

crowning

Assis un peu partout — mais respectant l'*autel,* — parfois allongés, silencieux, ces jeunes passionnés de musique moderne avaient trouvé en la cathédrale de Reims une place de choix pour écouter, religieusement, ces sons étranges, comme venus d'un autre monde.

altar

Les organisateurs avaient dit vrai : «Seul le gigantisme de sa *nef*, le défi au ciel de ses murs, la pesante atmosphère de méditation qu'elle impose aux visiteurs pouvaient donner à cette musique la dimension communicative que recherchent les créateurs.»

nave

C'est vrai, des jeunes, par petits groupes ont fumé du hachisch à l'intérieur de la cathédrale. On a mangé, bu et même flirté un peu. Mais en écoutant cette musique *envoûtante*, la communion n'était certainement pas seulement de se partager des «joints». Pour ceux qui ont vu au *petit* matin les femmes de ménage nettoyer les tas d'ordures déposées par ces hôtes «pas comme les autres», c'en était trop.

spellbinding

early

C'était sans doute trop demander à tous ceux qui estiment que «l'on n'avait pas le droit d'accepter cela», «au risque de faire se retourner dans leur tombe les vénérables archevêques qui reposent dans la crypte», disaient les autres. Au risque de montrer que «la cathédrale, qui est déjà l'une des *paroisses* les plus bourgeoises de la ville, pouvait se payer le luxe d'accepter d'accueillir ces jeunes drogués paresseux dont l'exemple est désastreux pour toute la jeunesse...»

parishes

«Je m'élève contre un tel scandale. C'est un véritable sacrilège dans un édifice religieux, et un manque de respect envers un bâtiment public», s'écria M. Jacques Barrot, premier *adjoint* au maire de Reims, au cours de la séance du conseil municipal de lundi. Pour lui, «il est inadmissible de voir qu'il est aujourd'hui possible de transformer la cathédrale en *fumerie* asiatique...» Mais les réactions les plus violentes sont venues du monde ouvrier. Au presbytère, les prêtres ont entendu des insultes et ont même été menacés par certains de leurs interlocuteurs. Assurément, ceux-ci acceptaient mal que personne n'ait eu le courage de sortir «les marchands de hachisch du temple...»

assistant

opium den

[1]Le 17 juillet 1429, en présence de Jeanne d'Arc.

Les hippies sont repartis comme ils étaient venus, indifférents à tout. Sauf, peut-être, à l'absolu.

Dimanche matin, à la messe, les chrétiens n'ont retrouvé ni les mégots, ni la fumée, ni le climat de la veille. Leur cathédrale était redevenue comme avant, «alors qu'elle aurait pu être encore mieux», comme l'expliquait un jeune militant chrétien. Personne n'a osé demander à ces jeunes au regard triste s'ils avaient quelque chose à dire, à apporter au monde. Dommage, on devra se contenter de construire une *crèche*    manger dans cette cathédrale. Pour montrer qu'on croit encore...

RICHARD FOY

## Contrôle de compréhension

1. Quels sont les deux groupes qui s'opposent à Reims?
2. Quel événement a provoqué ce conflit?
3. Quelle est la position prise par les dirigeants de la cathédrale?
4. Quelles options étaient ouvertes aux animateurs lorsqu'un groupe de musique électronique accepta de venir?
5. Comment les prêtres justifient-ils leur accord?
6. De quels précédents historiques se réclament-ils?
7. Quel genre de personnes le concert a-t-il attiré?
8. Décrivez l'intérieur de la cathédrale lors du concert.
9. Pourquoi les organisateurs tenaient-ils tellement à ce que le concert ait lieu dans la cathédrale?
10. Quels ont été les commentaires faits par la population?
11. Comment les personnes au centre de la controverse ont-elles réagi?
12. En réalité, quelles traces étaient restées de ce malheureux incident?

## Sujets de discussion

1. Où est l'ironie dans cet incident?
2. Un tel scandale est-il concevable aux Etats-Unis? Pourquoi?

## *Communautés* de jeunes: les illusions perdues...

communes

* **La fin amère d'expériences *exaltantes***

exciting

* **«C'est difficile de vivre à deux, alors à vingt!»**
* **Deux *lacunes* fondamentales: l'absence de discipline et d'idéaux communs**

weaknesses

* ***Au-delà* des échecs: les leçons**

beyond

**LE FIGARO**

**I**

«Il y a quelques années, on voyait des gens qui partaient en ‹communauté›», me dit une jeune femme avec une *douceur* un peu affectée, «maintenant, on en voit surtout qui en reviennent.»

sweetness

Cette jeune femme qui protège ses épaules d'un grand châle noir parle d'expérience. Elle *a fait partie de* ces nouveaux enfants prodigues de la société de *consommation*. Ils sont plusieurs milliers, comme elle, *de par* le monde, qui ont tenté cette expérience de recréation de la vie en commun.

belonged to

consumption

throughout

En France, le mouvement communautaire n'a vraiment *pris son essor* qu'après mai 68. Mais il existait déjà bien avant cette date sous des formes diverses, car c'est en fait un mouvement vieux comme la société industrielle. Mais en 1968, c'était l'euphorie du départ, les rêves *rousseauistes* et romantiques, le retour à la nature comme à la mère idéale que l'on n'a pas eue; ils croyaient être les pionniers d'une société nouvelle *édifiée* dans les *arpents* de terre délaissés du désert français, l'Ardèche, l'Hérault, les Cévennes.[1] Cinq ans plus tard, c'est le *reflux*, une certaine désillusion.

developed

Rousseau-inspired

erected • acres

return

Pourquoi ces communautés n'ont-elles duré que l'espace d'une révolution *manquée*?

that failed (i.e., May, 1968)

Les raisons sont multiples et différentes, comme les communautés elles-mêmes. L'éducation, l'argent, la difficulté de vivre ensemble?

«C'est un peu tout à la fois», dit Claude, un grand *barbu roux* très sympathique, rencontré dans un coin perdu de la Drôme. «Dès le plus jeune âge, on nous apprend à dire ‹je›, à vivre uniquement *en fonction de* soi, alors il est difficile de passer au ‹nous›. En fait, c'est presque impossible en une seule génération.»

redbearded

in relation to

Il a essayé de créer une communauté. Cela n'a pas marché. *Enfin*, elle a duré six mois. Il en parle aujourd'hui encore avec un mélange de passion déçue et de nostalgie, comme une histoire d'amour qui aurait mal tourné.

Well

[1] Départements pauvres et dépeuplés à l'intérieur du pays.

«C'est de la faute de personne et de tout le monde... Peut-être que si...»

Pourtant, cette communauté que j'avais eu l'occasion de visiter il y a un an avait tous les *atouts* pour durer. Ils étaient sept jeunes gens,     trump cards
quatre garçons et trois filles, qui s'étaient rencontrés grâce à une annonce parue dans le Journal *Actuel*. Il s'agissait de restaurer un vieux château du XIIIe siècle que Georges, professeur de dessin de 27 ans, venait d'acheter dans la Drôme. Il régnait une bonne *ambiance* qui     atmosphere
*tenait à* Georges et à l'idéal difficile qu'il leur avait donné: cette ruine à     due to
remettre debout. Un travail de titan qui laissait sceptiques les paysans du coin.

La communauté s'était appelée «La Tribu». Ses membres venaient de tous les horizons géographiques et sociaux. Flappie, originaire de Paris, avait fait ses études de sociologie à Nanterre et son père était P.D.G. d'une importante entreprise de transports; Francis, un barbu au *poil*     hair
très noir, arrivait, lui, des bassins du Nord où son père était mineur; Martine sortait de *H.E.C.J.F.*; une autre fille avait été institutrice... Ils     commercial school for young women
occupaient une grande maison aux volets verts, en rêvant au jour où le château serait habitable. Alors, enfin, ils pourraient créer cette société libérée des contraintes et des servitudes stigmatisées dans une phrase de Cavanna, éditorialiste de *Charlie Hebdo*,[1] *épinglée* sur le mur:     pinned
«L'homme est le seul *mammifère* qui regarde sa montre pour savoir s'il a     mammal
faim.»

## L'ENFANCE PROLONGEE?

Ils pensaient vivre *en autarcie*, en *se livrant* seulement à des travaux     self-sufficiently • devoting themselves
d'artisanat et en cultivant eux-mêmes les produits qui leur étaient nécessaires. Ils avaient essayé la *sérigraphie*, un procédé d'impression     silk-screen
sur soie. Mais, finalement, avec les produits chimiques que cela exigeait, ils en avaient conclu que ce n'était pas «écologique» et ils avaient abandonné.

Comment vivaient-ils? Georges continuait à enseigner le dessin «en attendant», Flappie recevait une petite *mensualité* de son père qui était     monthly allowance
«très compréhensif» et venait le voir de temps en temps; les autres avaient encore quelques économies.

Pourquoi cette communauté a-t-elle *échoué*, pourquoi Georges et     failed
Martine sont-ils demeurés seuls dans ce château presque reconstruit et bien trop grand pour eux?

«Pour moi», dit Georges, «une communauté, c'était la prolongation de l'enfance. Dès qu'on sort de l'école, on rejoint des camarades: le

[1] Hebdomadaire destiné aux jeunes du genre *National Lampoon*.

jeu, le groupe, la communauté, c'est pareil. Se balader en groupe dans une ville, c'est impossible. A la campagne, c'est merveilleux. La difficulté, c'est la même que pour un couple. C'est déjà difficile de trouver une personne avec laquelle on *s'entende* vraiment, alors dix!»   get along

Pour Georges, les problèmes psychologiques jouent aussi un rôle important.

«Beaucoup *sont des caractériels* qui viennent dans les communautés   have personality problems
pour résoudre leurs problèmes. Ce sont des ‹types› déséquilibrés qui s'imaginent qu'en vivant en groupe, ils vont trouver la panacée. Mais, justement, pour pouvoir supporter la vie en communauté, il faut être très équilibré. On ne sort pas de cette contradiction.»

Cela fait penser à cette *boutade* du grand psychologue Piaget à   witticism
propos de la psychanalyse: «Oui, pour les gens équilibrés, c'est une expérience extraordinaire; pour les autres, c'est une catastrophe.»

«La difficulté», poursuit Georges, «c'est qu'il n'y a pas 36 solutions: ou bien on supprime l'autorité, la discipline, les règles, ce qui est en général le but pour lequel on crée une communauté, et alors ça ne marche pas parce que chacun *tire à hue et à dia*. Ou bien on crée de   pulls in his own direction
nouvelles règles, mais alors on finit par retrouver à peu près celles que l'on quitte!»

Martine ajoute d'un air *désabusé*: «Les seules communautés qui   disillusioned
marchent, c'est l'armée et l'Eglise. Parce qu'elles s'imposent une discipline très ferme. Ce n'est quand même pas l'idéal!»

Créer une autre communauté? Georges n'y croit plus. Il dit: pour que ça marche, cela suppose une autre éducation, une autre mentalité. Et encore: à partir d'un certain moment, on revient à l'individualisme.

Une autre communauté dans la Drôme illustre bien ce que Lanza del Vasto appelle «vivre avec un pied dans le train et un autre sur le *quai*»,   platform
c'est-à-dire sans pouvoir rompre vraiment avec une société dont on dépend matériellement. Ils sont six, aux «Girards», plus ou moins *en*   in the process of
*instance de* départ. Deux des trois garçons travaillent à Lyon et ne viennent que pour le week-end «en attendant». Les filles sont moroses. Pour elles, la terre c'est une *corvée ingrate* et incertaine. Isabelle,   thankless task
22 ans, pleine de santé, fille d'un général en retraite, garde le moral, bien qu'elle ne croit plus aux communautés.

«En France, c'est une *fuite*. Les candidats communautaires ne trouvent   escape
pas leur place à la ville, mais à la campagne ils ne font rien, car ils n'arrivent pas à être des paysans. La plupart du temps, ça manque de guide, c'est ‹vasouillard›.»   wishy-washy

Jocelyne aussi est pessimiste: «Au départ, on voulait vivre d'artisanat et d'agriculture, mais on s'est vite aperçu qu'on *se cassait la figure*.   were falling on our face
Les problèmes matériels prennent d'autant plus d'importance qu'il est rarissime d'arriver à se réunir autour d'un projet commun...»

Un projet commun ? C'est ce qui a regroupé dans l'Ardèche une intéressante communauté fondée sur l'alimentation macrobiotique, cette philosophie qui allie le *régime* végétarien et la méditation bouddhiste.     diet
Ce groupe de six jeunes gens s'est constitué sur un vaste domaine qui appartient au propriétaire d'une importante maison de campagne converti à la doctrine macrobiotique. Elle s'appelle «*Vivere Parvo*» (vivre pauvrement) et ne vit complètement en autarcie que grâce au discret *mécennat* du propriétaire du domaine. Il est vrai que ses membres     patronage
ont peu de besoins, se nourrissant essentiellement de céréales et de légumes.

Cette communauté qui n'a encore qu'une brève existence, cinq mois à peine, est d'un grand intérêt, dû en majeure partie à celui qui l'anime. Lilian, 26, d'origine japonaise, a très sérieusement *approfondi* le pro-     studied
blème des communautés. Il était agent technique dans une entreprise de construction automobile. Un jour, il en a eu assez et il est allé en Inde méditer dans un monastère bouddhiste. Chez lui, aucune agressivité.

«Nous ne sommes pas d'accord avec les valeurs de la société de consommation, mais nous ne sommes pas contre elle. D'ailleurs, nous ne condamnons rien ni personne. Il y a un précepte bouddhiste qui dit : ‹Un jour tu me rejoindras et nous serons à un point unique.› Je me sens intégré à cette société comme peut l'être un philosophe dont la réflexion est l'élément d'un courant de pensée qui peut être *bénéfique*     beneficial
au monde qui l'entoure.»

Pour lui, si la plupart des communautés échouent, cela tient le plus souvent à l'absence de *réflexion préalable* de ceux qui les créent, ou     forethought
à leur jeunesse.

«Ils font cela sur *un coup de tête* et ils arrivent avec trop de livres et     an impulse
d'idées dans l'esprit. Bien sûr, ils ne sont pas responsables : ils vivent dans un *matraquage* constant d'informations. Il faudrait qu'ils sortent     hammering
de leur univers de mots : liberté, amour, bonheur, non-violence, toutes valeurs qu'ils recherchent confusément.»

Grâce à cet animateur intelligent et aussi à une discipline héritée de la doctrine macrobiotique, cette communauté nouvelle semblait avoir beaucoup d'atouts pour réussir. Respirant l'équilibre, ses membres — très jeunes pour la plupart — paraissaient avoir beaucoup réfléchi sur les difficultés de l'entreprise.

## II

### UNE EXCEPTION : L'«*ARCHE*»     arc

Il y a cependant des communautés qui durent. Elles sont rares, certes, mais elles existent. C'est le cas de l'Arche dans l'Hérault. Créée il y a près de 30 ans par Lanza del Vasto à son retour de l'Inde, elle est le point de convergence de pratiques orientales (comme le régime végétarien, la non-violence, etc.) et la doctrine chrétienne. Mais son succès est dû pour une large part à la personnalité de Lanza del Vasto, que les membres de l'Arche appellent «Shantidas», le serviteur de paix et qui, auteur du «*Pèlerinage* aux Sources», est un poète et un écrivain remarquable.

*pilgrimage*

Lanza del Vasto c'est sans doute le personnage qui ressemble le plus à Dieu le père tel que Michel-Ange l'a peint dans la Création du Monde : une large barbe et de longs cheveux blancs, un regard bleu qui peut prendre facilement une expression *courroucée*. On ressent près de lui une extraordinaire fascination.

*angry*

Pour ce précurseur, l'échec de la plupart des communautés tient surtout à l'absence de discipline de leurs membres :

«Les jeunes en général savent très bien ce qu'ils refusent, mais ils ne savent pas ce qu'ils veulent. Et puis, ils ont rarement le courage de payer le prix qu'il faut pour créer une société parallèle : il faut travailler et se discipliner.»

La plupart des cent personnes qui vivent à l'Arche travaillent huit heures par jour : artisanat, *menuiserie*, agriculture, *élevage*. Elles *entretiennent* une partie des quatre cents hectares de terre *ingrate* qui constituent le domaine. Le temps qui reste est consacré à la lecture et à la méditation. La discipline consiste, elle, dans le respect des règles ou des décisions toujours adoptées à l'unanimité. C'est un principe. S'il n'y a pas unanimité, les membres de l'Arche *entament* un *jeûne* jusqu'à ce que celle-ci *se dégage*.

*carpentry • cattle breeding • cultivate unproductive*

*start • fast is reached*

Avec le mouvement des communautés, l'Arche partage un certain nombre de préoccupations : même critique de la société industrielle, recherche d'une vie vraie, d'une justice sociale et d'une nouvelle formule de vie créée par la non-violence. Mais là s'arrêtent les points communs.

Dans le diagnostic que Lanza del Vasto fait du malaise de notre société, il *relève* trois tendances *néfastes* : le profit, la *jouissance*, la domination. Le but de l'Arche, c'est de construire une société qui repose, elle, sur le service, la *maîtrise* de soi et le *don* aux autres. Et si les membres de l'Arche vivent en quasi autarcie, en n'achetant que peu de choses à l'extérieur, c'est parce qu'ils estiment que la production industrielle est marquée par le *sceau* du profit, et qu'acheter c'est participer à l'injustice sociale.

*notes • disastrous • enjoyment*

*control • giving*

*seal*

L'Arche possède aussi une école, l'*Ecole buissonnière*. C'est Jean-Baptiste qui en a eu longtemps la charge. Quarante ans environ, il a quitté il y a plusieurs années la direction d'un grand magasin. Il explique comment elle fonctionne : inspirée des travaux de Montessori et de

*"Play-Hooky School"*

l'expérience de Summer Hill, elle est fondée sur la confiance et le respect de l'enfant. L'école est *autogérée* par les enfants eux-mêmes, qui se réunissent chaque semaine pour décider de toutes les questions de discipline. Ils proposent souvent pour eux-mêmes, dit Jean-Baptiste, des règles trop exigeantes ou trop sévères. On leur en signale le danger, mais ce sont eux qui décident. Rien n'est imposé du dehors. Des suggestions sont faites, mais là encore, elles doivent être acceptées à l'unanimité.

    Le maître a pour mission d'être un animateur et *de veiller au* bon fonctionnement de la classe. Il peut être sanctionné au même titre que ses élèves : la *punition* consiste à couper du bois. Il n'existe ni notes, ni classement, ni prix. La récompense, c'est la connaissance elle-même. Dans ce système, on ne juge pas l'enfant par rapport à un niveau arbitraire, mais on s'efforce de développer chez lui toutes les formes d'expression. On pratique aussi «la conversion du copiage»: le fort apprend à aider le faible. Les écoliers ont également le droit de parler à voix basse.

    Cette école, qui compte une vingtaine d'élèves jusqu'au secondaire, ne laisse aucune impression d'anarchie : c'est une autre conception de l'autorité.

    «Certes, les enfants ont le droit de critiquer le maître», dit Jean-Baptiste, «mais celui-ci a un rôle de guide très important. La pire des violences faites à un enfant, c'est de ne pas intervenir quand il a fait quelque chose de mal.»

UNE NOUVELLE SOCIETE...

L'expérience réussie de l'Arche explique peut-être ce qui manque à la plupart des communautés : une discipline choisie, une véritable réflexion sur l'autorité, improvisation dans les problèmes matériels. On ne crée pas une société viable seulement en conjuguant des refus et des critiques. Un projet cohérent ou une pratique spirituelle sont nécessaires.

    Mais la grande leçon des communautés, c'est l'interrogation à laquelle elles *obligent*, autant sur les jeunes que sur la société qui les a fait fuir.

JEAN-MARIE ROUART

*Marginal glosses:*
self-administered
to see to
punishment
lead

# Contrôle de compréhension

**I**

1. Quel revirement y a-t-il eu dans l'attraction des communautés?
2. Dans quel esprit les communautés avaient-elles été créées en 1968?

3. Pourquoi disait-on que la communauté créée par Claude avait tout pour durer ?
4. De quels milieux sociaux venaient les membres de cette communauté ?
5. Comment espéraient-ils pouvoir subvenir à leurs besoins ?
6. Comment un des membres explique-t-il l'échec de cette communauté ?
7. Quel genre de personnes sont attirées par la vie communautaire ?
8. Quels problèmes se posent si la société créée supprime l'autorité ?
9. Pourquoi n'impose-t-on pas des règles sévères ?
10. Quelles sont, selon un des membres, les communautés qui survivent et pourquoi ?
11. Quelles sont les autres raisons de l'échec de certaines communautés ?

**II**

12. Quels sont les principes sur lesquels se base la communauté de l'Arche ?
13. A quelles activités se livrent les membres de l'Arche ?
14. Comment la communauté est-elle gérée ?
15. Quels sont les points communs entre la communauté de l'Arche et les autres communautés ? quelles sont les différences ?
16. Quel est le but de l'Arche ?
17. Comment sont élevés les jeunes de cette communauté ?

## Sujets de discussion

1. Quelles sont, selon vous, les raisons principales pour lesquelles des personnes deviennent membres d'une communauté ?
2. Commentez la réflexion : «Les jeunes en général savent très bien ce qu'ils refusent, mais ils ne savent pas ce qu'ils veulent.»
3. Comment expliquez-vous les différentes tentatives qu'il y a eu à travers les âges de créer des communautés, tentatives qui ont en grande partie échoué ?
4. Quelle opinion avez-vous de l'*Ecole buissonnière* ?

# Le Nu et le vêtu

**L'homme ne résiste pas au *dévoilement* du sexe: tout son
conditionnement social *s'écroule***

unveiling

crumbles

## LE NOUVEL OBSERVATEUR

N'en riez pas. C'est une affaire sérieuse, peut-être même grave. Elle
marque un «tournant décisif» dans l'histoire des mœurs en France.
L'événement s'est produit cet été à Saint-Tropez. Sur la plage de
Pampelonne, à quelques dizaines de mètres de l'emplacement réservé
depuis quelques années aux nudistes, une femme a enlevé son *soutien-
gorge*. Puis son *slip*. Le gendarme est passé, il a vu, il n'a rien dit, il est
parti.

bra

underpants

    L'année dernière encore, il aurait dit gentiment: «Rhabillez-vous, s'il
vous plaît, madame», il aurait peut-être même *dressé un procès-verbal*
pour «*attentat à la pudeur*» ou «*outrage aux bonnes mœurs*». Les
bonnes mœurs, la *pudeur* ont, cet été retraversé une frontière qu'elles
avaient franchie en *sens* inverse il y a assez longtemps. Il aura fallu
attendre plus de quatre siècles pour que les Français retrouvent le droit
de se baigner nus en public.

written a summons
indecent exposure • indecent behavior
modesty
direction

    En ce temps-là, ni les Parisiens ni les Lyonnais n'allaient en été en
vacances aux bords de la Méditerranée ou de l'Atlantique. Ils restaient
chez eux, continuaient à travailler et se baignaient dans la Seine ou
dans le Rhône. Jusqu'aux débuts du XVIe siècle, hommes et femmes
ensemble pratiquaient les «baignades» nus, entièrement nus. Sous le
soleil, les *convoyeurs* de bois qui traversaient Paris par la Seine eux
aussi étaient nus et voyaient, comme tous les passants, les Parisiens et
les Parisiennes, sans culotte ni maillot, se laver au bord de l'eau. Freud
n'avait pas encore découvert le voyeurisme, aucun document d'époque
ne parle d'enfants qui auraient été atteints de traumatisme psychologique
grave à la vue de ces spectacles.

transporters

## UN MICROBE VENGEUR

On se baignait nu aussi dans les bains publics ouverts aux femmes et
aux hommes, et là, *autant le dire*, il se passait des choses que l'Eglise et
sa morale ont toujours *réprouvées*. Jusqu'au jour où Christophe Colomb
et ses marins revinrent d'Amérique en ramenant quelques informations et
aussi un petit microbe: celui de la syphilis. On avait enfin trouvé une
punition au péché. Parallèlement au développement de la syphilis, la
bourgeoisie *accroissait* son pouvoir. On continua à se baigner nu, mais

we might as well say it
condemned

increased

femmes et hommes séparément.[1]  Par la suite, le *port* d'un vêtement devint obligatoire : on cacha d'abord les organes sexuels puis une partie de plus en plus grande de la peau qui finit par *s'étendre* du *col* aux *chevilles*.  C'est ainsi que naquit la nudité — telle que nous l'avons vécue jusqu'à cette année.

*wearing*
*extending* • *neckline*
*ankles*

Ce n'est pas tombé du ciel comme un *orage*.  Un gouvernement, un système politique même peuvent naître en un instant mais pas la coutume.  Il n'y a pas de fusée pour les mœurs, elles se transforment au rythme d'une procession religieuse, à la cadence du pas de l'homme dans la foule.  L'après-guerre et la bombe atomique permirent un saut : ce fut l'époque du bikini, qui *découvrait* le ventre des femmes.  Puis le maillot deux-pièces *se rétrécit* : chaque année quelques millimètres supplémentaires de peau se dénudaient.  En 25 ans de bataille ininterrompue on gagna deux ou trois centimètres sur le tabou.  Il restait à faire le premier vrai saut : montrer en public des «organes sexuels secondaires», les seins.  Il y a deux ans, le monokini apparut.  Quelques femmes audacieuses — et belles — essayèrent.

*storm*
*uncovered*
*shrank*

## LA MORALE DU XIXe

La «majorité silencieuse» a observé avec un petit sourire surpris mais pas scandalisé.  Le pouvoir de répression a été moins tolérant : les gendarmes sont intervenus : «Rhabillez-vous, mademoiselle.»  Dans quelques cas, les tribunaux ont condamné.  Par exemple : un couple marié se baigne dans une crique déserte.  La femme ne porte qu'un slip.  Une vedette de la gendarmerie arrive.  La femme est condamnée à 500 F d'amende pour «outrage aux bonnes mœurs» et le mari à 200 F pour «complicité».  Cela se passait l'an dernier.  Il y aura peut-être encore cette année, dispersés en France, quelques cas semblables.  Mais en même temps des dizaines de milliers de personnes ont pu voir, sur la plage de Pampelonne et tout autour de Saint-Tropez, des centaines de femmes sans soutien-gorge ou totalement nues et des hommes sans slip.  Le poste de gendarmerie installé *à deux pas* n'a pas *bronché*.

*two steps away* • *budge*

Le ministre de l'Intérieur a eu, à ce moment-là et à cet endroit, la même appréciation de la pudeur que la plupart des Français.  Le pas a été *franchi*.

*made*

Nous sommes en pays catholique, héritiers de la morale et de la famille du XIXe siècle.  Qu'est-ce que montrer ses seins ici ?  Monseigneur Bouvier, qui était un homme informé, l'a analysé très clairement : «C'est un péché mortel pour une femme de se découvrir les seins ou de les

[1] Il a fallu une ordonnance de la Restauration en 1830 pour interdire aux hommes de se baigner nus dans la Seine.

laisser voir sous une *étoffe* trop transparente car c'est là une grave provocation à la *lubricité*.»[1]

material
lust

La police et tous les Français se fondaient sur ces principes jusqu'à l'année dernière. Pourquoi les uns et les autres ont-ils décidé de ne plus en tenir compte? Je le leur ai demandé. Voici ce qu'ils m'ont répondu.

D'abord la police. Le commissaire de police de Saint-Tropez, un Burt Lancaster intellectuel:

«Notre rôle est de faire respecter la loi. Dans la *circonscription* du *commissariat*, on ne voit pas de femme nue ou sans soutien-gorge.»

district
precinct

La plage de Pampelonne n'est pas surveillée par la police mais par la *gendarmerie*.

state police

«Mais, ce matin même, j'ai vu une femme qui prenait son petit déjeuner sur le port accompagnée de son mari. Le soleil était chaud, lui a retiré son *tricot*, elle a ouvert son *corsage*. Les gens autour ont été un peu étonnés.

shirt • blouse

— Si un de mes agents avait été là, il serait intervenu.

— A midi, sur la plage des Graniers, dans votre circonscription, il y avait deux femmes sans soutien-gorge.

— Mes hommes vont de temps en temps aux Graniers, ils n'ont jamais vu ça.»

Que dit le patron de la plage des Graniers?

«Jusqu'à l'an dernier, les policiers venaient de temps en temps; cette année, pas une seule fois.»

Que disent les agents du commissaire?

«On ne peut pas être partout à la fois. D'abord, il faut s'occuper de la *circulation*,[2] ensuite de toutes les petites plaintes qui nous arrivent. La loi sur l'outrage aux mœurs, bien sûr, elle existe, mais si les gens sont contents comme ça, hein, pourquoi voulez-vous que nous les *embêtions*?»

traffic

bother

Je suis resté ainsi une bonne demi-heure au milieu d'une bonne dizaine de (gentils) *flics* qui s'amusaient à me raconter n'importe quoi et à «cacher quelque chose». *Il en ressort ceci.*

cops
There results the following.

---

[1]«Dissertatio in sextum decalogi praeceptorum et supplementum ad tractatum de matrimonio» (1827), cité par M. A. Descamps dans son excellente étude: «le Nu et le Vêtement» (Editions universitaires).
[2]Saint-Tropez, où 1.200.000 voitures sont passées au mois d'août, est devenu, il est vrai, un parking traversé par un embouteillage.

## ALLEZ VOIR «HAIR»

• La région vit du tourisme français et étranger. Ces gens-là ont des mœurs bizarres, ils sont là pour se *distraire*, ce sont des clients, il ne faut pas les embêter.     enjoy themselves

• Le monde change et on n'y peut rien.

• Est-ce vraiment si méchant que ça de se mettre nu ?

• Il ne faut surtout pas qu'on en parle dans les journaux. Luttons pár l'hypocrisie contre l'hypocrisie.

Le chef de la brigade de gendarmerie qui, lui, est directement responsable de la plage de Pampelonne, où chaque grain de sable a été témoin d'un péché mortel, le brigadier-chef est furieux contre ceux qui «font du bruit pour rien».

«Oui, c'est moi le responsable de Pampelonne et je n'ai pas l'intention de vous parler. Vous savez à quoi vous allez *arriver* en parlant de cela partout: on recevra des ordres pour que ça redevienne comme avant. Lorsque *c'est passé* à la télévision, l'affaire est montée jusqu'à Paris. Allez voir plutôt «Hair», là aussi il y a des femmes *à poil*, allez voir les revues, mais arrêtez de vous intéresser aux plages.»     to achieve / it was shown / nude

Pour le brigadier-chef, que le spectacle passe de la scène à la *salle*, ça ne fait pas une bien grande différence. Pour que lui en arrive à penser ainsi très sincèrement, c'est que ce pays a changé encore bien plus profondément qu'on ne le croit. Car le *dégel* du tabou de la nudité, qui a commencé cette année, risque en réalité d'aller très loin. «L'homme», écrit Descamps, «ne résiste pas au dévoilement du sexe, tout son conditionnement social s'écroule.» L'a-t-on constaté à Pampelonne? Non, car nous ne sommes qu'au tout début du phénomène.     audience / thaw

Il y a deux types de nudiste. Le nudiste classique, le naturiste. Il est né à la fin de la Première Guerre mondiale. Les gouvernements européens avaient mené tant de millions d'hommes au *billot du boucher* que certains commencèrent à douter des valeurs proposées dans tous les domaines, y compris celui de la pudeur. Aujourd'hui, il y a près de trente mille naturistes en France (en très forte *croissance*). Ce sont des gens vertueux. Montrer son sexe, ah! quelle pureté, mais s'en servir, oh! quelle horreur. Ils ne sont pas tous aussi prudes mais c'est l'idéologie de la maison. Il y en a à Pampelonne.     butcher's block / increase

Maman, 35 ans, très jolie, sans profession. Papa, 42 ans, bien *charpenté*, instituteur. Deux enfants: Eric, 12 ans, Nathalie, 6 ans. Ils sont tous les quatre nus sur le sable.     built

«L'année dernière, nous étions à l'île du Levant.[1] Cette année nous sommes venus ici parce qu'on nous a dit que c'était toléré; c'est vrai,

---

[1] Île connue pour ses camps nudistes.

mais le milieu, ce n'est pas ça. Nous faisons du naturisme depuis six ans et sommes toujours allés dans des domaines privés réservés. Ici, il y a de tout. Beaucoup de gens habillés. Ils nous regardent comme des curiosités. Ce sont des voyeurs, nous n'aimons pas. L'année prochaine, nous irons de nouveau dans un camp.»

A côté d'eux, comme eux, plus ou moins beaux, encore des habitués. Eux non plus ne sont pas à leur aise. Les naturistes, ils seront de plus en plus rares ici. Voyons les autres, les nouveaux.

Deux couples de jeunes gens entre 19 et 25 ans. Une *dactylo*, une secrétaire, un dessinateur, un soudeur. Ils viennent de Toulouse.

«On est venu pour la première fois ici l'année dernière. C'était beaucoup moins bien que cette année. Les gendarmes venaient presque tous les jours, par la mer ou par la route. Il fallait garder son maillot à portée de main et poster des *guetteurs* en permanence. Dès que les flics étaient annoncés, on se rhabillait en vitesse. Cette année, on n'a pas été embêté une seule fois.»

Pourquoi est-ce qu'ils préfèrent se baigner nus? Le soudeur:

«On est plus libre comme ça. Le maillot ne sert à rien, ni à se protéger ni à se réchauffer. Alors, c'est de l'hypocrisie pure.»

La secrétaire: «Ça permet de se bronzer intégralement. Un corps *bariolé*, je déteste.

— Ça ne vous gêne pas de montrer vos seins et votre sexe?

— Moi, pas du tout. C'est naturel. Pourquoi faut-il toujours tout cacher?

— Chez vous, quand vous étiez jeune, vos parents se promenaient-ils nus dans la maison?

— Oh non, ils sont très pudiques, mes parents. Dès l'âge de quatre ou cinq ans, j'ai toujours été très habillée. Même la nuit je portais un pyjama. Mais moi je ne suis pas comme mes parents. Je suis plus libre, c'est normal.

— Et vos parents savent que vous vous baignez toute nue?

— Ils seraient furieux s'ils le savaient.

— Vous vous baignerez toujours nue même quand vous serez vieille?

— Quand les seins commencent à tomber, ce n'est pas beau. Si j'étais déformée, je me mettrais en maillot, peut-être même que je ne prendrais plus de bains de mer.»

Elle rit, c'est si loin, si inimaginable que, rien que d'y penser, ça devient drôle.

## VERS ONZE HEURES ET DEMIE

A «la Voile rouge», sur la plage de Pampelonne, l'évolution au cours des années se résume donc *à ceci*. Au début, des nudistes mi-tolérés, mi-*réprimés*. Après six ou sept ans, la nudité devient à la mode vers

*(marginal glosses)* typist · look-outs · striped · as follows · repressed

1970. Des non-naturistes veulent se baigner nus, se joignent à l'ancien groupe et les limites du «camp des nudistes» sauvage *sont reculées* des deux côtés jusqu'à ce que les nus se mêlent aux vêtus. Mais, plus on *s'éloigne* du centre de l'ancien emplacement réservé, plus on rencontre d'hommes en slip et de femmes qui n'ont enlevé que leur soutien-gorge.

are pushed back

withdraws

Hors de Pampelonne, c'est un peu autre chose. On rencontre sur certaines plages et dans les restaurants entre cinq et dix pour cent de baigneuses aux seins nus. Elles déjeunent très normalement sans soutien-gorge et, apparemment, le regard des hommes n'est pas attiré. Le patron du restaurant «les Graniers» a bien observé ce qui se passe:

«Quand elles viennent le matin, elles n'osent pas enlever tout de suite leur soutien-gorge. Puis lorsqu'il y a beaucoup de monde, vers 11 h. et demie, il y en a une qui commence et les autres suivent. Elles sont généralement jeunes et jolies, autrement *ça ne passerait pas*.»

it wouldn't be accepted

Une coiffeuse parisienne (c'est le mois d'août, les congés payés, «la période Renault»[1] comme on dit à Saint-Tropez):

«Au début, je suis un peu *gênée*, au bout d'une heure plus du tout. Pourquoi je le fais? Peut-être un peu par provocation.

embarrassed

— Pourriez-vous rester aussi nue à votre travail, vous êtes bien chauffée, j'imagine, dans votre salon?

— Ça n'a rien à voir. Ça ferait scandale. Ici, c'est les vacances, tout est permis.»

C'est le *fin* mot de l'histoire. Tout ce qu'on n'a pas le droit de faire toute l'année, on le fait en vacances. Saint-Tropez vend un monde apparemment débarrassé du tabou de la nudité.

key

### UNE REPRESSION

En fait, on en est encore loin: c'est la femme surtout qui se met nue. Elle offre à l'homme un plaisir *du regard* qu'il souhaitait. Mais, avec ou sans soutien-gorge, les relations entre les gens sont toujours aussi *sclérosées*. C'est la femme «jolie» selon les critères de la mode qui prend plaisir à se montrer. Elle offre un spectacle de qualité: «Voyez mes seins, ils ne tombent pas.» Celles qui ne peuvent en faire autant sont hargneuses: «Ce sont des exhibitionnistes», disent-elles. Si on se débarrasse du tabou de la nudité pour créer une élite des corps parfaits et un immense prolétariat de femmes *ingrates*, ce sera une régression dramatique et non davantage de liberté. Mais on peut prévoir que cette libération selon les règles de la nouvelle société n'est que *provisoire*. Le nu admis quelque part, pour quelques femmes, ira nécessairement

of the eyes

rigid

embittered

temporary

[1]L'usine de voitures Renault ferme au mois d'août.

en se généralisant. Une année de tolérance, une année de répression, mais la reine Victoria et le pape ont définitivement perdu la partie.

C'est une toute nouvelle conception du corps qu'a annoncée, cette année, le gendarme de Saint-Tropez.

GUY SITBON

## Contrôle de compréhension

1. Quel est l'événement qui représente un tournant décisif dans l'histoire des mœurs françaises?
2. Que se serait-il passé il y a quelques années à la plage de Pampelonne?
3. Comment se baignait-on avant le XVIe siècle?
4. Quel rôle joue Christophe Colomb dans cette histoire?
5. Décrivez l'évolution du vêtu au nu.
6. Qu'est-ce qui distingue la plage de Pampelonne des autres plages de France?
7. Quel est le raisonnement de la police depuis quelque temps?
8. Pourquoi le journaliste, auteur de cet article, est-il si mal reçu par la police?
9. Comment les nudistes s'expliquent-ils?
10. Pourquoi parle-t-on d'une nouvelle conception du corps à Saint-Tropez?
11. Quelles sont les deux catégories de gens qui se baignent nus? Caractérisez-les.

## Sujets de discussion

1. Etes-vous pour ou contre le nudisme sur la plage? Quels avantages et quels problèmes y voyez-vous?
2. Les parents doivent-ils se promener nus devant leurs enfants?
3. Etes-vous d'accord que le nudisme créera une élite des corps parfaits?

# xi Winegate—Watergate

La politique, disent les Français, est pourrie par définition. Monarchie, république ou dictature, tout revient au même. Tout peut s'arranger avec de l'argent. Chaque homme a son prix. De plus, l'homme ne change pas. Cette attitude profondément cynique vis-à-vis de tout système politique fait que le Français ne s'étonne absolument pas devant Watergate dont il ne comprend pas le caractère scandaleux. L'histoire banale de cinq cambrioleurs pris la nuit en train de chercher quelques documents dans les bureaux du parti démocrate, devient le plus grand drame politique de l'histoire de l'Amérique. Les Américains exagèrent, disent les Français, se prennent trop au sérieux et sont naïfs, terriblement naïfs. Les Français, quant à eux, riches de leur longue expérience, se méfient de toute chose et de tout le monde. C'est là une preuve d'intelligence.

Mais tout Français sait que, à l'inverse du système politique pourri, l'institution de la fabrication du vin avec ses traditions reste sans tache. Mais oui! Les viticulteurs et les propriétaires de Châteaux producteurs de Bordeaux et de Bourgogne sont au dessus de tout soupçon. L'étiquette: voilà ce qui ne trompe pas, et ce dont on est fier. Le Français a une confiance illimitée en l'étiquette sur sa bouteille de vin. Bizarres, ces Français! Ils ne croient en rien mais ils croient en leurs vins d'où leur stupéfaction devant leur «Winegate». L'étiquette avait menti. Une bagatelle aux Etats Unis, mais un scandale national en France. Les inspecteurs envoyés par Paris se déplacent en masse à Bordeaux. Les journalistes affluent par centaines. L'affaire des vins de Bordeaux devient une cause célèbre, cela pour une petite étiquette. Ah! que les Français sont naïfs, oui, terriblement naïfs.

*Deux régions viticoles*

# L'Affaire des fraudes met en danger tout le *vignoble*

vineyard

## Le scandale réveille les vieilles *rancunes*

grudges

### LE FIGARO

*Bordeaux,*[1] 26 août (De notre envoyé spécial).   Après avoir hésité un moment, le monde du vin semble décidé *à faire bloc autour de* la douzaine de *négociants* impliqués dans l'affaire des fraudes. Ce n'est pas sans *aigreur* que le scandale réveille de vieilles rancunes. Celles des *viticulteurs* contre les négociants: «Nous fabriquons un produit honnête et voilà ce que ces *fripouilles* en font.» Celles des négociants entre eux: la maison Cruse a, *sur la place,* la réputation d'être particulièrement dure en affaires et certains se réjouissent de la voir dans une situation embarrassante.

to unite behind
merchants
bitterness
vine-growers
scoundrels
in the business

[1]*The city of Bordeaux in the department of the Gironde.*

Mais viticulteurs et négociants se sont rendu compte d'un fait évident : ils sont tous *solidaires* et le scandale ne peut que leur *nuire* à tous.    united • harm
D'abord, en donnant des arguments faciles aux Français qui sont sceptiques quant à l'authenticité des vins qu'on leur vend sous le nom de «Bordeaux»,[1] de «Beaujolais»[2] ou de «Bourgogne». Ensuite, *en*    by ruining
*portant atteinte à* la réputation des vins français à l'étranger. C'est un point très important.

En 1972, le Bordelais a exporté le tiers de sa production de vin d'appellation contrôlée.[3] La Bourgogne et le Beaujolais la moitié. Il serait bien surprenant que les remous de Bordeaux ne soient pas exploités par les concurrents, aux Etats-Unis, en Grande-Bretagne et ailleurs. Ce n'est pas seulement le Bordeaux qui est touché, mais tous les vins français. Ce qui risque de rester dans l'esprit des acheteurs outre-mer est ceci : «Les vins de France ne sont pas honnêtes.»

Le plus *navrant*, dans cette affaire, est que depuis 25 ans, un énorme    upsetting
effort avait été fait pour *assainir* la profession. Après la Libération,    get rid of corruption in
Bordeaux avait réussi à se débarrasser des maisons de commerce qui mettaient sur le marché du vin *trafiqué*.    tampered with

On se demande comment les organismes professionnels ont pu être assez imprudents pour permettre à des *aigrefins* de se réimplanter dans    swindlers
la place.

Car toute l'affaire tourne autour d'un étrange personnage, très connu à Bordeaux. Appelons-le M. X… Il s'est installé quai des Chartrons[4] dans un bureau minuscule, avec une secrétaire et un téléphone. Il dispose de deux complices et de *chais* près de Bordeaux. C'est là    wine-making plants
que se font les manipulations.

A partir du mois d'avril M. X… commence à fournir à plusieurs maisons du «Bordeaux» garanti d'appellation contrôlée. En juin, il vend à Cruse deux lots de mille six cents *hectolitres*.    100 liters

Quelques jours plus tard, le 28, un commando d'inspecteurs débarque chez Cruse et annonce son intention de procéder à une vérification des chais et des papiers.

Ce n'est pas un *hasard*. Les inspecteurs ont entre les mains les    coincidence
documents saisis chez M. X… Ils savent très bien qui lui a acheté du vin. Ce vin, d'ailleurs, on ne sait pas exactement ce que c'est, car l'administration ne dit rien. Certaines personnes disent qu'il s'agit de vin blanc *teint* en rouge. D'autres pensent qu'il s'agit de vins du Midi[5]    dyed

[1]*Wine from the general Bordeaux area.*
[2]*A vast wine-growing area in the southeast of France.*
[3]*Wine meeting the standards of a state-controlled trademark.*
[4]Quai à Bordeaux sur lequel se trouvent les grandes maisons de vin de la région.
[5]Le sud de la France.

distribués sous le nom de «Bordeaux». Ce qui est certain, c'est qu'il y a falsification de documents et que les hectolitres fournis par M. X... ne sont pas du vin de Bordeaux.

Ce M. X... est un étrange personnage. Il dit lui-même qu'il est *fraudeur dans l'âme* et qu'il aime le jeu et la *tromperie*. Il est bien connu de la police et de la répression des fraudes. Il a déjà *fait faillite*. Son père a été failli avant lui. Et voilà l'homme qui peut s'installer à Bordeaux, sur le quai des Chartrons et mettre sur sa plaque: «X..., négociant.»

*an inverterate cheat • deceit*

*gone bankrupt*

## DES ACHETEURS PEU CURIEUX

Cela pose quand même au moins deux questions:

Comment des maisons sérieuses ont-elles pu accepter de travailler avec lui?

Comment ne se sont-elles pas étonnées, alors que le vin manque sur le marché, de voir *surgir* brusquement, comme par miracle, des quantités aussi *importantes*?

*appear*

*large*

Les réponses varient. Les amis des négociants impliqués dans l'affaire disent: «Cela tient à la mentalité particulière des Chartrons. X... a été *l'un des leurs*. Il a fait ses études chez les Jésuites à Tivoli, comme la plupart d'entre eux. Il est aujourd'hui *déchu*, mais sans le reconnaître pour un de leurs *pairs*, les Chartrons n'ont pas voulu l'abandonner entièrement.»

*one of them*

*fallen*

*peers*

Les adversaires des négociants ne partagent pas cette vision rose du monde des affaires: «C'est tout simple. Avec le ‹boum› sur les vins, certains négociants ont été imprudents. Ils ont pris des *commandes* qu'ils ne peuvent pas satisfaire. Ils *sont saisis à la gorge*. Alors, quand on leur propose du vin, ils sautent dessus sans trop se demander d'où il vient. Légalement, ils ne seront probablement pas reconnus coupables. Ils montreront des papiers parfaitement en règle prouvant qu'ils étaient de bonne foi. Moralement, ils le sont. Car ils savaient parfaitement *à quoi s'en tenir*.»

≠orders

*are panic-stricken*

*what was going on*

Aujourd'hui, la profession veut rassurer ses clients. Elle *fait valoir* que pas une seule bouteille, sur les 15.000 hectolitres de vin trafiqué, n'a été livrée aux consommateurs. Elle souligne que la fraude *porte sur* à peine 0,4 pour cent de la production *bordelaise* et qu'une douzaine seulement de négociants sur quatre cent cinquante sont impliqués dans l'affaire.

*asserts*

*involves*

*(de Bordeaux)*

«Tout cela est gonflé de façon artificielle», s'écrie M. Peter Sichel, président du *syndicat* des négociants.

*union*

En chœur, ses *confrères* s'écrient: «Vous voyez bien que la fraude n'est pas possible. Ceux qui ont essayé se sont fait prendre aussitôt.»

*colleagues*

*Le viticulteur déguste le vin nouveau.*

Les sceptiques ne sont pas convaincus. Leur réponse: «Rien ne prouve que d'autres *trafics* aussi graves ne restent pas impunis.»

dealings

Il est évident qu'il y a quelque chose d'ambigu dans le monde du vin. Officiellement, tout est propre et honnête. Au mois de mai dernier, j'avais rencontré à Bordeaux M. Perromat, le président de l'Institut National des Appellations Contrôlées (I.N.A.C.). Je lui avais parlé de la fraude. M. Perromat s'était indigné: «Notre système de surveillance est si perfectionné que la fraude est absolument impossible. Tout ce qu'on raconte à propos du vin du Midi ou d'ailleurs qui servirait à fabriquer du beaujolais ou du bordeaux n'est qu'un tissu de légendes ridicules.»

Légendes ridicules? Peut-être. Mais elles sont bien *tenaces*.

stubborn

*Vignes*

En théorie, le système du contrôle destiné à protéger le consommateur est parfait. Son *cheval de bataille* est la loi de 1935 sur les appellations d'origine contrôlées (A.O.C.), suivie d'une législation compliquée. Nous n'entrerons pas dans le détail. Mentionnons seulement que les A.O.C. reposent sur trois règles essentielles :

authority

(1) Pour bénéficier de l'appellation, le vin doit *provenir* des *terroirs* déterminés et de certains *cépages*. Il doit contenir un degré d'alcool minimum et la production ne doit pas excéder un *rendement* maximum.

originate • soil
vines
yield

(2) Il est permis d'assembler entre eux plusieurs vins d'appellation mais, chaque fois, le produit issu de ce *coupage s'abaisse* d'un *cran* dans la hiérarchie. Par exemple, si je *mélange* du «Médoc»[1] et du «Saint-Emilion»,[2] le produit final ne peut porter aucun de ces deux noms. Il devient un simple «Bordeaux supérieur». mixing of wines • goes down • notch<br>mix

(3) Tout coupage d'un vin A.O.C., avec un vin de consommation courante dégrade le mélange et en fait un produit qui en aucun cas ne peut prétendre à l'A.O.C.

Il existe un système complexe pour assurer le respect de ces textes. D'abord sur les quantités (aucun vin ne peut circuler sans être accompagné de documents qui permettent d'en suivre la *trace*) ; ensuite sur la qualité, au moyen d'analyses en laboratoire, de *dégustations* et de vérifications impromptues dans les chais. origin<br>tasting

## LE *MAQUIS* DES REGLEMENTATIONS jungle

L'*ennui* est que le contrôle reste assez théorique. trouble

D'abord pour des raisons matérielles. Dans le cas du Bordelais, par exemple, il est exercé d'une part par le service de la répression des fraudes : sept inspecteurs pour tout le Sud-Ouest ; et, d'autre part, par des inspecteurs du ministère des Finances : quinze inspecteurs pour la Gironde. C'est peu pour 31.000 viticulteurs et 450 négociants !

Et il faut bien dire que le «*tripotage*» des documents est *favorisé* précisément par la complexité du système de surveillance. C'est facile à comprendre. Chaque fois qu'une nouvelle forme de fraude est découverte, on crée une nouvelle réglementation. Le résultat final, de *superpositions* en superpositions, depuis quarante ans que cela dure, est un monument énorme et à peu près inextricable. Les *malins*, eux, savent comment naviguer dans ce maquis. tampering • encouraged<br><br><br>addition<br>shrewd ones

Et puis, il y a autre chose. Le système de surveillance est si complexe que, par une sorte d'accord tacite, l'Administration accepte de fermer les yeux sur certaines opérations qui se passent dans les chais.

Un négociant explique : «Si les textes étaient appliqués, appliqués de façon stricte, il serait impossible de faire du vin ! Il faut bien comprendre que le viticulteur livre parfois au négociant un produit qui n'est pas *buvable tel quel*. C'est à nous, les *éleveurs*, d'en faire un produit acceptable. Cela implique des mélanges. Le problème est qu'à partir du moment où l'on *frôle* l'illégalité, les gens malhonnêtes sont toujours tentés d'aller un petit peu plus loin et de tomber dans ce qui est ouvertement la fraude.» drinkable • as is • wine-makers<br><br>comes close to

---

[1]*Specific region in Bordeaux containing wines such as Château Lafite Rothschild.*
[2]*Bordeaux region with excellent wines such as Château Cheval Blanc.*

*Fin du procès: Winegate au tribunal de Bordeaux. Parmi les huit accusés con-*
*damnés, Lionel Cruse (à droite) et Yvan Cruse (à gauche) sont condamnés à un*
*an de prison avec sursis et à payer une amende de F 30 000. Au milieu, Pierre*
*Bert, un négociant qui avoua avoir trafiqué son vin, est condamné à un an de*
*prison ferme et à payer, lui aussi, une amende de F 30.000.*

On connaît la thèse de la maison Cruse: elle affirme n'avoir à aucun
moment commis la moindre infraction à la réglementation sur les
appellations contrôlées. Elle menace aussi, dans un communiqué, de
poursuivre ceux qui: «porteraient préjudice à sa réputation et à son
prestige».

MAX CLOS

## Contrôle de compréhension

1. Pourquoi le monde du vin a-t-il intérêt à être solidaire?
2. Pourquoi est-ce important que la réputation du vin français reste
   intacte vis-à-vis des pays étrangers?

3. Expliquez pourquoi toute l'affaire de fraude tourne autour de l'étrange M. X.
4. Quel genre de personnage est M. X?
5. Pourquoi les maisons bordelaises auraient-elles dû refuser d'acheter le vin de M. X?
6. Comment les adversaires des négociants expliquent-ils ces achats?
7. Que disent ceux qui soutiennent les négociants?
8. Quelles sont les légendes «ridicules» qui circulaient depuis quelque temps?
9. Que veut dire «vin d'appellation contrôlée»?
10. Qu'est-ce qu'un «Bordeaux supérieur»?
11. Comment assure-t-on le respect de la loi sur les A.O.C.?
12. Qu'est-ce qui favorise la fraude?
13. Comment les négociants essaient-ils de justifier leur manque de respect pour les règlements?

## Sujets de discussion

1. Pourquoi cette affaire des vins de Bordeaux est-elle considérée comme un scandale par les Français?
2. Lors des révélations sur l'affaire des vins de Bordeaux, un grand journal londonien, le *Daily Telegraph*, a écrit un article intitulé «N'y a-t-il plus rien de sacré en France?». Que révèle ce titre sur la France et l'image que s'en font les étrangers?
3. Ce scandale a été baptisé «Winegate» par les Français. Pourquoi? Une fraude pareille aurait-elle été considérée comme un «scandale» aux Etats-Unis?

## Un «Watergate» est-il possible en France?

**LE MONDE**

S'il se produisait en France un scandale semblable à l'affaire du Watergate, la presse française oserait-elle en parler? Pourrait-elle tout dire, comme l'a fait, à la suite du *Washington Post*, la presse américaine? Beaucoup de personnes se posent ces questions, et parfois, nous les posent. Les réponses méritent d'être recherchées. Elles ne sont pas faciles.

Le contexte politique, moral et juridique diffère beaucoup d'une *rive* à l'autre de l'Atlantique.

side

Le président des Etats-Unis, dès que son élection est officielle et qu'il a reçu le traditionnel message de félicitations en forme d'allégeance de son principal adversaire, devient vraiment le chef de la nation. L'homme *s'efface* devant l'institution. Il obtient le droit au respect. Ceci veut dire que, même si sa politique peut naturellement être discutée et combattue, sa personne devrait être respectée, malgré les passions qui se déchaînent autour de lui. Le délit d'offense au chef de l'Etat n'existe pas dans la loi : le président n'est ni plus ni moins protégé contre l'injure et la diffamation que n'importe quel citoyen.

Ensuite, le ton et le climat de la vie publique sont beaucoup plus *rudes* en Amérique qu'en France. A la télévision, devant la presse, les dirigeants et le président lui-même s'expriment avec une brutalité, une *verdeur*, une crudité parfois dans l'attaque ou la *réplique*, qui, ici, couperaient *le souffle*. On est très loin de nos débats *feutrés*, allusifs, de nos attitudes *convenues*, comme on est loin d'ailleurs des habitudes de courtoisie et du formalisme en usage au Parlement britannique.

En même temps, le souvenir est encore très *vivace* de l'énorme corruption qui régnait dans la politique américaine des années 1880–1914, époque où des législatures d'Etat presque entières et de nombreux membres du Congrès des Etats-Unis étaient *achetés par* des compagnies de chemin de fer, des financiers ou des industriels, presque ouvertement. Ceci explique la *sensibilité* du grand public et, donc, de la presse, aujourd'hui encore, à tous les trafics d'influence, compromissions et corruptions. Le prix Pulitzer pour la presse, qui constitue la plus haute récompense annuelle donnée à des journalistes, va très souvent aux auteurs d'enquêtes qui ont *mis au jour* un scandale ou des fraudes. Il a été attribué aux deux collaborateurs[1] du *Washington Post* qui ont révélé l'affaire du Watergate.

## LA NATURE DE LA VIE POLITIQUE

Mais, surtout, il y a une différence essentielle dans l'organisation et dans la nature même de la vie politique. Lorsque le président Nixon est entré à la Maison Blanche, il y est arrivé avec le petit groupe de collaborateurs personnels. Puis il a aussitôt procédé à la nomination de quelque six mille hauts *responsables*, fonctionnaires et agents de l'Etat fédéral, dépositaires d'une fraction de son autorité. Une équipe peu nombreuse prend le pouvoir, appuyée sur un vaste clan qui en occupe *sur-le-champ* tous les points stratégiques. Le président a les mains libres ; il n'a pas à se soucier d'un milieu politique qui n'existe pratiquement pas ; il n'a pas à se soucier non plus d'une administration qui,

---

becomes subordinate to

rough

coarseness • retort

breath • polite

prearranged

alive

controlled by

‡sensitivity

uncovered

officials

on the spot

[1]Carl Bernstein and Bob Woodward.

dans tous ses échelons supérieurs, est étroitement liée à sa personne et solidaire du succès de son action.

Rien de commun, on le voit, avec la situation du pouvoir en France, où le président baigne dans un milieu politique vigilant, où il est solidement entouré par une administration permanente, nombreuse et puissante. Les directeurs, *les membres des «grands corps»*, sont souvent **top bureaucrats** plus importants et toujours plus durables que le ministre dont ils composent le cabinet et dont ils surveillent de près la conduite, n'hésitant pas à lui dire ce qu'il peut faire et ce qu'il doit éviter.

Dans l'affaire Ben Barka, en 1965–66,[1] deux policiers de rang relativement *subalterne* ont été inculpés et condamnés, quelques fonc- **lower** tionnaires de rang moyen ont été mis en cause, deux de leurs chefs pour avoir couvert leurs *agissements*. Mais personne n'a jamais **actions** prétendu que l'*enlèvement* du leader marocain avait été décidé, préparé **kidnapping** et dirigé à l'Elysée. Dans l'affaire du Watergate, au contraire, il est établi que les *cambriolages*, les faux, les *chantages*, étaient ordonnés, **burglaries • blackmail** financés et organisés à la Maison Blanche même. Pour établir, en France, un *lien* entre les *truands* auteurs de l'enlèvement de Ben Barka **tie • hoodlums** et une personnalité politique *quelconque*, il eût fallu franchir 10 ou 20 **any** échelons, trouver 10 ou 20 intermédiaires. A Washington, les *forceurs* **safe-crackers** *de coffre-fort* recevaient leurs instructions directement de membres importants du cabinet du président et à deux pas de son propre bureau.

## LE ROLE DE LA PRESSE

Sur cette *toile de fond*, quel rôle joue la presse, quelle est sa *marge* **background • margin** d'enquête et d'intervention? Il est clair que les *données* originales de la **facts** situation américaine que l'on vient d'évoquer — l'importance du président, l'indépendance et la concentration du pouvoir, ainsi que ses limites et l'absence de cadre permanent — contribuent à rendre la presse moins réservée que chez nous et à faciliter sa tâche. L'accès à mille sources d'information: les *actes d'état civil*, les titres de propriété, **civil registry** les dossiers fiscaux de n'importe quel citoyen, le bilan de toutes les sociétés, tous documents qui, en France, sont tout à fait secrets, *est* **(sujet: *l'accès*)** au contraire libre et ouvert aux Etats-Unis pour un *particulier*. En fait, **individual** tout renseignement qui n'est pas expressément déclaré secret («classified») par le pouvoir est public et peut être non seulement obtenu, mais exigé. Les journalistes américains enclins par tempérament, et incités par la *surenchère* professionnelle, à chercher sans cesse à **competition**

[1]Leader socialiste marocain enlevé sur le territoire français et dont aucune trace ne fut retrouvée.

*entrevoir le dessous des cartes*, sont moins respectueux que leurs     to see behind the scenes
confrères européens, et, de ce fait, ils sont plus respectés.

Toutefois, il ne faudrait pas croire que toute la presse des Etats-Unis
*a pris la piste* des cambrioleurs du Watergate. Ce n'est pas un hasard     followed the track
si le mérite de l'enquête est revenu tout entier au *Washington Post* : il
est, en effet, le seul avec le *New York Times* — qui l'a montré une fois
de plus en 1971 en publiant les «dossiers secrets du Pentagone» — à
pouvoir, parmi les quotidiens, s'offrir le luxe de cette démonstration
d'indépendance. Les autres y regarderaient à trois fois, craignant soit
de mécontenter des annonceurs, qui leur apportent presque la totalité
de leurs ressources, soit de faire l'objet de pressions et de *représailles*.     reprisals
Alors, ils se sont contentés, comme les chaînes de radio, de citer,
reprendre et commenter les révélations de leur grand confrère, tandis
que les chaînes de télévision les illustraient à leur manière d'interviews
incisives et d'enquêtes parfois saisissantes.

Les frontières juridiques comptent aussi. Aux Etats-Unis, les procès
en diffamation sont fréquents et la justice assez sévère ; cependant,
toutes les invectives sont permises contre les hommes politiques tant
qu'elles ne comportent pas d'accusations calomnieuses. La liberté
individuelle est mieux garantie qu'en France, avec toutes les conséquences que cela peut comporter dans un sens ou dans l'autre pour
chacun. Un exemple : la *mise sur table d'écoute* de la ligne téléphonique     bugging
d'un citoyen est légalement subordonnée à l'accord *préalable* d'un     previous
magistrat.

En France, les lois sur la diffamation sont particulièrement sévères et
finalement très durement appliquées. Les jugements abondent, qui con-
damnent des directeurs de publication pour avoir cité un journal
dont les allégations ont été jugées diffamatoires, rapporté une déclaration
d'une personnalité mettant en cause *un tiers*, alerté l'opinion sur une     a third party
fraude — électorale, par exemple — ou sur un trafic — de drogue
notamment — sans être *en mesure* d'apporter des preuves irréfutables     in a position
et définitives de ce qui a été ainsi publié. Craignant des représailles
personnelles ou judiciaires, les témoins *se murent* dans le silence ; dès     hide
qu'une poursuite est engagée, les policiers, les fonctionnaires, se
refusent à toute déclaration, même la plus anodine ; l'article No. 1 du
statut de la *fonction publique* est consacré à l'obligation de discrétion,     civil service
et tout ce qui touche à l'administration est confidentiel ou présumé tel.
Quant aux hommes politiques, combien font leurs confidences sous le
sceau du secret, ajoutant parfois : «Je ne vous ai rien dit», et même :
«Si vous m'attribuez les propos que je viens de tenir, je *démentirai* et je     will deny
vous poursuivrai en justice !»

On ne peut pas comparer ce qui n'est pas comparable, l'attitude de la

### POUR FAIRE DU BON FEU, IL FAUT DU BON BOIS.

Quand vous achetez la télévision couleur, Schneider sait
que c'est un achat important. Il faut avoir confiance dans
ce que vous achetez. Schneider couleur mérite cette confiance.
Ses nouveautés ne sont choisies qu'après avoir fait leurs preuves.
 Prenez par exemple le téléviseur que vous voyez ci-dessus.
C'est le Sidéral, le tout nouveau de Schneider.
— C'est un 110° - 2 avantages : une luminosité plus grande et
9 cm de moins en profondeur.

— Il est indéréglable : si par hasard l'image ou le son se dérèglent,
le réglage automatique de fréquence les rectifie automatiquement.
— Le Digimatic préréglé pour 6 chaînes : un simple effleurement et
vous changez de chaîne.
— La cellule fotonmatic pour assurer un contraste constant de
l'image quelles que soient les variations d'éclairage ambiant.
Schneider sait qu'on ne peut faire du bon feu qu'avec du bon bois.

### SCHNEIDER
Que des perfectionnements qui ont fait leurs preuves.

presse française et américaine est aussi différente que les législations, les traditions et les tempéraments. Cependant tout *porte* à croire qu'à sa manière, dans les limites pratiques, légales et morales qui lui sont assignées, un journal français aurait trouvé les moyens nécessaires pour dénoncer, lui aussi, un Watergate parisien. Mais il faut ajouter aussitôt que, sceptiques ou résignés, trop habitués à ce que le pouvoir use et abuse de procédures illégales, de mesures arbitraires, de juridictions d'exception, du secret et de la propagande, les Français sont *plus* prompts à ironiser sur les méfaits et les turpitudes de ceux qui les gouvernent *qu'à* s'en indigner vraiment.

**leads**

**(plus... que)**

PIERRE VIANSSON-PONTE

## Contrôle de compréhension

1. Quelles questions la France se pose-t-elle à la suite de Watergate?
2. Pourquoi peut-on dire qu'une fois élu, le Président des Etats-Unis devient «vraiment» le chef de la nation?
3. Qu'est-ce qui caractérise la vie publique aux Etats-Unis par rapport à la France?
4. Pourquoi le public américain est-il si sensible à la corruption publique?
5. A qui le prix Pulitzer est-il souvent attribué?
6. Qu'est-ce qui distingue l'étendue du pouvoir politique du président américain de celui du président français?
7. Pourquoi la presse américaine est-elle moins réservée que la presse française?
8. Qu'est-ce qui contribue à l'efficacité de la presse américaine dans le domaine des enquêtes?
9. Pourquoi tous les journaux américains n'ont-ils pas mené la lutte contre Nixon?
10. Quelle différence y a-t-il entre les lois qui protègent un homme politique en France et aux Etats-Unis?
11. Quelle opinion le Français a-t-il des hommes politiques?

## Sujets de discussion

1. La liberté *totale* de la presse représente-t-elle un danger quelconque? Quelles limites imposeriez-vous?
2. Quelles différences y a-t-il entre la presse française et la presse américaine? Laquelle préférez-vous?
3. Commentez l'article No. 1 du statut de la fonction publique qui stipule «l'obligation de discrétion, et tout ce qui touche à l'administration est confidentiel ou présumé tel.» (p. 206, l. 35)

# Vocabulaire

Cette liste contient tous les mots ou expressions utilisés dans *La Presse II*, à l'exception de quelques mots élémentaires qui se trouvent dans *Le Dictionnaire du français fondamental* de Georges Gougenheim.

FAITES ATTENTION : les traductions ne sont valables que dans le contexte où chaque mot apparaît dans ce livre.

**A**

**abaisser : s'—** to go down
**abandon** *m.* abandonment
**abattage** *m.* slaughter
**abattre** to kill
**abbaye** *f.* abbey
**abbé** *m.* abbot
**abîmé** engulfed
**abolir** to abolish
**abonder** to be plentiful
**abonner** to subscribe to
**abord, d'—** first
**aborder** to approach
**abréger** to shorten
**abriter** to shelter ; **s'—** to hide oneself
**abstrait** abstract
**accéder** to reach
**accents** *m.pl.* strains (*music*)
**accès** *m.* access
**accommodement** *m.* arrangement
**accompagnateur** *m.* guide
**accomplir** to accomplish
**accord** *m.* agreement ; **être d'—** to be in agreement, to agree
**accrocher : s'—** to hang on
**accroître** to increase
**accueil** *m.* welcome ; host
**accueillir** to receive (*as a guest*) ; to welcome
**acharné** arduous, relentless
**achat** *m.* purchase
**acheter** to buy out
**acheteur** *m.* buyer
**achèvement** *m.* completion
**achever** to end ; to finish
**acier** *m.* steel
**acompte** *m.* deposit
**acquis** acquired
**acquittement** *m.* acquittal
**acquitter : s'—** to pay (*one's debt*)
**action** *f.* share
**actualité** *f.* events of the day **—s** news
**actuel** today, present
**actuellement** now, at this time

**adjoint** *m.* assistant
**admettre** to admit
**administration** *f.* management
**affaiblir** to weaken
**affaire** *f.* case ; deal, business ; **—s** belongings ; **avoir — à** to deal with
**affairer : s'—** to bustle about
**affectif** emotional
**affiche** *f.* poster
**affligeant** distressing
**affluer** to flock
**affoler : s'—** to become panic-stricken
**affronter** to confront
**aficionados** (*Spanish*) camera bugs
**afin de** in order to
**agacé** irritated
**âge** *m.* old ; **troisième —** senior citizen **faire son —** to look one's age
**aggraver** to increase
**agir** to act ; **il s'agit de** it is, it is a question of
**agissement** *m.* action
**agiter** to move ; to disturb
**agneau** *m.* lamb
**agrément** *m.* sanction
**agriculteur** *m.* farmer
**aide-comptable** *m.* bookkeeper
**aigrefin** *m.* swindler
**aigreur** *f.* bitterness
**aigu** sharp
**aile** *f.* wing
**ailleurs** elsewhere ; **d'—** besides
**aîné** eldest
**ainsi** in this manner, thus
**air comprimé** *m.* compressed air
**aise : être à l'—** to be at ease ; **être mal à l'—** to be ill at ease
**aisé** well-to-do
**ajouter** to add
**aliment** *m.* food
**alimentation** *f.* feeding
**alléchant** tempting

**allègrement** happily, without a care
**Allemagne** *f.* Germany
**allemand** German
**aller** to work ; to go ; **s'en —** to go away
**allonger : s'—** to stretch out
**allumer** to light
**allure** *f.* appearance
**alors** so, then
**alors que** as, when, although
**alphabétisation** *f.* teaching of reading and writing
**alpinisme** *m.* mountain climbing
**amant** *m.* lover
**ambiance** *f.* atmosphere
**ambiant** surrounding
**ambigu** ambiguous
**âme** *f.* soul ; **dans l'—** inveterate ; **vague à l'—** melancholia
**améliorer** to improve
**aménagement** *m.* installation
**aménager** to set up
**amende** *f.* fine
**amender : s'—** to mend one's ways
**amener** to bring
**amer** bitter
**ameuter** to arouse
**amical** friendly
**amitié** *f.* friendliness
**amont** *m.* upstream
**amoureux** amorous
**ampleur** *f.* scope
**ampoule** *f.* bulb
**amuser : s'—** to have fun
**analphabète** *m.* illiterate
**ancien** former, old ; **les —s** oldtimers ; old masters
**ancienne : à l'—** the old-fashioned way
**ancrer : s'—** to lay anchor
**ange** *m.* angel
**angoisse** *f.* anguish ; anxiety
**animateur** *m.* organizer
**animer** enliven

**anniversaire** *m.* birthday

**annonce** *f.* : **petite —** want ad

**annonceur** *m.* advertiser

**anodin** harmless

**anonymat** *m.* anonymity

**antan** yesteryear

**antenne** *f.* channel

**antiquaire** *m.* antique dealer

**antiquité** *f.* antique

**apanage** *m.* attribute

**apercevoir** to notice

**aperçu** (*p.p.* **apercevoir**)

**apéritif** *m.* cocktail

**apparaître** to appear

**appareil** *m.* apparatus ; camera ;
— **ménager** household appliance

**apparemment** apparently

**apparence** *f.* appearance

**apparenter** : **s'— à** to resemble

**apparition** *f.* appearance

**appartenir** to belong

**appel** *m.* appeal, calling ; **faire — à**
to be based on ; **se faire des —s**
to call one another

**applaudir** to applaude

**appliquer** to enforce

**apport** *m.* investment

**apporter** to bring

**appréciation** *f.* discretion ;
evaluation

**apprendre à** to teach (*to someone*) ;
to learn

**apprenti** *m.* apprentice

**apprentissage** *m.* apprenticeship

**apprêter** : **s'—** to get ready

**appris** (*p.p.* **apprendre**)

**approbation** *f.* approval

**approfondi** in depth

**approfondir** to study

**appui** *m.* support

**appuyer** to support ; to lean ; to
press

**après** : **d'—** according to

**araignée** *f.* spider

**arc-bouter** : **s'—** to stand up to

**arche** *f.* arc

**archevêché** *m.* archdiocese

**archevêque** *m.* archbishop

**archiprêtre** *m.* dean (*of a
cathedral*)

**argent** *m.* silver ; money

**arguer** to claim

**armoire** *f.* wardrobe

**arpent** *m.* acre

**arracher** to take away by force

**arrêt** *m.* stoppage

**arrêté** *m.* warrant

**arrêter** to arrest, stop

**arrhes** *f.pl.* deposit

**arrivé** arrived ; prosperous

**arrivée** *f.* arrival

**arriver** to happen ; to achieve

**arrondir** : **s'—** to round out

**arrondissement** *m.* district
(*Paris is divided into 20 districts.*)

**arroser** to wash down

**artisanat** *m.* handicraft

**as** *m.* ace

**aspiration** *f.* dream

**aspirer** to suck out

**assaillir** to assail

**assainir** to make healthy ; to get
rid of corruption

**assesseur** *m.* judge's assistant,
adviser

**assez** enough ; sufficient ; somewhat

**assiégé** besieged

**assis** (*p.p.* **asseoir**)

**assistante sociale** *f.* social worker

**assister** to attend, see, witness

**assurance** *f.* insurance

**assurément** assuredly

**assurer** : **s'—** to make sure

**assureur** *m.* insurance agent

**astre** *m.* heavenly body

**astronome** *m.* astronomer

**astucieux** clever

**atelier** *m.* workshop

**atout** *m.* trump card

**attache** *f.* tie

**attacher** to tie

**atteindre** to reach

**atteint** : **être — de** to be stricken
with

**atteinte** : **porter — à** to cast a
blow ; to ruin

**attendant** : **en —** for the time
being

**attendre** : **s'— à** to expect

**attendrir** : **s'—** to become
emotional

**attente** *f.* expectation

**attention** *f.* care ; **faites —** be
careful

**atterrer** to astound

**atterrir** to land

**atterrissage** *m.* landing

**attirer** to attract

**attribuer** to grant

**au-delà** beyond

**aube** *f.* dawn

**auberge** *f.* inn

**aubergiste** *m.* innkeeper

**audacieux, -se** audacious, daring

**auge** *f.* trough

**augmentation** *f.* increase

**auparavant** previously

**auprès** with

**aussi** also ; so ; therefore ; **d'—**
just as

**aussitôt** immediately ; as soon as

**autant** as much ; might as well ;
**d'— plus que** even more so,
since ; **— que** as much . . . . ,
**pour —** for that reason

**autarcie** *f.* self-sufficiency

**autel** *m.* altar

**auteur** *m.* author

**autogéré** self-administered

**autoroute** *f.* highway

**autour** around ; regarding

**autre** the other ; another

**autrefois** in the past

**autrement** another way

**Autriche** *f.* Austria

**autrui** others

**auvent** *m.* **à frange —** fringed
awning

**auxiliaire** junior; temporary
**aval** *m.* downstream
**avaler** to swallow
**avance: d'—** in advance; **en — sur** ahead of
**avant** previous; before; ahead
**avenir** *m.* future
**aventure** *f.* (*love*) affair
**averse** *f.* downpour
**averti** experienced
**aveugle** blind
**avion** *m.* plane
**avis** *m.* opinion
**aviser** to advise
**avocat** *m.* lawyer; **— du barreau** member of the bar
**avoir** (*fam.*) to get; **— l'air de** to look like
**avortement** *m.* abortion
**avouer** to confess

**B**
**B.E.P.C.** *m.* (**Brevet d'Etudes du Premier Cycle**) certificate received at the end of mandatory schooling (approx. 16 years of age)
**babiller** to chatter
**bac** *m.* (*abbrév.*) baccalaureate
**badaud** *m.* spectator; stroller
**bagou** *m.* gift of gab
**bague** *f.* ring
**baignade** *f.* bathing
**baigner: se —** to bathe; submerge
**bal** *m.* dance
**balader: se —** to stroll, walk around
**balai** *m.* broom; **coup de —** police roundup, raid
**balance** *f.* scale
**balayage** *m.* sweeping
**balayer** to sweep
**balivernes** *f.pl.* nonsense
**ballon-sonde** *m.* meteorological balloon

**ballot** *m.* bale
**banal** ordinary
**banc** *m.* bench
**banco** *m.* jackpot
**bande** *f.* gang; **— dessinée** cartoons
**banditisme** *f.* gangsterism
**banlieue** *f.* suburbs
**banlieusard** suburbanite
**baptême** *m.* **— de l'air** first flight
**barbouillé** smeared
**barbu** bearded
**bariolé** striped
**barrage** *m.* police block
**barre** *f.* control bar
**barrière** *f.* barrier
**bas** low; **en —** at the bottom
**bataille** *f.* battle
**bâtiment** *m.* building
**bâtir** to build
**battre** to beat; **— son plein** to be in full swing
**bavure** *f.* stain
**beau** good (*weather*)
**beau-frère** *m.* brother-in-law
**belle-famille** *f.* in-laws
**belle-mère** *f.* mother-in-law
**belle-sœur** *f.* sister-in-law
**belote** *f.* very popular card game
**bénéfique** beneficial
**bergère** *f.* **: fauteuil —** easy-chair
**berner** to fool
**besoin** *m.* need
**bête** *f.* animal; stupid
**biberon** *m.* baby bottle
**bidon** *m.* pail
**bien** *m.* property, possessions; **—-être** well-being
**bien** willingly; very; **— des** many; **— portant** in good health; **— que** although; **— sûr** of course; **ou —** or
**bienfait** *m.* advantage
**bière** *f.* beer
**bijouterie** *f.* jewelry store
**bilan** *f.* balance-sheet; reckoning

**billet** *m.* ticket
**billot** *m.* (*butcher's*) block
**blaireau** *m.* shaving brush
**blanchir** to boil briefly
**blanchisseuse** *f.* laundrywoman
**blé** *m.* wheat
**blesser** to wound; to hurt
**blondinette** *f.* little blond
**blouson** *m.* jacket; **— noir** black (*leather*) jacket, *i.e.*, thugs
**bois** *m.* wood
**boisé** wooded
**boisson** *f.* drink
**boîte** *f.* (*abbrév.* **boîte de nuit**) nightclub; **— à bachot** summer school offering crash program to prepare students for baccalaureate
**bombe** *f.* **glacée** ice cream cake
**bon** *m.* coupon
**bondé** overcrowded
**bonheur** *m.* happiness
**bord** *m.* **: à —** on board; **au —** near, next to
**botte** *f.* boot
**bouche** *f.* entrance
**boucher** *m.* butcher
**boucler** to lock up
**bouder** to snub
**boue** *f.* mud
**bouée** *f.* **de sauvetage** life-jacket
**bouger** to get moving, move
**boulanger** *m.* baker
**boulangerie** *f.* bakery
**Boulevard** *m.* popular stage, Broadway
**bouleversé: être —** to be very distressed
**bouleversement** *m.* upheaval
**boulot** *m.* (*fam.*) job
**Bourgogne** *f.* province of Burgundy in central France
**bourguignon** Burgundian
**bourse** *f.* purse; stockmarket; **sans — délier** without spending a penny
**boutade** *f.* witticism

**bouteille** *f.* bottle — **de réserve** vintage wine

**boutique** *f.* small shop

**brancher** to connect

**bras** *m.* : **à bout de —** at arm's length

**brassage** *m.* flux

**bref, brève** brief

**brêle** *f.* (*fam.*) burro

**bricoleur** *m.* handyman

**brillant** bright; shining

**briller** to shine

**brioche** *f.* little cake

**briser** to break, shatter

**Britannique** English

**broche** *f.* spindle

**brochure** *f.* pamphlet

**broncher** to budge

**bronchique** bronchial

**bronzer** to tan

**brouillard** *m.* fog

**brouiller** to scramble; to jam

**broyer** to crush

**bruit** *m.* noise

**brûler** to burn

**brumeux, -se** foggy

**brusquement** suddenly

**bruyant** noisy

**bûcher** *m.* stake

**bulle** *f.* bubble

**bulletin trimestriel** *m.* report card

**bureau** *m.* desk; office

**but** *m.* aim

**buté** stubborn

**buter** to stumble

**buvable** drinkable

**C**

**C.A.P.** *m.* (**Certificat d'Aptitude Professionnelle**) certificate received after successful completion of three years at C.E.T.

**C.E.T.** *m.* (**Collège d'Enseignement Technique**) vocational secondary school.

**C.N.R.S.** *m.* (**Centre National de la Recherche Scientifique**) Organization under the Ministry for Education devoted to scientific research

**ça** that; — **y est** that's it

**cabine téléphonique** *f.* telephone booth

**cabrer : se —** to kick (*to rear like a horse*)

**caca** *m.* (*fam.*) feces

**cache-cache** *m.* hide and seek

**cacher** to hide

**cadavre** *m.* corpse

**caddie** *m.* pushcart

**cadeau** *m.* gift

**cadenas** *m.* padlock

**cadet** *m.* younger child

**cadre** *m.* framework; décor; business executive

**cafetier** *m.* café owner

**caïd** *m.* gangster

**caisse** *f.* wooden box; **—s de l'Etat** coffers of the State

**caissier, -ère** cashier

**calcaire** hard (*water*)

**caler** to jam

**calqué** copied

**calvaire** *m.* ordeal

**cambriolage** *m.* burglary

**cambrioleur** *m.* burglar

**camion-benne** *m.* tipping-truck

**campagne** *f.* countryside; campaign; **se mettre en —** to launch a campaign

**cancérologue** *m.* cancer specialist

**canton** *m.* canton, district

**caoutchouc** *m.* rubber

**car** because

**caractériel** *m.* person with personality problems

**caractériser** to characterize

**caravane** *f.* trailer

**carence** *f.* neglect

**carré** square

**carreau** *m.* window pane

**carrelage** *m.* tile floor

**carrière** *f.* career

**carrure** *f.* build

**carte** *f.* card; map; — **de membre** membership card; **entrevoir le dessous des —s** to see behind the scenes; **à la —** made to order, individualized

**carton** *m.* cardboard box

**cas** *m.* case; — **de conscience** moral problem; **en tout —** in any case

**cassé** broken

**casse-croûte** *m.* snack

**casser : se — la figure** to fall on one's face

**cause** *f.* : **en tout état de —** in any event; **être en —** to be responsible; **mettre en —** to involve, implicate; to doubt

**cave** *f.* basement; wine cellar

**caverne** *f.* ; **âge des —s** Stone Age

**céder** to give in

**célèbre** famous

**célibataire** *m.* single

**cellule** *f.* cell

**celui, celle** the one; — **-ci** the latter

**cendrier** *m.* ashtray

**censeur** *m.* censor

**censure** *f.* censorship

**centrale** *f.* power plant

**centre** *m.* center; school

**cépage** *m.* vine

**cependant** meanwhile; yet, still

**cercle** *m.* **vicieux** vicious circle

**cerf-volant** *m.* kite

**cerner** to surround

**certain** some

**certes** most certainly

**certitude** *f.* certainty

**cesser** to stop

**chacun, -e** each

**chahut** *m.* rowdiness

**chai** *m.* wine-making plant

**chaîne** *f.* channel; radio station; — **haute fidelité** hi-fi

**chair** *f.* **de poule** goose pimples

**champ** *m.* field

**champêtre** country, rustic
**changement** *m.* change
**chanoine** *m.* canon
**chanson** *f.* song
**chantage** *m.* blackmail
**chantier** *m.* construction site
**chapiteau** *m.* tent
**chaque** each, every
**charcuterie** *f.* cold cuts
**chargement** *m.* load
**charger** to entrust; to load
**chargeur** *m.* loader
**charpenté** built
**chasser** to hunt
**chauffer** to heat
**chauve-souris** *f.* bat
**chef** *m.* head, chief
**chef d'œuvre** *m.* masterpiece
**chemin** *m.* path; **— de fer**
railroad
**cheminée** *f.* fireplace; smokestack
**cheminement** *m.* course, duty
**chemisier** *m.* shirt
**cher** expensive; **coûter —** to
cost a lot
**chercheur** *m.* scientist
**chétif, -ve** weak
**cheval** *m.* horse; **— de bataille**
warhorse; authority
**chevaucher: se —** to overlap
**chevelu** hairy
**chevet** *m.* bedside
**cheville** *f.* ankle
**chiffon** *m.* rag
**chiffre** *m.* number; **—d'affaires**
turnover
**chiffré** numerical
**chimique** chemical
**chimiste** *m.* chemist
**chœur** *m.* chorus
**choisir** to choose
**choix** *m.* choice; **au —** take your
pick
**chômage** *m.* unemployment
**chose** *f.* **courante** common; **par
la force des —s** by force of
circumstance

**choucroute** *f.* sauerkraut
**choyer** to coddle
**ci-dessus** above
**ciel** *m.* sky; **à — ouvert** open-air
**cinéaste** *m.* movie maker
**cintré** tight-fitting
**circonscription** *f.* district
**circuit** *m.* path
**circulation** *f.* traffic
**cireuse à chaussures** *f.* shoe-
shining machine
**cirque** *m.* circus
**cité** *f.* housing unit
**citoyen** *m.* citizen
**civil: en —** in plainclothes
**civique** civil
**claquer** to slam
**classement** *m.* classification, list
**classer** to classify
**clément** understanding
**clignotant** blinking
**climatisation** *f.* air conditioning
**cliquetis** *m.* clinking
**clochard** *m.* tramp
**cloîtré** cloistered
**clos: maison —e** *f.* brothel
**cocker** *m.* cocker spaniel
**cœur** *m.* heart
**coffre** *m.* safe; **—-fort** safe
**coiffé** combed
**coiffeuse** *f.* hairdresser
**coiffure** *f.* hairdressing, hairdo
**coin** *m.* corner; **dans le —** in
these parts
**col** *m.* neckline
**collecte** *f.* collection
**colombe** *f.* dove
**combat** *m.* struggle
**combativité** *f.* fighting spirit
**combattant** *m.*; **ancien —** veteran
(*of the war*)
**combattu** fought
**combien** how much
**comité** *m.* committee
**commandant** *m.* **de bord** pilot
**commande** *f.* order; **aux —s** at
the controls

**comme** as, like, as if
**commencement** *m.* beginning
**comment** how to
**commerçant** *m.* merchant
**commettre** to commit
**commissaire** *m.* commissioner
**commissariat** *m.* commission;
police precinct
**commode** *f.* dresser
**communauté** *f.* commune
**commune** *f.* community
**communément** commonly
**commutateur** *m.* switch
**comparaître** to be brought before
the court
**complet** *m.* man's suit
**complice** *m.* accomplice
**comportement** *m.* behavior
**comporter** to entail
**composant** *m.* component
**compréhensif** understanding
**compréhension** *f.* understanding
**comprendre** to understand; to
involve
**compris: tout —** all included
**compromission** *f.* compromise
**comptabilité** *f.* accounting
**comptable** *m.* accountant;
accounting
**compte** *m.* account; **se rendre —**
to realize; **rendre —** to explain
**compter** to count; to mean
something; to take into account
**concerne: en ce qui —** as concerns
**concevable** conceivable
**concierge** *f.* superintendent
**conciliant** cooperative;
conciliatory
**concilier** to reconcile
**conclu** concluded
**concours** *m.* competitive exam;
**être reçu à un —** to pass an
exam
**concrétiser: se —** to materialize
**conçu** organized
**concurrencé: être —** to be in
competition

**concurrent** competitive; competitor

**condamner** to condemn

**condition** f. situation

**conditionnement** m. conditioning

**conduire** to lead; to drive

**conduite** f. conduct

**confiance** f.; **avoir (faire) —** to trust

**confidence** f. secret; **se faire des —s** to confide in each other

**confier** to confide

**confondre** to confuse

**confondre: se —** to blend in

**conforme à** according to

**confrère** m. colleague

**congé** m. vacation; **donner —** to give notice; **— de maladie** sick leave

**congélateur** m. freezer

**congrès** m. congress; convention

**conjuguer** to conjugate

**connaissance** f. acquaintance; **avoir — de** to know of; **faire — de** to make the acquaintance of; **—s** knowledge

**connu** (p.p. **connaître**)

**conquête** f. conquest

**conquis** conquered

**consacrer** to devote

**consciemment** consciously

**conscience** f.: **prise de —** growing awareness

**conseil** m. council; advice; plan

**conseiller** m. advisor

**consentir** to consent

**conservateur** m. curator

**conserver** to preserve

**consommateur** m. consumer

**consommation** f. drink, consumption

**constatation** f. evidence

**constater** to discover; to realize

**construit** constructed

**conteste** f.: **sans —** unquestionably

**contester** to protest

**contraindre** to force

**contrainte** f. restriction

**contrarier** to interfere, oppose

**contravention** f. summons

**contre** against; for

**contredire** to contradict

**convaincre: se —** to convince oneself

**convaincu: être —** to be convinced

**convenable** acceptable

**convenir** to be fitting; to suit

**convenu** prearranged

**convié** invited

**convient: il — de** it is advisable that

**convive** f. guest

**convocation** f. notice, summons

**convoqué: être —** to be called

**convoyeur** m. transporter

**coopérant** cooperative

**copain** m. friend, pal

**copiage** m. copying

**copie** f. student paper; **faire les —s** to mark papers

**coqueluche** f.; **être la —** to be the craze

**corde** f. rope

**cordon ombilical** m. umbilical cord

**corps** m. body

**correct** adequate

**correctement** properly

**corriger** to correct

**corsage** m. blouse

**corvée** f. ordeal, task

**cossu** rich

**côte** f. coast

**côté** m. side; **à — de** next to; **de mon —** on my own

**côtelette** f. chop

**côtoyer** to rub elbows with

**cou** m. neck

**couche** f. layer

**coucher: se —** to go to bed

**coudre** to sew

**couler** to flow

**couloir** m. passage

**coup** m. blow; **à — sûr** without fail; **du même —** at the same time; **un — de tête** an impulse; **tout à —** all of a sudden

**coupable** m. guilty party

**coupage** m. blend

**coupe** f. cut; style; cup

**cour** f. courtyard; **— de ferme** farmyard

**courant** m. current, trend; **— d'air** draft; **être au —** to be aware

**courir** to run

**courroucé** angry

**cours** m. course; **au — de** during; **en —** present

**course** f. race; **faire des —s** to go shopping

**court** short

**courtoisie** f. courtesy

**couteau** m. knife

**coûter** to cost; **coûte que coûte** at all cost

**coutume** f. custom

**couver** to brew

**couvercle** m. cover

**couverture** f. blanket; cover

**craie** f. chalk

**craindre** to fear

**crainte** f. fear

**cran** m. notch

**cravatte** f. tie

**crèche** f. manger; infant's nursery

**créer** to create

**crêperie** f. pancake house

**creuser** to give an appetite

**crever** to die

**crique** f. creek

**crise** f. crisis

**critère** m. criterion

**croire** to believe

**croiser** to cross

**croissance** f. increase, growth

**croissant** m. crescent-shaped pastry

**crouler** to totter
**croyance** *f.* belief; superstition
**cru** (*p.p.* **croire**)
**crudité** *f.* raw vegetable; crudeness
**cuillerée** *f.* teaspoonful
**cuisine** *f.* kitchen
**cuisinier** *m.* cook
**cuisinière** *f.* stove
**cuisse** *f.* thigh
**culotte** *f.* pants
**cultivateur** *m.* farmer
**cyanosé** turned blue

**D**

**dadais** *m.* oafish
**dactylo** *f.* typist
**daim** *m.* suede
**damer le pion** to outwit
**dans** in
**davantage** more
**débardeur** *m.* longshoreman
**débarquer** to land; to arrive
**débarrasser: se —** to get rid of
**débile profond** *m.* severely retarded
**déboire** *m.* disappointment
**débordé: être —** to be overwhelmed
**debout: être —** to be standing
**débridé** unbridled
**débrouiller: se —** to get along,
  manage
**début: au —** at the beginning
**débutant** *m.* beginner
**débuter** to start off
**décaler: se —** to shift
**décapotable** *m.* convertible
**décédé** deceased
**décemment** decently
**déception** *f.* disappointment
**décès** *m.* death
**déchaîner** to unchain; to let
  loose; to break out
**déchet** *m.* waste
**déchirement** *m.* heartbreak
**déchirer** to tear apart
**déchu** (*p.p.* **déchoir**) fallen;

**être — de ses droits** to have
  one's rights forfeited
**décision** *f.*: **prendre une —** to make
  a decision
**déclamer** to recite
**déclencheur** *m.* shutter-release
**décoller** to take off (*by plane*)
**déconcertant** disconcerting
**décontracté** informal
**décor** *m.* scenery
**découper** to cut up, cut out
**décourager** to discourage
**découvert** (*p.p.* **découvrir**)
**découvrir** to discover; to uncover
**décrire** to describe
**décrit** described
**décrocher** to unhook
**déçu** disappointed
**dédier** to dedicate
**défaut** *m.* fault, defect
**déféré** brought (*before a judge*)
**défi** *m.* challenge; **lancer un —**
  to challenge
**déficitaire** in deficit
**définir** to define
**défoncer** to break down
**dégagé** relieved
**dégager: se —** to emerge
**dégat** *m.* damage
**dégel** *m.* thaw
**dégorger** to disgorge
**dégoûter** to disgust
**déguisé** disguised
**dégustation** *f.* tasting
**déhanchement** *m.* swaying of
  the hips
**dehors** *m.* outside
**déjà** already
**déjeuner** *m.* breakfast; lunch
**délaissé** abandoned
**délégué** *m.* delegate
**délibéré** deliberation
**délit** *m.* misdemeanor; **flagrant
  —** caught in the act
**demande** *f.* request; application
**demandeur** *m.* the one who asks

**démarcheur** *m.* canvasser
**démarrer** to start (*a motor*)
**démentir** to deny
**demeure: à —** permanently
**demeurer** to live; to remain
**demi: à —** half
**démontrer** to demonstrate
**dénoncer** to report
**dénonciation: non- —** failure to
  report
**dénuder: se —** to strip
**dénué** devoid
**départ** *m.* departure
**dépasser** to surpass, exceed
**dépêcher: se —** to rush
**dépenser** to spend
**déplacement** *m.* movement
**déplacer: se —** to move, shift
**déposer** to leave; to drop off
**dépositaire** *m.* depository;
  trustee
**dépourvu** deprived
**déprimé** depressed
**depuis** for; since; **— lors** since
  then
**déraciner** to uproot
**dérobé** hidden
**dérober: se —** to slip away
**dérouillée** (*fam.*) beating
**dérouler: se —** to take place,
  unfold
**derrière** behind
**dès** as soon as
**désabusé** disillusioned
**désarmante** disconcerting
**désarroi** *m.* despair
**désavantager** to put at a
  disadvantage
**descendre** to stay (*in a hotel*)
**déséquilibré** unbalanced
**désespérer** to despair
**désespoir** *m.* despair
**désillusion** *f.* disillusionment
**désormais** from now on
**desséché** dried out
**dessein** *m.* purpose; plan

**dessin** *m.* drawing ; — **animé** cartoon film

**dessinateur** *m.* draftsman ; sketcher

**dessiner** to draw

**dessous** *m.* **de plat** table mat

**désuète** out-of-date

**détendre : se** — to relax

**déteneur** *m.* holder

**détenir** to control

**détruit** destroyed

**dette** *f.* debt

**devenir** to become

**deviner** to guess

**devise** *f.* motto

**dévoilement** *m.* unveiling

**dévoiler** to unfold

**devoir** *m.* duty

**devoir** to have to ; **se** — to owe to oneself

**dévouement** *m.* devotion

**diable** *m.* devil

**dicter** to dictate

**Dieu** God ; **bon** — for heaven's sake

**difforme** deformed

**diffuser** to broadcast ; to publicize

**digne** worthy

**dire : se** — to claim to be ; **au** — according to ; **à vrai** — to tell the truth

**direct : en** — live (*TV*)

**direction** *f.* management ; official

**dirigeant** *m.* leader

**diriger** to direct, head

**discrétion : à** — as much as one pleases

**discuter** to dispute

**disparaître** to disappear

**disparition** *f.* disappearance

**disparu** disappeared

**disponible** available

**disposer de** to have

**disposition** *f.* disposal

**disputer : se** — to argue

**dissemblable** dissimilar

**dissimuler** to dissimulate, hide

**dissoudre** to dissolve

**distinguer** to distinguish

**distraction** *f.* amusement, entertainment

**distraire : se** — to enjoy oneself

**distrait** absent-minded

**dit** so-called ; established

**dodo** *m.* (*fam.*) sleep

**doigt** *m.* finger ; **montrer du** — to point

**domaine** *m.* property

**domicile** *m.* living quarters

**dommage** too bad

**don** *m.* gift, giving

**donc** therefore

**donnée** *f.* fact, data

**donner : se** — **la peine** to take the trouble

**dont** of which

**dorer** to brown

**dorloté** pampered

**dos** *m.* back

**dossier** *m.* file

**douane** *f.* customs

**double : en** — folded over

**doucement** slowly

**douceur** *f.* peace ; sweetness ; **en** — slowly

**douche** *f.* shower

**doué** gifted

**douloureux** painful

**doute** *m.* doubt

**douzaine** *f.* dozen

**drame** *m.* drama, tragedy

**drap** *m.* sheet

**dresser** to draw up, set up

**droit** *m.* right ; **à qui de** — to whom it may concern ; — **de cité** right to practice ; —**s d'auteur** royalties ; —**s de visite** visitation rights

**drôle** funny ; peculiar

**dû** (*p.p.* **devoir**)

**dur** hard, difficult

**durcir** to harden

**durée** *f.* length ; **courte** — short term

**durer** to last

**dut** (*passé simp.* **devoir**)

**E**

**E.D.F. Electricité de France** State-owned electrical company (*monopoly*)

**éboueur** *m.* garbage collector

**ébranlé** shaken

**ébullition** *f.* effervescent

**écart** *m.* apart

**échafauder** to build up

**échange** *m.* exchange ; contact

**échanger** to exchange

**échapper** to escape

**échéance** *f.* due date, date of compliance with court order

**échec** *m.* failure

**échoué** failed

**éclairage** *m.* lighting

**éclaircir** to explain

**éclairé** enlightened

**éclairer** to shed light on

**éclater** to burst, explode ; — **de rire** to burst out laughing

**école** *f.* **communale** public primary school ; **grande** — professional graduate school ; **faire l'** — **buissonnière** to play hookey ; — **primaire** primary school (*alternative expression*)

**éconduire** to send away

**économies** *f.pl.* savings

**écourter** to shorten

**écouter** to listen

**écran** *m.* screen

**écrier : s'** — to cry out

**écrivain** *m.* writer

**écrouler : s'** — to crumble

**écuelle** *f.* bowl

**édifice** *m.* building ; structure

**édifié** erected

**effacer : s'** — to bow to

**effaré** dismayed

**effectif** *m.* number of members

**effectuer : s'** — to be carried out

**effet : en** — as a matter of fact

**efficace** efficient

**effleurement** *m.* touch
**effondrer: s'—** to collapse
**efforcer: s'—** to force oneself, try
**effrayant** frightening
**égal** equal; **être —** not to care
**également** also
**égard** *m.*: **à leur —** on their behalf, for them; **à l'— de** as regards
**égaré** lost
**égayer** to brighten up
**église** *f.* church
**élan** *m.* drive, driving force
**élargir: s'—** to grow
**électro-vanne** *f.* electro-valve
**élevage** *m.* cattle breeding
**élevé** high
**élever** to bring up
**éleveur** *m.* winemaker
**élire** to elect
**éloigné** far from
**éloigner: s'—** to draw back
**élu** (*p.p.* **élire**)
**embêter** to bother, annoy
**embouteillage** *m.* traffic jam
**embrasser** to kiss
**émission** *f.* broadcast
**emmêler: s'—** to get tangled
**emmener** to bring; to take
**émouvoir: s'—** to be troubled
**emparer: s'—** to take hold of
**empêcher** to prevent
**emplacement** *m.* spot
**emplir** to fill
**emploi** *m.* employment; **— du temps** schedule; **Agence Nationale pour l'—** government-run employment agency
**employé** employee
**empoisonner** to poison
**empresser: s'—** to rush
**emprunter** to borrow
**ému** (*p.p.* **émouvoir**)
**en** as; of this; in; by; from it
**encadrement** *m.* supervision
**encadrer** to frame; to enclose
**enceinte** pregnant

**enchaîné** chained; *m.* fade-out
**enchanteur** enchanting
**enclin** inclined, disposed
**encore** still; more; **— que** although; **pas —** not yet
**endocrinien** glandular
**endormi** asleep
**endroit** *m.* spot, site
**énergétique** energy-producing
**énervement** *m.* nervousness
**énerver: s'—** to get angry
**enfance** *f.* childhood
**enfermer** to lock
**enfin** finally; well
**enfoncer: s'—** to bury oneself
**engagement** *m.* obligation
**engager** to speak for
**engager: s'—** to start; to agree; **se faire —** to get oneself hired
**engin** *m.* machine
**engouement** *m.* popularity
**enjamber** to step over
**enlèvement** *m.* kidnapping
**enlever** to take off
**enliser** to bury; to drown
**enneigé** snow-covered
**ennui** *m.* trouble; boredom
**ennuyer** to bother; to bore; **s'—** to be bored
**énoncé** *m.* naming
**enquête** *f.* inquiry, investigation
**enquêter** *m.* investigator
**enregistrement** *m.* check-in; recording
**enrichir: s'—** to become rich
**enroué** hoarse
**enseignant** *m.* teacher
**enseignement** *m.* teaching
**enseigner** to teach
**ensemble** *m.* housing unit
**ensoleillé** sun-filled
**ensorceler** to bewitch
**ensuite** then
**entamer** to begin
**entendre** to hear; to intend; **s'—** to get along
**entier** entire; **tout —** entirely

**entourer** to take care of; to surround
**entrain** *m.* liveliness
**entraîné** trained
**entraînement** *m.* training; trend
**entraver** to hinder
**entrée** *f.* entrance
**entreprendre** to undertake
**entrepreneur** *m.* contractor
**entreprise** *f.* undertaking
**entre-temps** in the meantime
**entretenir** to maintain; to cultivate; to carry on; to keep up; **s'— avec** to speak with
**entretien** *m.* upkeep; discussion
**envahir** to invade
**envergure** *f.* spread of sail
**envers: à l'—** upside down
**envie** *f.* desire; **avoir — de** to want
**environ** about, approximately
**envisager** to contemplate, take into account
**envoûtant** spellbinding
**envoyé** *m.* envoy
**épandre** to spread out
**épargne** *f.* investment
**épargner** to spare
**épater** to impress
**épaule** *f.* shoulder
**épave** *f.* wreck
**épicerie** *f.* grocery
**épingle** *f.* **à cravate** tie pin
**épinglé** pinned
**époque** *f.* era, epoch; **à l'—** at the time
**épouser** to marry
**époux, épouse** husband, wife
**épreuve** *f.* trial
**éprouver** to feel; to test
**épuisé** exhausted
**équilibré** well-balanced
**équipe** *f.* team
**équipement** *m.* facility; equipment
**équivaloir** to equal
**escale** *f.* stopover
**escalier** *m.* stairs

**escamoté** concealed
**esclave** m. slave
**escroquerie** f. swindle, fraud
**espace** m. space
**Espagne** f. Spain
**espèce** f. species
**espérance** f. hope
**espoir** m. hope
**esprit** m. mind, spirit
**essai** m. try, attempt
**essaim** m. cluster, group
**essayer** to try
**essor** m.; **prendre son —** to make strides; to develop
**estimer** to feel; to esteem, value
**étable** f. stable
**étable** f. **à cochon** pigsty
**établir** to establish
**établissement** m. establishment
**étage** m. floor, story
**étang** m. pond
**étape** f. stage
**état** m. condition level, state; — **de fait** state of affairs; **actes d'— civil** certificates of birth, marriage and death
**été** m. summer
**éteindre** to turn off; to take away
**étendre: s'—** to extend
**étendu** extended
**étincellant** sparkling
**étoffe** f. material
**étoile** f. star; **— filante** shooting star
**étonnant** surprising
**étonnement** m. astonishment
**etonner: s'—** to be surprised
**étrange** strange
**étranger, -ère** stranger; foreigner; **à l'—** abroad
**étrangler** to strangle
**être** m. being; **— humain** human being
**étroitement** closely
**étude** f. study, study period; **—s supérieures** graduate studies; **faire ses —s** to study

**événement** m. event
**éventail** m. range (*lit.* fan)
**éventuel** possible
**éventuellement** possibly; if appropriate; perhaps
**éviter** to avoid
**évocation** f. connotation
**évoluer** to evolve
**ex aequo** equal (*Latin*)
**exaltant** exciting
**examen** m. **de conscience** self-questioning
**excédé** exasperated
**exclu** excluded
**exercer: s'—** to practice
**exhiber** to produce, present
**exigence** f. obligation
**exiger** to demand
**expérience** f. experiment
**expérimenté** experienced
**expliquer** to explain
**exploit** m. competition
**exploitant** owner
**exploiter** to operate
**exposition** f. exhibit
**exprès** on purpose
**exprimer** to express
**extasier: s'—** to be in ecstasy
**extrait** m. extract
**exutoire** m. outlet

**F**
**fabriquer** to make
**façade** f. exterior, front
**face** f.: **faire —** to face, **— à** facing
**facile** easy
**facilité** f. ease
**façon** f. way, manner; **de toute —** in any case
**facteur** m. postman
**fade** dull
**faible** weak
**faille** f. break, crack
**faillir** to fail
**faillite** f.: **faire —** to go bankrupt

**faire: — bien** to look good; **— bloc autour** to unite behind; **— office de** to act as; **y —** to help
**fait** m. fact, act
**falloir** to be necessary; advisable
**familial** family
**familiariser: se —** to acquaint oneself with
**fantasme** m. fantasy
**fastueux, -se** ostentatious
**faudrait: il —** (*cond.* **falloir**)
**faune** f. fauna
**faussaire** m. forgerer
**faute de** for lack of
**fauteuil** m. armchair; **— bergère** easy chair
**faux, -sse** false, fake, imitation
**favorisé** encouraged; lucky
**Fédération** f. **de parents d'élèves** PTA
**féérique** fairylike
**félicitation** f. congratulations
**femme** f. woman, wife
**ferme** f. farm
**ferme** firm
**fermeté** f. firm hand, firmness
**fermeture** f. closing down
**fermier, -ière** farmer
**fête** f. holiday; party; **— des Pères** Father's Day
**feu** m. fire
**feuille** f. sheet (*of paper*)
**feuilleton** m. serial
**feuilleter** to thumb through
**feutré** polite (*lit. covered with felt*)
**fiabilité** f. reliability
**fiche** f. index card; **— de paie** stub of paycheck
**fiché** put on index cards; registered
**fichier** m. file
**fidèle** faithful
**fier** proud
**fier: se —** to trust
**figurer** to appear

**fil** *m.* thread, strand, wire
**filer** to follow
**filouterie** *f.* stealing
**fils** *m.* son; **—unique** only son
**fin** *f.* key; end; **aux —s de** in order to
**Finnois** Finnish
**flâner** to stroll
**flanquer** (*fam.*) to give
**fléau** *m.* scourge
**flic** *m.* cop
**flottant** floating
**flou** fuzzy
**foi** *f.* faith
**foire** *f.* fairground, fair
**fois** *f.* time; **une — sur deux** every other time; **à la —** at the same time; **il était une —** once upon a time
**fonction** *f.* function; **— publique** public servant; **en — de** in relation to
**fonctionnaire** *m.* civil servant
**fonctionnement** *m.* operation
**fond** *m.* bottom; **à —** completely, entirely; **au — de** at the back of; **tout au —** way in the back
**fondé** based
**fonds** *m.pl.* funds
**forcément** inevitably
**forcer** to break through
**forceur** *m.* **de coffre-fort** safecracker
**forêt** *f.* forest
**forfait** *m.* overall price
**formalisme** *m.* formality
**formation** *f.* training
**formel** categorical
**formidable** impressive
**fort** *m.* strong
**fortuné** wealthy
**fou** *m.* madman; *adj.* crazy; **c'est — ** it's unbelievable; **faire les —s** to clown around
**fou-rire** *m.* uncontrollable laughter
**foudre** *f.* **en boule** thunderbolt

**fouet** *m.* whisk (a small wire kitchen utensil used for hand beating of eggs, cream, etc.)
**foule** *f.* crowd
**four** *m.* oven; **— à Butagaz** bottled-gas oven
**fourche** *f.* pitchfork
**fourmiller** to swarm
**fournir** to furnish, supply
**fourrer** (*fam.*) to stick
**foutu: être —** (*fam.*) to be done for, finished
**foyer** *m.* home; hostel
**fracasser** to smash, crush to pieces
**fraîche** fresh
**fraîcheur** *f.* freshness, innocence
**frais** *m.pl.* expenses
**fraise** *f.* strawberry
**franc** *m.* 5 francs = one dollar
**franchir** to cross; **— un pas** to take the step
**franchise** *f.* frankness
**fraudeur** *m.* swindler
**frénésie** *f.* frenzy
**fréquentation** *f.* company
**fréquenter** to be in the company
**frétiller** to flutter
**fripouille** *f.* scoundrel
**frisé** curly
**frisson** *m.* shiver
**frite** *f.* French-fried potato
**froissé** rumpled
**frôler** to come close
**fromage** *m.* cheese
**frontière** *f.* frontier
**fructueux** profitable
**frustré** frustrated
**fugue** *f.* escapade, flight
**fuir** to flee, avoid
**fuite** *f.* escape
**fulgurant** flashing
**fumée** *f.* smoke
**fumerie** *f.* smoking den
**fumier** *m.* manure
**funambulisme** *m.* acrobatics
**fur: au — et à mesure** as

**furent** (*passé simp.* **être**)
**fusée** *f.* rocket
**fut** (*passé simp.* **être**)

**G**

**gage** *m.* **de réussite** chance for success
**gagner** to win, earn; to go to; **c'est gagné** it's all set
**gaiement** gaily
**gain** *m.* profit
**garde** *f.* custody; **— m. du corps** bodyguard
**garder** to keep; **— à vue** to be detained
**garderie** *f.* day-care center
**gare** *f.* railroad station
**gastronome** *m.* gourmet
**gâteau** *m.* cake
**gauche** left
**gaucho** leftist
**géant** *m.* giant
**gendarme** *m.* state trooper
**gendarmerie** *f.* state police
**gêne** *f.* need
**gêner** to bother; to inhibit; **être —é** to be embarrassed
**genre** *m.* type, kind
**gens** *m.pl.* people
**gentil** nice
**gérer** to manage
**germer** to germinate
**geste** *m.* gesture
**gestionnaire** *f.* businesswoman
**glace** *f.* ice; ice cream; mirror
**glacé** frozen
**glacial** freezing
**glacière** *f.* icebox
**glisser** to glide; **— à l'oreille** to whisper
**gloire** *f.* glory
**gogo: à —** in abundance
**gonfler** to swell
**gorge** *f.* throat
**gosse** *m.* kid
**goût** *m.* taste; **prendre — à** to take a liking to

**goûter**  to taste
**grâce à**  thanks to
**grand**  serious
**grand malade** *m.*  very sick
**grandir**  to grow up
**gras**  greasy
**gratification** *f.*  pay
**gratte-ciel** *m.*  skyscraper
**gratuit**  free
**grave**  serious
**graveur** *m.*  engraver
**gravure** *f.*  engraving
**gré** *m.*  liking ; **au — de**  at the mercy of
**grec**  Greek
**greffier** *m.*  court clerk
**grève** *f.*  strike
**gris**  gray
**gronder**  to scold
**grosseur** *f.*  size
**grossiste** *m.*  wholesaler
**guère: ne . . . —**  hardly
**guérir**  to cure
**guerre** *f.*  war
**guetteur** *m.*  look-out
**guichet** *m.*  window

**H**
**H.E.C.J.F.** *m.* **(Hautes Etudes Commerciales pour Jeunes Filles)**  Young Women's Vocational School
**H.L.M.** *m.* **(Habitation à Loyer Modéré)**  low-income housing
**habiller: s'—**  to get dressed
**habitable**  ready for occupancy
**habitant** *m.*  inhabitant
**habiter**  to live
**habitude** *f.*  habit
**habitué** *m.*  regular customer
**habituer**  to get used to
**haïr**  to hate
**hargneux**  ill-tempered
**hasard** *m.*  chance, fate, coincidence ; **au —**  at random
**hâte** *f.*  haste

**hauteur** *f.*  height
**hectare** *m.*  2.47 acres
**hectolitre** *m.*  100 liters
**hélas**  alas
**herbe** *f.*  grass
**hériter**  to inherit
**héritier** *m.*  heir
**heure** *f.* : **à l'—**  by the hour
**hiver** *m.*  winter
**homard** *m.*  lobster
**hommage** *m.*  tribute
**hongrois** *m.*  Hungarian
**honnêteté** *f.*  honesty
**honneur** *m.*  honor ; **remettre à l'—**  to reinstate, restore the honor
**honte** *f.*  shame
**honteux, -se**  ashamed
**horaire** *m.*  schedule ; hourly
**horloge** *f.*  clock
**hors**  out, outside ; **— taxe**  without tax
**hors-bord** *m.*  outboard motor boat
**hôte** *m.*  host
**hôtel** *m.* **de police**  police headquarters ; **— de passe**  hotel where you can rent a room by the hour
**hôtelier**  hotel chain
**huile** *f.*  oil
**humeur** *f.*  mood
**hurler**  to yell

**I**
**Icare**  Icarus
**ici**  here, now ; **par —**  in these parts
**idée** *f.*  idea
**idiotie** *f.*  stupidity
**image** *f.*  picture ; **se faire une —**  to look upon, to consider
**imbrication** *f.*  pattern
**imiter**  to imitate
**immanquablement**  invariably
**immeuble** *m.*  building
**immigré**  immigrant, foreign

**immobilier**  real estate
**implantation** *f.*  growth, penetration
**implanter**  to set up
**impliqué**  implicated, involved
**important**  large
**importe: n'— quoi**  anything ; **n'— quel**  no matter what ; **peu —**  no importance
**imposer**  to require ; to thrust upon
**imprévisible**  unpredictable
**imprimerie** *f.*  printing
**imprimés** *m.pl.*  printed matter
**improviste: à l'—**  unannounced
**imprudent**  foolhardy, rash
**impuni**  unpunished
**inaperçu**  unnoticed
**incessament**  incessantly
**inconciliable**  irreconcilable
**inconfort** *m.*  lack of comfort
**inconnu** *m.*  the unknown ; stranger
**inculpation** *f.*  indictment
**inculper**  to indict, charge
**indéréglable**  foolproof
**indigner: s'—**  to become indignant
**individu** *m.*  individual
**inexplicable**  unexplainable
**inexpliqué**  unexplained
**infini**  infinite
**infirmière** *f.*  nurse
**informaticien** *m.*  computer operator
**ingénieur** *m.*  engineer
**ingéniosité** *f.*  ingenuity
**ingrat**  thankless ; unproductive ; embittered
**injurier**  to insult
**inofficiellement**  unofficially
**inonder**  to overwhelm
**inquiet**  worried
**inquiétude** *f.* : **avec —**  worried
**insalubre**  unhealthy
**inscrire**  to register
**insinuer: s'—**  to creep in
**insolite**  unusual
**installer: s'—**  to settle in, set up

**instance** *f.* ; **en — de** in the process of
**institutrice** *f.* schoolteacher
**instruction** *f.* investigation ; education
**insupportable** unbearable
**intempestif, -ve** improper ; unexpected
**interdiction** *f.* banning
**interdire** to prohibit
**interdit** prohibited
**intérim** temporary
**interlocuteur** *m.* listener
**interpeller** to challenge, question
**interroger : s'—** to question, ask oneself
**intervenir** to intervene
**intervention chirurgicale** *f.* surgical operation
**intitulé** entitled
**invective** *f.* insult
**inverse : à l'—** contrarily, opposite
**investissement** *m.* investment
**invité** *m.* visitor
**ironiser** to mock
**issue** *f.* end
**ivre** drunk

**J**
**jambon** *m.* ham
**jauger** to measure, evaluate
**jaunir** to turn yellow
**jeter** to throw
**jeu** *m.* game ; **entrer en —** to influence
**jeûne** *m.* fast
**jeunesse** *f.* youth
**joie** *f.* joy ; **se faire une —** to look forward to
**joli** pretty
**jouet** *m.* toy
**joueur** *m.* player
**joufflu** chubby-cheeked
**jouissance** *f.* use ; enjoyment
**jour** *m.* day
**journal** *m.* newspaper

**journée** *f.* day
**juge** *m.* **d'instruction** examining magistrate
**jugement** *m.* judgment, decision
**jumelles** *f.pl.* binoculars ; twin girls
**jupe** *f.* skirt
**jurer** to swear
**jusqu'à** up to ; **jusqu'alors** until then ; **jusqu'ici** until now ; **jusque-là** until then
**justesse : de —** in time

**K**
**kilo** (*abbrév.* **kilogramme**) 2.2 lbs
**kinésithérapeute** *m.* physical therapist

**L**
**là** there
**lacune** *f.* weakness
**laid** ugly
**laisser** to let, allow ; to leave
**lait** *m.* milk
**laiterie** *f.* dairy
**lancer** to launch, make popular
**lancer : se —** to throw, thrust oneself ·
**langue** *f.* language ; speech
**lapin** *m.* rabbit
**large** broad
**lassitude** *f.* weariness
**lave-vaisselle** *m.* dishwasher
**laver** to wash
**lecteur** *m.* reader
**lecture** *f.* reading
**légende** *f.* legend
**légère** slight
**légèreté** *f.* lightness ; irresponsibility
**légume** *m.* vegetable
**lendemain** *m.* following day
**lentement** slowly
**lequel, laquelle** which, which one
**lessive** *f.* soap powder
**lever** *m.* rise ; **se —** to get up

**libre** free ; empty
**libre-échangiste** partner-swapping
**librement** freely
**lien** *m.* tie
**lier** to tie
**lieu** *m.* location ; **au — de** instead of ; **avoir —** to take place ; **en premier —** first
**lièvre** *m.* hare
**lignée** *f.* line of descendants
**linge** *m.* wash ; linen
**livré** left ; delivered
**livrer : se —** to devote oneself ; to subject oneself ; to undertake
**local** *m.* hall
**locataire** *m./f.* lodger
**logement** *m.* lodgings
**loger** to put up
**loi** *f.* law
**loin** far
**lointain** far away
**loisir** *m.* leisure
**londonien** from London
**longuement** for a long time
**longueur : à — de journée** all day long
**lors** then
**lorsque** when
**lot** *m.* batch
**louer** to rent
**loup** *m.* wild (*lit.* wolf)
**lourdement** heavily ; seriously
**loyer** *m.* rent
**lubricité** *f.* lust
**luminosité** *f.* brightness
**lune** *f.* moon
**lutte** *f.* struggle
**lyonnais, -se** from Lyon

**M**
**machine** *f.* **à écrire** typewriter
**maçon** *m.* mason
**magasin** *m.* store ; **grand —** department store

**magie** *f.* magic
**magistral** first-rate
**magnétophone** *m.* tape recorder
**maigrir** to lose weight
**maillot** *m.* **de bain** bathing suit
**main** *f.* hand; **coup de —** a helping hand; **mettre la — à la pâte** to participate in the work (*lit.* put one's hand in the dough)
**maint** many
**maintenant** now
**maintien** *m.* keeping, maintaining
**maire** *m.* mayor
**maïs** *m.* corn
**mais** but; however
**maison-mère** *f.* home office
**maisonnée** *f.* household
**maîtresse** *f.* schoolteacher
**maître** *m.* teacher; **—-assistant** professor; **— de recherches** researcher
**maîtrise** *f.* mastery, control
**maîtriser** to master
**majorité** *f.* attaining legal age
**mal** *m.* evil; **avoir du —** to find it difficult; **en — de** in need of
**—tourné** turn out badly
**malade** sick
**maladie** *f.* sickness
**maladroit** clumsy
**malentendu** *m.* misunderstanding
**malfaiteur** *m.* wrongdoer
**malformé** deformed
**malgré** in spite of
**malheureux** unhappy
**malhonnête** dishonest
**malicieux** mischievous
**malin** *m.* shrewd
**mammifère** *m.* mammal
**manche** *m.* **à balai** control bar, (*lit.* broomstick)
**mandat-poste** *m.* postal money order
**manège** *m.* **d'équitation** horse-riding school
**mangeaille** *f.* (*fam.*) foodstuff
**manger** to eat

**manière** *f.* manner
**manifester** to show
**manœuvre** *m.* unskilled worker
**manque** *m.* the lack of
**manquer** to miss, lack
**maquette** *f.* model
**maquillage** *m.* make-up
**maquis** *m.* jungle
**marche** *f.* course; progress; running
**marché** *m.* market; **— de l'emploi** job market
**marche-pied** *m.* running-board
**marcher** to work, function; to walk
**marée** *f.* tide
**marge** *f.* margin
**mari** *m.* husband
**marié, -e** married man, woman
**marin-pêcheur** *m.* sailor, fisherman
**marre : en avoir —** to be sick and tired
**marteler** to hammer
**massif** *m.* mountain range
**matelas** *m.* mattress
**matériel** financial; *m.* equipment
**matière** *f.* matter; **en — de** as concerns; **— première** raw material
**matraquage** *m.* hammering
**mécanicien** *m.* mechanic
**mécennat** *m.* patronage
**méchant** mean
**méconnu** unappreciated
**mécontent** unhappy
**mécontenter** to displease
**médecin** *m.* doctor
**médicament** *m.* medicine
**méfait** *m.* illegal act; disadvantage
**mégot** *m.* cigarette butt
**mélange** *m.* mixture
**mélanger** to mix
**mêlé : être — à** to be involved in
**mêler : se — —** to mix in
**mélo** *m.* (*abbrév.* **mélodramatique**) tearjerker

**même** even, same; **de —** just as; **de — que** as well as
**ménage** *m.* ; **faire le —** to do housework, to clean; **faire bon —** to get along well; **femme de —** cleaning woman
**ménager** to spare
**ménagère** *f.* homemaker; household
**mendicité** *f.* begging
**mener** to lead
**menottes** *f.pl.* handcuffs
**mensonge** *m.* lie
**mensualité** *f.* monthly allowance
**mensuel** monthly
**mentir** to lie
**menuiserie** *f.* carpentry
**mépriser** to despise
**mer** sea
**mériter** to deserve
**merveilleusement** marvellously
**messe** *f.* Mass
**mesure** *f.* worth; **être en — de** to be in a position to; **— dans laquelle** to what extent
**mesuré** reasonable
**métier** *m.* trade; **se faire un —** to learn a trade
**mètre** *m.* meter (*39 inches*)
**métro** *m.* (*abbrév.* **métropolitain**) subway
**métropole** *f.* metropolis
**metteur** *m.* **en scène** director (*of a film*)
**mettre** to put; **se — à** to start; **— en cause** to doubt; **— au jour** to uncover; **— en ligne** to line up; **— en œuvre** to elaborate
**meurtre** *m.* murder
**meurtrier** *m.* murderer
**mi-** half
**micro** *m.* mike
**mignon, -ne** cute
**milieu** *m.* underworld (*if used alone*); class; world; **au — de** in the midst of
**militer** to become militant
**milliard** *m.* billion

**milliardaire** *m.* multimillionaire; billionaire

**millier** *m.* thousand

**mince** thin

**mine** *f.*; **faire — de** to give the impression, look like

**mineur** *m.* miner

**minime: si — soit-il** no matter how small

**minuit** *m.* midnight

**mirifique** fabulous

**mis** (*p.p.* **mettre**)

**mise** *f.* **au point** focus; clarification

**miser** to place one's stakes

**misère** *f.* poverty

**mode** *f.* fashion

**modelage** *m.* clay

**modèle** *m.* example

**mœurs** *f.pl.* mores

**moindre** slightest

**moine** *m.* monk

**moins** least; less; **pour le —** at the very least

**mois** *m.* month

**moissonneuse-batteuse** *f.* harvester

**moitié** *f.* half

**mollement** softly

**moment** *m.* **au — de** at the time of

**mondain** social

**monde** *m.* world; **tout le —** everybody

**mondial** worldwide

**monégasque** from Monaco

**moniteur, monitrice** monitor; instructor; counsellor

**montgolfière** *f.* hot-air balloon

**montmartrois** from the Montmartre section of Paris

**montre** *f.* watch

**morale** *f.* morality; ethics

**morceau** *m.* crumb; piece

**mordre** to bite

**mordu** (*p.p.* **mordre**) **être —** to become addicted

**mort** *f.* death; **toucher à —** to receive the kiss of death

**motif** *m.* motive

**moto** *f.* motorcycle

**mourir** to die

**Moyen Age** *m.* Middle Ages

**moyenne** *f.* average

**moyens** *m.pl.* mental faculties; means

**mue** *f.* change of voice at puberty

**mûr** mature

**muré** walled

**murer: se —** to hide

**mûrir** to mature

**murmurer** to whisper

**musée** *m.* museum

**N**

**nacelle** *f.* car (*of a balloon*)

**nager** to swim

**naguère** in the old days

**naissance** *f.* birth

**naître** to be born

**nantais** from Nantes

**nanti** provided for

**napoléonnien** Napoleonic

**narguer** to taunt

**natal** native

**natation** *f.* swimming

**naturiste** *m.* naturalist

**navrant** heartbreaking, upsetting

**né** (*p.p.* **naître**)

**néanmoins** nevertheless

**néant** *m.* nothingness

**nef** *f.* nave

**néfaste** disastrous; harmful

**négliger** to neglect

**négociant** *m.* merchant

**nègre** *m.* black

**neige** *f.* snow

**nerf** *m.* nerve

**net, nette** neat

**nettement** distinctly

**nettoiement** *m.* cleaning; sanitation

**neuf, -ve** new

**neutre** neutral

**névrotique** neurotique

**ni . . . ni** neither . . . nor

**niche** *f.* kennel

**niveau** *m.* level

**nocturne** nocturnal, during the night

**noir** black

**noircir** to dirty (*lit.* to make black)

**nombre** *m.* number

**nombreux, -se** numerous

**nombril** *m.* navel

**nommer** to name, appoint

**non pas** not; **— plus** neither

**nord** *m.* north

**notaire** *m.* notary

**notamment** particularly

**note** *f.* grade

**noter** to grade

**noué** tied

**nourrice** *f.* wet nurse; **prendre en —** to take in a child

**nourricier, -ière** foster

**nourrir** to feed

**nourriture** *f.* food

**nouveau: à —** again

**nouveau-né** *m.* newborn

**nouveauté** *f.* improvement

**nouvelle** *f.* news

**nu** *m.* nudity

**nuage** *m.* cloud

**nuire** to harm

**nuisible** harmful

**nullement** in no way

**numéro** *m.* number

**nuque** *f.* nape of the neck

**O**

**obligatoire** compulsory

**obscurité** *f.* darkness

**occasionné** done

**occupant** *m.* occupying troops

**occuper: s'—** to take care of

**œil** *m.* eye (*pl.* **yeux**)

**œilleton** *m.* peephole

**œuf** *m.* egg; **— poché** poached egg

**œuvre** *f.* work ; **mise en —** the launching
**officialiser** to make official
**officier** to officiate, work
**offrir** to offer ; to present
**ogre** *m.* ogre
**oignon** *m.* onion
**oiseau** *m.* bird
**oisif** idle
**ombre** *f.* shadow, shade
**opérette** *f.* operetta
**optimum** maximum
**or** now ; but, moreover
**orage** *m.* rainstorm
**ordinateur** *m.* computer
**ordonnance** *f.* prescription
**ordure** *f.* garbage
**ordurier** filthy
**oreille** *f.* ear
**organisme** *m.* organization
**orgueil** *m.* pride
**originaire** originally from, native of
**orphelinat** *m.* orphanage
**os** *m.* bone
**oser** to dare
**ostréiculteur** *m.* oyster breeder
**où** where ; when
**oublier** to forget
**ouest** west
**outrage** *m.* ; **— aux bonnes mœurs** indecent exposure
**outre-Manche** across the English Channel ; **outre-mer** overseas
**ouverture** *f.* opening
**ouvrage : de la belle —** (*fam.*) work well done
**ouvre-bouteille** *m.* bottle opener
**ouvrier** *m.* worker
**OVNI** *m.* (**Objet Volant Non Identifié**) UFO (Unidentified Flying Object)

**P**
**P.D.G.** *m.* (**Président Directeur Général**) President, Chairman of the Board

**P.T.T.** *f.pl.* (**Postes, Télégraphes et Téléphones**) post office
**paille** *f.* straw
**paillette** *f.* spangle
**pair** *m.* peer
**paix** *f.* peace
**palais** *m.* palace ; **— de Justice** court
**pâlir** to become pale
**palmarès** *m.* prize-giving ceremony
**panacée** *f.* solution
**panier** *m.* basket
**pantalon** *m.* pants
**papier peint** *m.* wallpaper ; **— gras** wax paper
**papiers** *m.pl.* documents
**paquebot** *m.* ship
**Pâques** *f.pl.* Easter
**paquet** *m.* package
**par : de —** throughout
**para** *m.* (*abbrev.*) paratrooper
**paraître** to seem ; **faire —** to place (*an ad*) ; **il paraît** I've heard
**paravant** *m.* screen
**parce que** because
**parcelle** *f.* lot
**parcours** *m.* circuit
**paré** covered
**pareil** the same thing
**parent** *m.* relative
**paréo** *m.* exotic skirt consisting of piece of material tied around hips
**paresseux** lazy
**parfois** sometimes
**pari** *m.* bet
**parisien, -ne** Parisian
**parmi** among
**paroi** *f.* wall
**paroisse** *f.* parish
**paroissial** parish
**parole** *f.* word ; **(re)prendre la —** to begin to speak (*again*)
**parquet** *m.* court

**part : à part** besides ; **d'autre —** on the other hand ; **nulle —** anywhere ; **pour sa —** in her way
**partager** to share
**particulier** *m.* individual
**partie** *f.* part ; game ; **faire —** to belong
**partir : à — de** from ; as of
**partout** everywhere ; **un peu —** more or less
**paru** (*p.p.* **paraître**)
**parvenir** to manage ; to send
**pas** *m.* step
**passager** *m.* passenger
**passant** *m.* passerby
**passer** to spend ; to go over (*fam.*) ; **— un test** to take a test ; **se —** to happen ; **se — mal (bien)** to go badly (well)
**passerelle** *f.* bridge
**passionnant** fascinating
**passionné** passionately ; fond of
**pastis** *m.* aniseed apéritif (*very popular in Southern France*)
**pâté** *m.* **de lièvre** pâté made from hare
**pathétique** tragic
**patinette** *f.* scooter
**pâtisserie** *f.* pastry
**patron** *m.* boss, employer
**patrouiller** to patrol
**pâture** *f.* pasture
**paumé** lost
**pauvre** poor
**pauvresse** *f.* poor woman ; poverty case
**pavé** *m.* **céder le haut du —** to go by the wayside
**pavillon** *m.* small house ; **battre le —** to fly a flag
**pays** *m.* region ; country
**Pays-Bas** *m.pl.* Netherlands
**paysan** *m.* peasant
**peau** *f.* skin
**pécadille** *f.* pecadillo ; pittance
**pêche** *f.* fishing

**péché** *m.* sin

**pécule** *m.* savings

**pédé** *m.* (*abbrév.* **pédéraste**) homosexual, "queer"

**pédiatre** *m.* pediatrician

**Pégase** Pegasus

**peindre** to paint

**peine: à —** barely, scarcely; **faire de la —** to hurt, make sad; **se donner de la —** to try hard; **se donner la —** to take the trouble

**peintre** *m.* painter

**peinture** *f.* painting

**pèlerin** *m.* pilgrim

**pèlerinage** *m.* pilgrimage

**pelle** *f.* shovel

**pelouse** *f.* lawn

**pencher: se —** to bend; to lean

**pendant** during; for; while; as

**pendre** to hang

**pénétrer** to go in

**pénible** painful

**pensée** *f.* thought

**pension** *f.* boarding school; boarding house; **— alimentaire** alimony

**pensionnaire** *m.* boarder

**pensum** *m.* homework

**pente** *f.* slope

**percer** to pierce

**perçeuse** *m.* drill

**perdre** to lose

**Périgord** *m.* province in southwest France

**périlleux, -se** dangerous

**perle** *f.* pearl

**perruche** *f.* parakeet

**personnage** *m.* individual; character

**personnel** *m.* staff

**peser** to weigh

**pestiféré** plague-stricken

**pétanque** *f.* bocce ball (*a game to test aiming skill of participants using wooden balls rolled on the ground*)

**petit** small; **— matin** early morning

**petite amie** *f.* girlfriend; **petite-fille** granddaughter

**peu à peu** little by little

**peuple** *m.* people

**peuplé** populated

**peur** *f.* fear

**peut-être** perhaps

**phare** *m.* headlights

**phrase** *f.* sentence

**physicien** *m.* physicist

**pièce** *f.* play; room

**piège** *m.* trap; gimmick

**pierre** *f.* **ponce** pumice stone

**piétiner** to trample

**pilier** *m.* pillar

**pilosité** *f.* hairiness

**pilotage** *m.* piloting

**pilote** experimental

**pilule** *f.* pill

**pinceau** *m.* paint brush

**pinède** *f.* pine forest

**pionnier** *m.* pioneer

**pipi** *m.* (*fam.*) urine

**pire** worse

**piscine** *f.* pool

**piste** *f.* run; **prendre la —** to follow the track

**pistolet** *m.* gun

**pitié** *f.* pity

**pitre** *m.* clown

**place** *f.* room; position; job opening; **— forte** center; **faire — to** make way for; **mettre en — to** organize; **sur —** on the spot

**placeuse** *f.* usherette

**plafond** *m.* ceiling

**plage** *f.* beach

**plaider** to plead

**plaidoirie** *f.* summation

**plaindre: se —** to complain

**plaint** (*p.p.* **plaindre**)

**plainte** *f.* complaint

**plaire** to please; to be pleasing

**plaisanterie** *f.* joking; joke

**plaisir** *m.* pleasure

**planches** *f.pl.* stage

**plat** *m.* dish

**plateau** *m.* tray

**plein** full

**pleurer** to cry

**plié** bent

**plongeon** *m.* dive

**plonger** to plunge, dive

**plu** (*p.p.* **plaire**)

**pluie** *f.* rain

**plume** *f.* feather

**plupart: la —** most

**plus: de —** furthermore

**plutôt** rather

**poche** *f.* pocket

**poids** *m.* weight

**poil** *m.* hair; **à —** nude

**poinçonneuse** *f.* woman who punches subway ticket

**poing** *m.* fist

**point** *m.*: **être au —** to be perfected

**poisson** *m.* fish

**poivre** *m.* pepper

**pongiste** *m.* ping-pong player

**pont** *m.* deck, bridge (*ship*)

**port** *m.* wearing; **— d'attache** home port

**portail** *m.* portal

**porte-manteau** *m.* coat hanger

**porte-monnaie** *m.* wallet

**portée** *f.* consequence; **être à la — to** be within the reach

**porter** to carry; **— à** to lead to; **— sur** to involve

**poser** to place, put; to lay (*wallpaper*); **— une question** to ask a question; **— un problème** to raise a problem; **— les limites** to draw the lines; **se —** to land

**posséder** to possess

**poste** *m.* set (*TV, radio*); position; job opening; **— restante** general delivery

**postscolaire** extracurricular

**potage** *m.* soup

**poubelle** *f.* garbage can

**pouce** *m.* thumb

**poudre** *f.* **—à laver** soap powder

**poulet** *m.* chicken

**pour** for; **— que** so that; in order to

**pourboire** *m.* tip

**poursuites** *f.pl.* proceedings; **intenter des—s** to start proceedings

**poursuivre** to proceed; to prosecute; to pursue

**pourtant** however

**pousser** to push; **— un cri** to utter a cry

**poussière** *f.* dust

**pouvoir** to be able to; **n'en — plus** not to be able to stand something any longer

**pouvoir** *m.* power; **—s publics** Government, government officials

**pratique** *f.* practice; experience

**préalable** previous

**précéder** to precede

**précipiter: se —** to come to a climax

**précipité** hurled

**préciser** to state

**prédication** *f.* preaching

**prédilection: de —** favorite

**premier** first

**prendre** to take; **le large** to go out to sea; **se laisser —** to be taken in

**prénom** *m.* first name

**préparer** to be ready; to be prepared

**préréglé** preset, preadjusted

**présentation** *f.* appearance

**présenter: se —** to introduce oneself; to report

**président** *m.* **de séance** presiding judge

**presque** almost

**pressé: être —** to be in a hurry

**pression** *f.* pressure

**pressostat** *m.* pressure gauge

**prestidigitateur** *m.* magician

**prêt-à-porter** *m.* ready-to-wear (clothing)

**prêt: être —** to be ready

**prétendre** to contend, claim

**prétentieux** pretentious

**prêter** to lend

**prêtre** *m.* priest

**preuve** *f.* proof; **faire —** to prove; **faire ses —s** to prove oneself

**prévenir** to prevent

**prévenu: être —** to be warned

**prévision** *f.* prediction

**prévoir** to foresee

**prévu** set; affixed

**prière de** please

**principe: en —** in principle

**pris** (*p.p.* **prendre**)

**prisé** prized, highly regarded

**privé** private

**priver** to deprive

**prix** *m.* prize; price

**procès-verbal** *m.*: **dresser un —** to write a summons

**prochain** next

**proche** *adj.* close

**proches** *m. pl.* next-of-kin

**prodigue** prodigal, lavish

**produire** to produce; **se —** to take place, occur

**profit** *m.*: **mettre à —** to take advantage

**profond** deep

**profondeur** *f.* depth

**programmatrice** *f.* woman programmer

**proie** *f.* prey

**projeter** to project

**promenade** *f.* walk

**promener** to walk; **se —** to take a walk

**promouvoir** to promote

**prononcer: se —** to declare

**propos** *m.pl.* remarks; **à —** regarding

**propre** (*before noun*) own; (*after noun*) clean

**prospecteur** *m.* **placier** placement officer

**protéger** to protect

**prouver** to prove

**provenir** to originate, come from

**provisoire** temporary

**provoqué** created

**proxénète** *m.* pimp

**psaume** *m.* psalm

**pu** (*p.p.* **pouvoir**)

**pubère** pubescent

**public** *m.* audience; **grand —** public at large

**publicitaire** advertising

**publicité** *f.* advertisement

**pudeur** *f.* modesty; **attentat à la — indecent behavior

**pudique** prude

**puis** then

**puisque** since; because

**puissance** *f.* power

**puissant** powerful

**puits** *m.* well

**pull-over** *m.* pullover

**punition** *f.* punishment

**pupitre** *m.* stand

## Q

**quai** *m.* quay, wharf; platform

**quand** when; **— même** anyhow

**quant à** as far as . . . is (are) concerned; regarding

**quartier** *m.* neighborhood

**quasi** almost

**que** how

**quel, quelle** what

**quelconque** any

**quelque** any; **— peu** a little; rather; **— chose** something

**quelquefois** sometimes

**querelle** *f.* quarrel

**question** *f.*: **il n'en était pas —** it was never considered

**quête** *f.* search

**quitter** to leave

**quoi** what; **—qu'il en soit** in any case

**quotidien** daily

**R**

**R.A.T.P.** *f.* (**Régie Autonome des Transports Parisiens**) Parisian Bus and Subway Authority

**rabattre** (*fam.*) to cut on

**raconter** to tell

**rafraîchissement** *m.* cooling

**raide** steep

**raison** *f.* : **— d'être** reason of existence; **donner —** to prove right; **en — de** at the rate of, because of

**raisonnement** *m.* reasoning

**ramasser** to pick

**ramener** to bring back

**rancune** *f.* grudge

**rang** *m.* rank

**ranger: se —** to take the side of

**rappel** *m.* reminder

**rappelant** going over

**rapport** *m.* relationship; **par — à** in comparison to

**rapporter** to report; to bring back: **se — à** relative to

**rarement** rarely

**rarissime** extremely rare

**rasade** *f.* glassful

**raser** to walk close to, to hug

**rasoir** *m.* rasor

**rassemblement** *m.* assembly

**rassembler** to assemble

**rassurer: se —** to reassure oneself

**raté** unsuccessful

**ravi** delighted

**réagir** to react

**réalisable** feasible

**réalisation** *f.* end product, project

**réalisé** mapped out

**réaliser** to manufacture, produce

**rebondir** to bounce back up

**rebut** *m.* waste

**rebutante** repulsive

**rebuter** to turn off, repulse

**récemment** recently

**recette** *f.* recipe; **—s** receipts

**recevoir** to receive; to welcome

**réchauffer** to heat, warm up

**recherche** *f.* research; seeking

**rechercher** to look for, seek

**récidiviste** repeater

**récit** *m.* story

**réclamer** to want back; to demand; **se — de** to invoke

**récolter** to collect

**récompense** *f.* reward

**reconnaître** to recognize; to acknowledge

**recoquiller** to curl up

**recourir** to have recourse

**recrutement** *m.* recruiting

**reçu** (*p.p.* **recevoir**)

**recueillir** to hear; to shelter

**reculer** to back out; to push back

**récupérable** salvageable; refundable

**redoutable** deadly

**réduire** to reduce

**reflet** *m.* reflection

**réflexion** *f.* remark; thought; **— préalable** aforethought

**reflux** *m.* return

**refroidir** to cool

**refroidissement** *m.* cooling

**refroidisseur** *m.* cooling unit

**refus** *m.* refusal

**régime** *m.* situation; diet

**réglage** *m.* adjustment

**règle** *f.* rule; **en —** according to the rules; in order

**règlement** *m.* rule

**régler** to regulate, pay

**régner** to reign

**reine** *f.* queen

**reins** *m.pl.* lower hips

**rejoindre** to join

**réjouir: se —** to rejoice

**relâchement des mœurs** *m.* declining moral values

**relâcher** to release

**relancer** to revive

**relations** *f.pl.* relationships

**relever** to find; to note; **se —** to get up again

**religieux** *m.* member of a religious order

**remarquer** to notice

**remercier** to thank; to fire

**remettre** to turn over, put back; **— ça** to do it again; **— debout** to put up again; **se —** to recover; **s'en — à** to put oneself in the hands of, let oneself be guided by

**remontée** *f.* rise

**remonter** to lift up; to go back to

**remou** *m.* upheaval

**remplir** to fill

**rencontrer** to meet; to convene

**rendement** *m.* yield

**rendez-vous** *m.* meeting; **se donner —** to make a date

**rendre** to return, give back; **— compte** to explain; **— hommage** to pay tribute; **— service** to do a favor; **se —** to give way; to go; **se — compte** to realize; **se — utile** to make oneself useful

**renfloué** replenished

**renforcer: se —** to become stronger

**renfort** *m.* reinforcement

**renier** to reject

**renoncer** to give up

**renouer** to renew

**renouvelable** renewable

**renouvelé** renewed

**rénové** renovated

**renseignement** *m.* information

**renseigner: se —** to make inquiries

**rentière** *f.* woman of independent means

**rentrée** *f.* return; **— scolaire** resumption of classes after summer holiday

**renverser** to overturn

**renvoyer** to send back
**répandre** to give off; to spread
**repartir** to leave again
**répartir** to spread out
**repas** *m.* meal
**repassage** *m.* ironing
**repérer** to set
**répertorié** classified
**répétition** *f.* rehearsal
**replier: se —** to withdraw
**réplique** *f.* retort
**réponse** *f.* answer
**reporter** to transfer
**repos** *m.* rest
**reposer** to rest
**reprendre** to take back; to start again; to continue; to go back to
**réprésaille** *f.* reprisal
**représentation** *f.* performance
**représenter** to perform
**réprimé** repressed
**repris** *m.* **de justice** habitual criminal
**reprise** *f.* resumption (*of work*) rerun; rebroadcast
**reproche** *m.* complaint
**réprouvé** condemned
**réserve** *f.* reservoir
**réservé** pent-up
**résigné** resigned
**résiliable** capable of being cancelled
**résolu** resolute, resolved
**résorbé** absorbed
**résoudre: se —** to resolve itself
**respiratoire** respiratory
**respirer** to breathe
**responsable** *m.* organizer; official
**ressembler à** to resemble
**ressentir** to feel
**ressort** *m.* spring, inner working
**ressortir** to come out again; **il en ressort . . .** there results . . .
**ressortissant** *m.* a national (*of a country*)
**restauration** *f.* restaurant service

**rester** to remain
**restreindre** to restrain
**résumer** to summarize
**rétablir** to re-establish
**retard** *m.* lateness; **avoir un — scolaire** to be behind in school
**retarder** to delay
**retenir** to hold back; to reserve a room
**retentir** to resound
**retirer** to remove
**retour** *m.* return
**retourner** to turn over
**retraité** retired
**rétrécir: se —** to shrink
**retrouver** to find again
**réunir** to reunite
**réussir** to succeed
**réussite** *f.* success
**revanche** *f.* revenge; **en —** on the other hand
**rêve** *m.* dream
**réveil** *m.* wake-up time
**réveiller** to awaken
**révéler** to reveal
**revenir à** to cost; **— à dire** that is to say
**revirement** *m.* reversal
**revivre** to relive
**revoir** to review
**révolu** completed
**rez-de-chaussée** *m.* street floor
**riant** laughing
**richesse** *f.* wealth
**rideau** *m.* curtain
**rien** nothing
**rieur** *m.* one who laughs
**rigoureusement** utterly
**rigueur: de —** compulsory
**rillettes** *f.pl.* potted mince
**rinçage** *m.* rinse
**rire** *m.* laughter; to laugh; **pour —** for fun
**rissoler** to fry
**rivalité** *f.* rivalry
**rive** *f.* side, bank (*of a river*)

**rocheux, -se** rocky
**roman** *m.* novel; **— policier** mystery story
**rompre** to break
**rompu** tired out
**ronronner** to purr
**rouage** *m.* mechanism
**rouge** *m.* **à lèvres** lipstick
**roulement** *m.* rolling
**rouler** to drive
**rouquin** redhead
**rousseauiste** Rousseau-inspired
**route** (*f.*) **nationale** highway
**roux, rousse** redhead
**rude** difficult, rough
**ruine** *f.* ruin
**ruisselant** sparkling
**ruse** *f.* trickery, wile

**S**
**S.O.F.R.E.S.** *f.* (**Société Française d'Enquêtes par Sondage**) equivalent of Gallup poll
**sable** *m.* sand
**sac** *m.* bag
**sacre** *m.* crowning (*of a King*)
**sacré** holy; **monstre-—** superstar
**sage** well-behaved, good
**sagement** quietly
**sain** healthy
**Sainte Inquisition** *f.* Holy Inquisition
**saisir** to seize; **— à la gorge** to be panic-stricken (*lit. to be seized at the throat*); **— la justice** to lay a matter before the Court; **un marché à —** a market to be grabbed
**saisissant** striking
**saison** *f.* season
**saisonnier** seasonal
**salaire** *m.* salary
**salarié** *m.* person working for a salary
**salle** *f.* **de séjour** living room
**salle** *f.* **de traite** milking room

**salon** *m.* living room

**saluer** to salute

**sanglant** bloody

**sanitaires** *f.pl.* sanitary facilities

**sans** without ; **— doute** without doubt

**santé** *f.* health ; **resplendir de —** to brim over with health

**satisfaire** to satisfy

**saucisse** *f.* sausage

**sauf** except

**saut** *m.* jump, leap

**sauter** to jump

**sauvage** wild ; unauthorized

**sauver** to save

**savant** *m.* scientist ; *adj.* technical

**saveur** pungency

**Savoie** *f.* mountainous region near Swiss-Italian border

**savon** *m.* soap

**savonnette** *f.* cake of soap

**savoureux** savory, tasty

**savoyard** from the Savoie region

**sceau** *m.* seal

**scène** *f.* stage

**sceptique** sceptical

**scientifique** *m.* scientist

**scintillant** sparkling

**sclérosé** rigid

**scolaire** school

**séance** *f.* session ; performance

**seau** *m.* pot ; pail

**sèchement** dryly

**sécher** to dry ; to cut class

**séchoir** clothes dryer ; clothes line

**secouer** to shake

**secours** *m.* emergency

**secteur** *m.* line of work

**sécurité** *f.* **routière** road safety

**séduisant** seductive

**sein** *m.* breast, bosom **au —** at the core, dead center

**séjour** *m.* stay ; residence

**sélectionné** selected

**selon** according to

**semblable** similar

**sembler** to seem

**semer** to sow

**semoule** *f.* semolina

**sénégalais** *m.* Senegalese

**sens** *m.* meaning ; direction ; sense ; way

**sensé** sensible

**sensible** sensitive

**sensibilité** *f.* sensitivity

**sentiment** *m.* feeling

**sentir** to feel ; **se — d'attaque** to feel ready to face a challenge

**serein** serene

**sergent** *m.* **recruteur** recruiting sergeant

**série** *f.* series

**sérieux : prendre au —** to take seriously

**sérigraphie** *f.* silkscreen printing process

**serment** *m.* oath

**serré** tight

**service** *m.* section ; department ; shift ; **— de réanimation** intensive care unit ; **— d'urbanisme** urban planning

**serviteur** *m.* servant

**seul** alone

**seulement** only

**sévère** austere

**sévérité** *f.* strictness

**sévir** to prevail

**si** so

**siècle** *m.* century

**sied : il —** to suit

**sifflement** *m.* whistling

**siffloter** to say under one's breath, mutter

**signaler** to report

**simpliste** simplistic

**singe** *m.* monkey

**sinon** otherwise

**situer** to place ; **se —** to be placed

**slip** *m.* underpants

**société** *f.* company

**sœur** *f.* : **bonne —** nun

**soi** oneself

**soi-disant** so-called

**soigner** to take care of

**soigneusement** carefully

**soin** *m.* care, treatment ; **aux bons —s** in the good care

**soirée** *f.* evening

**soit** that is ; **— . . . —** either . . . or ; **quoiqu'il en —** in any event

**soixantaine** *f.* about 60

**sol** *m.* ground

**solaire** solar

**soleil** *m.* sun

**solidaire** united

**sombrement** gloomily

**Somme** *f.* river in north of France

**sommet** *m.* top, summit

**son** *m.* sound

**sondage** *m.* survey

**sonde** *f.* tube

**sonnerie** *f.* ringing of bell

**sorcier** *m.* sorcerer

**sort** *m.* fate ; living conditions

**sorte : de toutes —s** of every kind

**sortie** *f.* exit ; outing

**souci** *m.* worry

**soucier : se —** to worry about, be concerned

**soucoupe** *f.* **volante** flying saucer

**soudainement** suddenly

**soudeur** *m.* welder

**souffle** *m.* breath

**souffrance** *f.* suffering

**souffrir** to suffer

**souhaitable** desirable

**souhaiter** to wish (*for*)

**souligner** to underline ; to emphasize

**soumettre** to submit ; **être soumis à** to be subjected to

**soupçonner** to suspect

**soupirer** to sigh

**souricière** *f.* mousetrap

**sourire** *m.* smile

**sous-sol** *m.* underground

**souscripteur** *m.* subscriber

**soustraire** to remove

**soute** *f.* storeroom

**soutenir** to support

**soutien-gorge** *m.* brassiere

**souvenir : se —** to remember, recall

**souvent** often

**spectacle** *m.* showbusiness

**sportif** sporting

**squelette** *m.* skeleton

**stade** *m.* stadium

**stage** *m.* **de formation** training program

**stagiaire** *m.* trainee

**standardiste** *f.* switchboard operator

**station** *f.* resort

**sténodactylo** *f.* stenotypist

**strier** to streak

**stupéfait** astounded

**stupéfiant** stupefying, astounding

**su** (*p.p.* **savoir**)

**subalterne** lower

**subir** to endure, go through

**subordonné** subordinate

**subvenir** to satisfy (*needs*)

**sucer** to suck

**sud** *m.* south

**suédois** *m.* Swedish

**suffire** to suffice

**suffisant** sufficient

**suite** *f.* **: à la — de** following ; **par la —** subsequently

**suivant** following

**suivre** to follow ; **faire — par un psychiatre** to have s.o. watched by a psychiatrist

**sujet** *m.* subject

**supercherie** *f.* hoax

**superposition** *f.* addition

**supplémentaire : heure —** overtime

**supporter** to endure

**supprimer** to abolish

**sûr** sure

**surenchère** *f.* higher bidding ; competition

**sûreté** *f.* sureness ; security ; safety

**surgénérateur** *m.* a kind of generator

**surgir** to appear

**sur-le-champ** on the spot

**surlendemain** *m.* two days later

**surprendre** to amaze

**surprise-partie** *f.* party

**sursis** *m.* reprieve ; **condamné avec —** suspended sentence

**surtout** especially ; above all

**surveillante** *f.* supervisor

**surveiller** to watch over

**survie** *f.* survival

**survivre** to survive

**susceptible : être — de** to be likely to

**susciter** to arouse

**suspendu** suspended

**sustentation** *f.* lifting force to maintain an object balanced in the air

**syndicat** *m.* union

**T**

**table** *f.* **d'écoute** bug ; **mettre sur —** to bug

**tableau** *m.* blackboard ; painting

**tablier** *m.* apron

**tache** *f.* spot ; **—s de rousseur** freckles

**tâche** *f.* task

**taille** *f.* size

**tailler** to cut

**taire** to keep silent about something

**talon** *m.* heel

**tandis que** as ; while ; whereas

**tant** so ; **— que** as long as ; **— . . . que** on . . . as well as

**tapis** *m.* rug ; **— roulant** moving sidewalk

**tarder à** to delay in

**tardif, -ve** late

**tare** *f.* defect

**tarifé** priced

**tartelette** *f.* little tart

**tas** *m.* pile ; **il y a des —** there are a lot

**taux** *m.* level

**teint** dyed

**tel** such ; **— quel** as is

**télescopique** collapsible

**téléspectateur** *m.* television viewer

**téléviseur** *m.* television set

**tellement** so much

**témoignage** *m.* testimony

**témoigner** to bear witness, show

**témoin** *m.* witness

**temps** *m.* time ; **à mi- —** part-time ; **de tout —** throughout the ages ; **il y a peu de —** a short time ago ; **ces —-ci** these days

**tenace** stubborn

**tendre** to extend ; *adj.* easy

**tendresse** *f.* tenderness

**teneur** *f.* level

**tenez** for example

**tenir** to keep ; **— leur contrat** to fulfill their contract ; **— à** to play the role of ; be due to ; **— compte** to take into account ; **— tête** stand up to ; **à quoi s'en —** what is involved ; **s'en — à** to limit oneself to ; **— de** to resemble

**tentation** *f.* temptation

**tentative** *f.* attempt

**tente** *f.* tent

**tenter de** to try to

**tenu : être — de** to be obliged to

**tenue** *f.* clothes ; management

**terrain** *m.* land

**terre** *f.* land ; earth

**terrifier** to terrify

**terroir** *m.* soil

**thaïlandais** from Thailand

**thèse** *f.* thesis

**ticheurte** *m.* tee shirt

**tiers** *m.* a third ; third party

**timonier** *m.* helmsman

**tir** *m.* **aux pigeons** pigeon-shooting

**tiraillé : être — entre** to be torn between

**tirer** to find, shoot ; **— à hue et à dia** not to pull together (*lit.* to pull on heave and ho) ; **— parti de** to capitalize on ; **s'en —** to get away with something, get off

**titre** *m.* title ; **à juste —** rightly ; **au même —** just as ; **gros —** big headline

**titulaire** permanent, full-time

**toile** *f.* canvas ; **— de fond** background ; **— de voilier** sailcloth

**toit** *m.* roof

**tomber** to fall ; to chance upon

**tombereau** *m.* garbage truck

**ton** *m.* tone

**tondeuse** *f.* **à gazon** lawn mower

**toque** *f.* cap

**torrent** *m.* waterfall

**tort** *m.* **avoir —** to be wrong ; **faire du —** to harm

**tour** *m.* tower ; stroll, **à son —** in his turn ; **— à —** alternatively ; **le — est joué** the trick is done

**toucher** to receive

**tournant** *m.* turning point

**tourne-disque** *m.* record player

**tournée** *f.* round

**tourner** to make (*a film*)

**tournoi** *m.* tournament

**tout** any ; every ; entire ; **à fait** completely ; **— au long** during the entire time ; **— court** in general ; **— autre** completely different ; **— en** (*+ pres. part.*) while ; as ; **toute jeune** very young

**Tout-Paris** *m.* Parisian society

**toutefois** nevertheless

**trace** *f.* route, path

**trachée** *f.* trachea

**trafic** *m.* dealings ; circulation

**trafiqué** tampered with

**trahir** to betray

**train : être en —** to be busy

**traire** to milk

**traite** *f.* milking

**traiter** to deal

**traiteur** *m.* caterer

**tranche** *f.* slice

**trancher** to decide

**transat** *m.* deck chair

**traquer** to track down

**travail** *m.* work ; **— d'équipe** team work

**travailleur** *m.* worker **— de force** manual laborer

**travers** *m.* pitfall ; **à —** throughout

**traversée** *f.* crossing

**traverser** to go through, cross

**travesti** transvestite

**trempé** hardened

**tremplin** *m.* springboard

**trésor** *m.* treasure

**tribu** *f.* tribe

**tribunal** *m.* law court

**tricostéril** *m.* band-aid

**tricot** *m.* shirt

**trier** to sort out

**tripotage** *m.* tampering

**triste** sad

**tromperie** *f.* deceit

**trompeur** deceptive

**trône** *m.* throne

**trôner** to occupy a place of honor

**trottoir** *m.* sidewalk

**trou** *m.* hole, gap

**trouble** *m.* disorder

**troubler** to spoil

**troupeau** *m.* herd

**trouvaille** *f.* (*fam.*) a find

**truand** *m.* hoodlum

**tuer** to kill

**tunisien, -ne** Tunisian

**turc** Turkish

**type** *m.* guy ; typical

**U**

**UFOlogue** *m.* UFO specialist

**ultime** last

**unique** only ; single

**urgence : d'—** emergency

**usine** *f.* factory

**utile** effective, useful

**V**

**vacances** *f.pl.* vacation ; **colonie** *f.* **de —** summer camp

**vache** *f.* cow

**vagabondage** *m.* vagrancy

**vague** *f.* wave ; *adj.* so-called

**vaille que vaille** for better or worse

**vaincre** to conquer

**vaincu** defeated

**vaisseau** *m.* spaceship

**vaisselle** *f.* dishes

**valable** valid

**valeur** *f.* value ; scope ; **mettre en —** to enhance

**vallée** *f.* valley

**valoir** to win ; to be worth ; **faire —** to assert

**variant** varying

**variante** *f.* variation

**vasouillard** wishy-washy

**veau** *m.* calf

**vecteur** *m.* vehicle

**vécu** (*p.p.* **vivre**)

**vedette** *f.* star

**végéter** to vegetate

**veille** *f.* eve

**veillée** *f.* **funèbre** wake

**veiller à** to see to ; to pay attention to ; **— sur** to look after

**veine** *f.* vein ; trend, style

**vendanges** *f.pl.* grape harvest

**Vendée** *f.* province on the west coast

**vendeuse** *f.* salesgirl

**vendre** to sell

**vendu** (*p.p.* **vendre**)

**vénéneux, -se** poisonous

**venger : se —** to avenge oneself

**venir** to come; **— de** to have just
**vent** *m.* wind; **— de travers** cross-wind; **être dans le —** to be in fashion
**vente** *f.* selling, sale
**ventre** *m.* stomach
**venu: premier —** anyone
**vérité** *f.* truth
**verre** *m.* glass
**vers** *m.* verse
**vers** toward
**vêtement** *m.* clothes
**vêtu** dressed
**viande** *f.* meat
**vibrer** to vibrate
**vidage** *m.* emptying
**vide** *m.* emptiness
**vider** to empty
**vie** *f.* life; **— active** employment
**vieillard** *m.* old man
**vieillir** to age
**vif, -ve** lively
**vigueur** *f.* force; **en —** in force

**villégiature** *f.* vacation
**vin** *m.* wine; **— de chambre** ordinary table wine
**vint** (*passé simp.* **venir**)
**viol** *m.* rape
**violemment** violently
**virage** *m.* bend
**virer** to fire
**visage** *m.* face; **à — découvert** bare-faced
**viser** to aim
**visionner** to preview, screen
**vitesse** *f.* speed; **en —** quickly; **perte de —** to stall
**viticulteur** *m.* vine-grower
**vitre** *f.* window pane
**vivace** alive
**vivant** alive
**vive** (*subj.* **vivre**)
**vivre** to live; **faire —** to support
**voie** *f.*: **en —** in the process
**voile** *f.* sail; **faire de la —** to sail
**voir** to see

**voire** even
**voisin** *m.* neighbor
**voisinner** to be next to
**voix** *f.* voice
**vol** *m.* stealing; flight; **— à tire** pickpocket; **— libre** free flight
**volaille** *f.* poultry
**voler** to fly; to rob
**volet** *m.* shutter
**volonté** *f.* will; **mettre de la mauvaise (bonne) —** to do something unwillingly (willingly)
**vomissement** *m.* vomit
**voyageur** *m.* traveler
**voyeur** *m.* peeping tom
**vrai** real, true
**vraiment** really, truly
**vu** (*p.p.* **voir**)
**vue** *f.* sight

**Y**

**yeux** (*pl.* **œil**); **aux — de** in the opinion of

# Sources

## Liste des articles utilisés

**FRANCE-SOIR:** «Le Père nourricier de Marc,» *3 septembre 1974*; «Je n'en peux plus d'attendre,» *4 juillet 1974*; «Mes Six Jours de rêve à bord du palace flottant,» *10 juillet 1974*.

**LE FIGARO:** «Le Cas de conscience d'un prêtre lyonnais,» *18 juillet 1973*; «Un Jeune Prêtre inculpé pour n'avoir dénoncé un crime dont l'auteur était mort» *14 juillet 1973*; «Les Parents de Mlle Rogliardo veulent intenter des poursuites contre le prêtre,» *20 juillet 1973*; «Le Silence de l'abbé Brunetti,» *21 juillet 1973*; «L'Abbé Brunetti explique les raisons de son silence,» *14 septembre 1973*; «Elles sont de nouveau dans le vent,» *10 juin 1974*; «Les Prestidigitateurs de la peinture,» *11 mars 1975*; «La Qualité de la vie vue par les enfants de Paris,» *6 juin 1974*; «Une Enquête sur les enfants et leur famille,» *1974*; «Joséphine Baker,» *14 avril 1975*; «A partir du 28 mai sur la chaîne I,» *3 mai 1973*; «Mélodies en sous-sol,» *27 mars 1973*; «La Marée noire de la pornographie,» *8 mars 1975*; «Monaco,» *7 mai 1974*; «Dimanche, une fête unique au monde,» *7 mai 1974*; «Communautés de jeunes,» *1 octobre 1973*; «L'Affaire des fraudes met en danger tout le vignoble,» *27 août 1973*.

**L'EXPRESS:** «Faut-il légaliser l'euthanasie?» *5 août 1974*; «Les Ufologues chassent l'OVNI,» *11 février 1974*; «Les Usines à voyages,» *15 juillet 1974*; «Nantes,» *20 mai 1974*; «Les Enfants à la clef,» *20 mai 1974*; «Le Dur Métier de parents,» *22 août 1966*; «Le Cirque du Bois de Boulogne,» *29 juillet 1974*; «Prostitution,» *14 janvier 1974*; «La Prostitution et le management,» *30 avril 1973*; «L'Homosexualité,» *20 janvier 1975*.

**LE NOUVEL OBSERVATEUR:** «Icare aux sports d'hiver,» *24 mars 1975*; «Le Bonheur dans le camping,» *22 juillet 1974*; «Jeunes,» *30 septembre 1974*; «Je ne voudrais pas que mon fils soit un agriculteur,» *21 octobre 1974*; «Flagrant délit d'injustice,» *26 août 1974*; «Un Chien comme vous et mois,» *11 novembre 1974*; «Le Nu et le vêtu,» *28 août 1972*.

**LE MONDE:** «Je suis facteur auxiliaire à Paris,» *21 décembre 1974*; «Eboué l'éboueur,» *22 novembre 1974*; «Les Travailleurs immigrés à l'école,» *4 octobre 1974*; «Salvador Dali et son musée,» *3 octobre 1974*; «Dormez, l'ordinateur fera le reste,» *26 octobre 1974*; «Les Projets de construction d'une centrale dans le Morbihan,» *25 décembre 1974*;

«Après un concert de musique électronique à la cathédrale de Reims,» *20 décembre 1974*; «La Fin du France,» *6 octobre 1974*; «Un Watergate est-il possible en France ?» *5 juin 1973*.

Si vous voulez vous abonner à un des journaux utilisés dans ce texte, voici leur adresse :
«Service des abonnements»
*Le Monde*, 5, Rue des Italians, Paris 9.
*L'Express*, 78, Rue Olivier-de-Serres, Paris 15.
*France-Soir*, 100, Rue Réaumer, Paris 2.
*Le Figaro*, 14, Rond-Pont des Champs-Elysées, Paris 8.
*Le Nouvel Observateur*, 11, rue Aboukir, Paris 2.

## Liste des photographies

Commissariat Générale au Tourisme : 25, 169

Laurence Wylie/Anthro-Photo : 28, 48, 52, 55, 63, 65, 93, 98, 151, 175, 199

David C. Turnley : 31, 45, 68, 101, 104, 115, 125, 126, 200

French Embassy Press and Information Division : 60, 152, 154, 160, 162

Wide World Photos : 66, 87, 202

Magnum Photos, Inc. : 78

Pictorial Parade, Inc. : 118

French Government Tourist Office : 155

Mme Nadia Lacoste, Directeur, Service de Presse et d'Information de la Principauté de Monaco/Dr. Hélène R. Day, Consul de Monaco en Nouvelle-Angleterre : 161, 164, 166

## Liste des annonces publicitaires

Nous tenons à remercier les sociétés suivantes qui nous ont si aimablement autorisés à reproduire leur annonce :
Air France
1, square Max-Hymans
75741 Paris

Groupe SPUR
1, avenue Niel
75017 Paris

Le Group SPUR est le précurseur en France d'ensembles pour le 3e âge qu'il construit depuis 1968. Il a à son actif quatre réalisations à ce jour de 300 appartements chacune.

Club Méditerranée
Place de la Bourse 75
75002 Paris

Laiteries E. Bridel
B.P. No. 5
35240 Retiers

Daniel Paillot S.A.
7, ave. Albert-Einstein
Z.I. du Coudray
93151 Le Blanc Mesnil

Importatrice exclusive du matériel CANON pour la France (photo, ciné, microfilm, copieur, calculatrice).

Holiday Inns Inc.
3754 Lamar Avenue
Memphis, Tennessee 38118

Weight Watchers International, Inc.
800 Community Drive
Manhasset, N.Y. 11030

Surmelec
74, rue du Surmelin
75020 Paris

Commercialise sous la marque VEDETTE: des machines à laver le linge, des lave-vaisselle, des réfrigérateurs et des congélateurs.

Motobécane
16, rue Lesault
93502 Pantin

Schneider Radio-Television
12, rue Louis Bertrand
94200 - Ivry